"하나님의 백성들, 우리가 교회입니다."

우리가 교회다

장성배 교수 외 11인 지음

우리가 교회다

초판 발행 2016년 9월 1일

지은이 장성배 교수외 11인 지음
펴낸이 이호연
펴낸곳 새로운길
출판등록 제2016-000027호

디자인 김도윤, 조은디자인
편 집 고윤환
교 정 심현지
마케팅 이한용

주 소 고양시 일산서구 탄현동 일현로 70 104동 1303호
전 화 031-916-5997
팩 스 0505-333-3031
이메일 dodun7@naver.com
홈페이지 newroad.modoo.at
가 격 13,000원
Isbn 979-11-957406-2-8

"하나님의 백성들, 우리가 교회입니다."

우리가 교회다

장성배 교수 외 11인 지음

새로운 길

목 차

Part 1. 신학과 소통하다

Chapter 1 : "우리가 교회다! 를 선언하는 사람들"
　　　　　　[성육신적 교회 운동을 시작하면서]
　　　　　　　　　－ 장성배 목사 (감리교신학대학교 선교학 교수)

Part 2. 세상과 소통하다

Chapter 2 : "꿈꾸는 청년, 춤추는 예배자들의 청년 문화 공간" [SiSim]
　　　　　　　　　－ 이창성 목사 (시냇가에심은나무교회)

Part 4. 사회와 소통하다

Chapter 11 : "비전(魂) 창의(創) 소통(通) 이 셋 중에 제일은..."
　　　　　　　　[사회적기업]
　　　　　　　　　　　　 - 박상규 목사 (감리교 사회적경제센터 사무총장)

Chapter 12 : "교회, 시장 한복판에 서다" [사회적 필요에 반응하는 목회]
　　　　　　　　　　　　 - 이다니엘 목사 (통일 NGO 〈소원〉 사무국장)

프롤로그

"우리가 교회다!"를 선언하는 사람들

장성배 목사 (감리교신학대학교 선교학 교수)

여러분은 혹시 다음과 같은 문제로 고민해 본 적이 있는가?
- 사회를 향한 교회의 영향력이 급속도로 약해지고 있다.
- 전통적 교회의 모습으로 사회와 소통하기가 너무도 어렵다.
- 교회는 따분하다.
- 교회 안에 참 사랑과 섬김이 없다.
- 교회는 세상의 아픔에 귀 기울이지 않는다.
- 교회는 세상을 하나님의 나라로 변화시키는 일에 관심이 없다.
- 젊은이들이 교회를 떠나고 있다.
- 세상이 교회를 비웃고 심지어 적대시하고 있다.
그렇다면 당신은 진정 이 책을 쓴 우리와 같은 마음을 가진 사람이다.

우리가 교회다!

최근 이 땅의 선교현장에서 좌충우돌하며 사명을 감당하려고 애쓰던 우리 몇 작은 교회들은 우연한 기회에 하나의 모임을 만들게 되었다. 감사한 것은 참여한 목회자들 모두가 어려운 상황에도 굴하지 않고 교회의 정체성에 대해 고민하며 자신의 사명을 감당하는 길을 모색하고 있었다는 것이다.

이러한 우리를 어떻게 부를까 고민하다가 "우리가 교회다"라고 선언하기로 했다. 이는 다른 교회들이 교회가 아니라는 뜻이 아니다. 단지 교회론의 전환을 꾀하고자 사용하는 말이다. 이 표현의 배경이 된 이야기는 다음과 같다.

미국 로스앤젤레스에 있는 모자이크 교회가 젊은이들을 향해 접근하기 위해서 교회 건물을 팔고 주일 저녁에 나이트클럽을 빌려서 예배를 드리게 되었다. 이 이야기를 들은 동료 목사가 모자이크 교회 어윈(Erwin McManus) 목사에게 물었다. "목사님, 당신 교회를 팔았다면서요?" 어윈 목사가 대답했다. "아니 우리는 교회 건물을 팔았을 뿐입니다. 우리가 교회이지요. 우리는 주님처럼 사람들에게 다가가기 위해 성육신 하고 있습니다."

그래서 우리는 담대히 고백한다. "하나님의 백성들, 우리가 교회입니다." 그리고 한국 교회들과 그리스도인들을 향해서도 다음과 같이 말한다. "하나님께서 기뻐하실 교회 공동체를 세우고자 노력하는 바로 당신이, 그리고 우리가 하나님의 교회입니다."

성육신적 교회

이러한 우리 교회가 추구해야 할 것이 무엇일까? 그것은 머리 되시는 그리스도의 몸으로써 주님의 사역을 이어가는 것이다. 그렇지 않을 때 이 땅에 교회는 존재할 이유가 없다. 예수님처럼 생각하고, 예수님의 마음으로 세상을 품으며, 예수님의 사역을 이어가는 것이야말로 이 땅에 교회가 존재하는 이유이다.

예수님처럼 목회하기!
예수님처럼 선교하기!

이것이야말로 교회가 추구해야 할 가장 중요한 목표이고, 이러한 목표를 추구하는 교회를 성육신적 교회라고 불러 본다. 그러므로 "우리가 교회다!"라고 선언하는 우리 작은 교회들은 성육신적 교회가 되고자 몸부림치는 교회이다.

Fresh Expressions of Church!

'우리가 교회다' 그룹의 목회자들이 급변하는 시대에 성육신적 교회의 형태를 고민하던 중에 우리와 비슷한 신학적 관점을 갖고 세상과 복음을 커뮤니케이션하는 일군의 교회 운동을 알게 되었는데, 그것이 '프레시 익스프레션스'(Fresh Expressions of Church)이다.

최근에 전 세계적으로 성육신 교회를 표현하는 표현들이 다양하게 나타나고 있다. 그 중의 하나가 '선교적 교회'(missional church)이고, 그 한 형태로 '이머징 교회'(emerging church)에 대한 책들이 소개되었다. 특히 이머징 교회는 포스트 모던 세대들에게 복음을 전하기 위해 새로운 형태의 목회를 시도하는 교회들로서 미국을 중심으로 세계로 확산되었다.

같은 맥락에서 프레시 익스프레션스는 후기 기독교 사회 속에서 게토(ghetto)화 되어 가는 영국 교회를 중심으로 세상 사람들에게 다가가는 새로운 운동이다. 특히 프레시 익스프레션스는 기존 교단 밖에서의 운동이 아니라 영국의 주요 교단들인 The Church of England, The Methodist Church of Great Britain, The Church of Scotland, The Salvation Army, The United Reformed Church들 안에서 일어난 운동이라는 점이 우리의 관심을 끌었다. 또한 이 운동은 영국을 넘어서 미국, 캐나다, 독일, 오스트레일리아, 스위스, 뉴질랜드, 남아프리카공화국 등으로 확장되고 있다.

프레시 익스프레션스 교회들은 영국 안에서 교파를 넘어 3500개 이상이나 되고 있다. 2014년 통계로 프레시 익스프레션스 교회들은 '영국 교회'(Church of England) 교구의 13.5% 안에 존재한다. 그 교회 지도자들은 3/4 이상의 예배 출석자들이 새신자라고 증언한다. 결과적으로 프레시 익스프레션스는 교회의 선교를 강화시켜주고 이 땅에 하나님 나라가 자라도록 돕는 새로운 교회 운동이 되고 있다.

이에 우리는 교단적 배경 안에서도 새로운 목회를 시도할 수 있는 이 운동의 사례들을 연구하고, 상호 교류하며 한국적 모델들을 만들어 보고자 한다.

이 책을 통해 얻을 수 있는 것?

이 책을 통해 당신은 같은 고민을 하고 있는 유럽과 미국의 교회들, 그리고 한국의 작은 교회들을 만나게 될 것이다. 그리고 그들이 상황에 굴하지 않고 용감하게 도전하고 있는 이야기들을 보게 될 것이다. 그들이 고민하고 있는 새로운 교회론은 무엇인가? 그리고 그 교회론이 만들어 가는 새로운 목회 형태는 어떤 것인가?

새 길을 내는 사람들

본래 숲속에는 길이 없었다

첫 번째 사람이 걸어가고
두 번째 사람이 걸어가고
그를 따라 많은 무리들이 걸어가게 되면
거기에 길이 생긴다

반대로
이 길보다 더 좋은 길이 생겨서
점점 사람들이 옛 길을 다니지 않게 되면
그 길에는 풀이 무성하게 되고
끝내는 길이 사라진다
전통적인 교회들도
처음에는 새로운 길이었다

그러나 점차 그 길을 가는 사람이 없게 되면
역사의 기록으로 남고 사라진다

그리고 사람들은 새 길을 걷는다

그러면 누가 이 시대에
숲 속을 헤치고 교회의 새 길을 만들어 가는
첫 번째 사람이 될까?

바로 여러분이다!

Part 1

신학과 소통하다

Chapter 01

"우리가 교회다! 를 선언하는 사람들"
[성육신적 교회 운동을 시작하면서]

장성배 목사 (감리교신학대학교 선교학 교수)

홈페이지 : m-center.org
카카오 ID : mcenter21
이메일 : mcenter21@gmail.com
페이스북 : facebook.com/mcenter21

01 어려운 상황?

사람들은 한국 교회가 매우 어려운 상황을 맞고 있다고 말한다. 교회의 성장이 멈췄고, 이제는 쇠퇴기에 들어선 것이 아닌가 하는 우려의 목소리가 높아지고 있다. 몇몇의 미래학자들은 가까운 미래에 한국교회가 반 토막 날 것이라는 예측을 내놓기도 한다.1) 이를 뒷받침하듯이 교회마다 예배 참석인원과 재정이 줄고, 젊은이들이 사라져 가고 있다. 여러 가지 이유로 교회에 대한 부정적인 인식이 팽배해지고, 종교편향성에 대한 반발이 거세지면서 전도의 문마저 막히는 사면초가에 직면해 있다. 이러한 상황은 작은 교회들에게 더욱더 치명적이다. 그것이 최근에 많은 작은 교회 목회자들이 희망을 잃어버린 채 살아가는 이유가 되고 있다.

그러나 지금의 상황이 정말로 절망적인가? 성경의 초대교회와 기독교 역사 속에는 수많은 박해의 시대가 있었지만, 그 때마다 교회는 수많은 순교자들을 내면서 그들의 신앙을 지켜왔다. 과거를 논할 필요도 없이 지금 이 시간에도 세계 곳곳에는 순교의 각오로 복음을 전하는 수많은 선교사들과 박해 속에도 신앙을 지키는 믿음의 공동체들을 볼 수 있다. 지금 한국의 상황이 그들만큼 어려운가? 우리가 주님을 믿는다고 옥에 갇히고, 고문당하며, 사형대에 세워지는가? 핍박받고 있는 세계의 다른 교회들과 비교하면 우리는 너무도 평안하고 안전한 신앙생활을 하고 있다. 오히려 너무 편안해서 신앙이 헤이해지고 사명을 잃어버린 우리의 모습을 본다.

우리는 한국 사회를 바라보면서도 어렵다는 불평을 많이 한다. 특히 경제성장이 멈추고, 수입이 줄고, 일자리가 없어졌다고 불평한다. 물론 사람들의 어려움은 인정한다. 그러나 같은 방법으로 우리의 과거를 돌아보자. 불과 100년 전에 우리는 일본의 노예였다. 나라를 잃고 만주로 떠난 사람들은 지금의 조선족이 되었고, 독립군으로 나라를 위해 목숨을 바친 사람들이 부지기수다. 한국전쟁 때는 10대의 젊은이들이 학도병이 되어 낙동강을 사수하다가 죽어갔다. 전쟁 후 보릿고개를 넘기던 우리나라는 세계에서 제일 가난한 나라였다. 우리는 그 죽음의 상황에서 일어섰던 경험이 있는 민족이다. 그에 비해서 지금의 우리는 너무도 편안한 삶에 익숙해져 이제는 야성도 패기도 상실한 온실 속의 사람들이 된 것은 아닌가 생각해 본다.

02 힘내자 한국교회

이제 불평과 불안한 마음을 내려놓고 지금의 상황에서 우리가 무엇을 할 수 있고, 해야만 하는가를 생각해 보자. 오히려 어려운 상황은 우리를 기도 하게 만들고, 집중해서 창의적인 생각을 갖게 한다. 우리가 다시 용기를 내어 온 힘을 다해 집중하고 도전한다면 우리는 새롭게 일어설 수 있다. 그러면 무엇부터 시작해야 할까?

한국 교회는 잃었던 우리의 정체성을 회복하는 일부터 시작해야한다. 교회는 하나님의 부르심의 응답으로 모여서 형성된 하나님의 백성들이다. 그러기에 교회는 우리가 마음대로 주관하고 움직이는 기관이 될 수 없다. 예산과 인건비를 걱정하고 그것을 맞추기 위해 머리를 짜는 사업체도 아니다. 성령에 감동되어 거리로 나가 복음을 외치고, 모여서 말씀 듣는 일과 기도에 집중하며, 가진 것을 다 팔아 서로의 필요에 따라 나누고, 어려운 이웃들을 사랑으로 섬기던 그들이 초대교회였다. 그들은 마가의 다락방에도 누가의 집에도 모였고, 핍박의 때에는 카타콤 동굴에서도 모였던 믿음의 사람들이다.

그러므로 한국교회는 모든 문제들을 내려놓고 조용히 하나님 앞에 무릎을 꿇어야 한다. 무엇을 하겠다는 생각조차 내려놓고 하나님의 주권을 인정하며 그의 도우심을 간구해야 한다. 처음 부르셨던 자리로 돌아가서, 한국교회가 하나님 앞에 어떤 존재이고 무엇을 해야 하는가를 물어야 한다. 그 때에야 비로소 한국교회는 이 땅을 사랑하셔서 우리를 구원하시고자 애쓰고 계시는 사랑의 하나님을 만날 것이다.

이 땅의 구원을 위해 스스로 인간이 되시고, 우리 곁에서 생명의 길을 보여주신 주님을, 십자가로 우리 죄를 사하시고, 부활하셔서 영원한 생명의 약속이 되신 예수 그리스도를 보게 될 것이다. 또한 지금도 우리를 권능으로 채우시고 보혜사로서 우리를 인도하시는 성령님이 계심을 깨닫게 될 것이다.

선교하시는 삼위일체 하나님을 다시 만나게 될 때 한국교회는 하나님의 선교사명에 기쁨으로 순종하게 될 것이다. 너희는 서로 사랑하라. 너희는 가서 모든 민족을 제자 삼으라. 성령이 너희 에게 임하시면... 내 증인이 되리라. 한국교회에게 이 명령이 새롭게 들려야 한다.

03 우리가 교회다

최근 이 땅의 선교현장에서 좌충우돌하며 사명을 감당하려고 애쓰던 우리 몇 교회는 우연한 기회에 하나의 모임을 만들게 되었다. 감사한 것은 참여한 목회자들 모두가 어려운 상황에도 굴하지 않고 교회의 정체성에 대해 고민하며 자신의 사명을 감당하는 길을 모색하고 있었다는 것이다. 이러한 우리를 어떻게 부를까 고민하다가 "우리가 교회다"라고 선언하기로 했다. 이는 다른 교회들이 교회가 아니라는 뜻이 아니다. 단지 교회론의 전환을 꾀하고자 사용하는 말이다. 이 표현의 배경이 된 이야기는 다음과 같다.

미국 로스앤젤레스에 있는 모자이크 교회가 젊은이들을 향해 접근하기 위해서 교회 건물을 팔고 주일 저녁에 나이트클럽을 빌려서 예배를 드리게 되었다. 이 이야기를 들은 동료 목사가 모자이크 교회 어윈(Erwin McManus) 목사에게 물었다. "목사님, 당신 교회를 팔았다면서요?" 어윈 목사가 대답했다. "아니 우리는 교회 건물을 팔았을 뿐입니다. 우리가 교회이지요. 우리는 주님처럼 사람들에게 다가가기 위해 성육신 하고 있습니다."

그래서 우리는 담대히 고백한다. "하나님의 백성들, 우리가 교회입니다." 그리고 한국 교회들과 그리스도인들을 향해서도 다음과 같이 말한다. "하나님께서 기뻐하실 교회 공동체를 세우고자 노력하는 바로 당신이, 그리고 우리가 하나님의 교회입니다."

이러한 "하나님의 백성들"(The People of God)로서의 교회 이해는 20세기 이후 심화되어 온 교회론의 논의에서 중요한 역할을 해 왔다. 그 몇 가지 강점들은 다음과 같다.

1) 하나님의 구속사에 부름 받은 구약과 신약의 하나님의 백성들을 연상 시킴으로써 이 시대에도 교회가 하나님의 구속 사역에 동참하도록 격려 한다.

2) 하나님 나라를 향해 전진하는 '믿음의 사람들'이라는 생명력 넘치는 교회 이미지를 살릴 수 있다.

3) 백성들, 즉 사람들을 교회로 보게 되면 건물로서의 교회 이미지를 벗고 세상 안으로 흩어져 들어가 사명을 감당할 수 있게 된다.

4) 사람들로서의 교회는 정치, 경제, 사회, 문화를 포함한 모든 삶의 영역 에서 증인들로 존재하는 교회를 강조하게 된다.

5) 하나님의 백성에는 목회자와 평신도 모두가 포함되기 때문에 목회자 중심적인 교회를 넘어서 평신도의 증인된 사명을 부각할 수 있다.

6) 하나님의 백성은 순례자의 이미지를 통해 교회가 종말론적이면서도 역사적 존재로 살아가도록 이끈다.

7) 이 교회론은 모든 하나님의 백성들이 교회라는 고백을 통해 교파와

전통을 초월한 교회간의 협력을 가능하게 한다. 그래서 우리는 다시 한 번 고백한다.

"하나님의 백성들, 우리가 교회입니다."

04 성육신적 교회

우리는 교회를 '그리스도의 몸'이라고 말한다. 이는 머리 되시는 그리스도의 생각대로 움직여가는 지체라는 의미이다. 교회는 스스로가 자신의 뜻대로 움직이는 존재가 아니다. 교회는 언제나 "예수님이라면 어떻게 하실까?"를 질문하며 그분의 뜻대로 살기 위해 노력해야 한다. 또한 교회는 제자들의 공동체라고 불리기도 한다. 이는 스승 되시는 예수님의 뜻을 늘 마음에 새기고 그분의 가르침대로 살기를 흠모하는 공동체라는 의미이다. 이 또한 예수 그리스도 중심적인 교회의 본질에 대한 고백이다. 이러한 교회를 예수님의 사역의 연장선상에서 '성육신적 교회'라고 불러보자. 이는 이 땅에 성육신하신 예수님과 함께 그분의 사역을 계승하고자 하는 결단과 고백이 담긴 표현이기 때문이다. 그렇다면 이러한 성육신적 교회의 특징은 무엇일까?

사랑의 동기로 움직이는 교회

가장 먼저 성육신적 교회는 사랑의 동기에서 움직이는 교회이다. 하나님께서는 죽어가는 세상을 그토록 사랑하셔서 독생자를 주셨다. 그러므로 교회가 선포하는 복음의 시작은 예수께서 인간의 육신을 입고 이 땅에 오신 성육신 사건에서 시작한다. 성육신 사건이야말로 이 세상을 구원하시고자 하시는 하나님의 사랑의 넓이와 깊이를 보여주는 가장 구체적인 사건이다.

하나님은 세상을 구원하시기 위해서 자신의 방법을 고집하지 않으셨다. 오히려 하나님은 유한하고 죄 된 인간의 몸을 입으셨다. 그것도 당시에 전 세계 권력과 문화의 중심지인 로마제국 왕가에서 태어나는 것을 거부하고 당시 주변부 문화인 유대 전통, 그 중에서도 가난한 죄인의 문화 속으로 들어오셨다. 성서는 이것을 예수님이 냄새나는 말구유에서 태어나신 사건을 통해 상징적으로 표현하고 있다. 사랑 때문에 절대가 상대의 옷을 입고, 거룩함이 세속의 옷을 입었으며, 무한이 유한의 옷을 입었다.

이 땅에 오신 예수님의 삶은 지극히 세속적인 세상 사람들 곁에서 이어 졌다. 회당에는 가셨지만 바리새인들이 보기에 그는 너무 불경스러웠다. 죄인과 세리의 친구였고, 먹기를 탐하는 자였다. 그러나 예수님은 이렇게 세속적인 삶 속에 하나님 나라가 있다고 선언하시며, 그 나라가 지극히 구체 적인 세속의 삶 속에서 퍼져나갈 것이라고 말씀하셨다. 예수님의 모습으로 이 땅에 오신 하나님은 거룩한 성전뿐만 아니라 가난한 이들의 구체적인 삶의 현장에도 세속의 형태로 함께 계셨다.

하나님께서 '거룩'의 담을 뛰어넘어 세속이 되셨다는 것이 성육신의 중요한 의미라면, 교회는 어떻게 교회의 담을 넘어 세상 한 가운데로 성육신하여 갈 수 있을까? 세속 속에 '거룩'을 이루어가는 일, 이것이 성육신의 사역이라고 할 때, 교회는 스스로 '거룩'의 담을 뛰어넘어 세상으로 나와야 할 것이다. 교회가 지역 안에 있으면서도 지역과 높은 담을 쌓고 있었더라면, 이제는 세상 안으로, 이웃 안으로 성육신하여 들어가야 할 것이다. (지극히 구체적이고 세속적인) "나를 본 자는 아버지를 보았거늘 어찌하여 아버지를 보이라 하느냐"(요 14:9)

이제 세상은 우리들의 성육신한 삶을 통해 하나님을 볼 수 있어야 한다. 이는 교회가 세속의 삶 속에 '거룩'을 심는 새로운 선교적 사역을 찾아 나서야 한다는 것을 의미한다. 교회 건물 중심에서 세상 중심으로,

주일 중심에서 주중의 6일 중심으로, 목회자 중심에서 평신도 중심으로, 교회 안의 예배에서 세상 가운데서의 예배와 섬김, 전도와 선교 중심으로 교회의 중심이 이동해야 한다. 이러한 모습은 경건한 신자들에게는 걸림돌이 될 것이다. 당시에도 경건한 바리새인들에게 예수님의 모습은 걸림돌이었다. 그러나 죽어가는 죄인들을 사랑한다면 그들을 구원하기 위해서 세상으로 나갈 수 있는 교회, 그것이 성육신적 교회이다. 최근에 세계적으로도 '이머징 교회'(Emerging Church), '새로운 표현의 교회들'(Fresh Expressions of the Church)의 형태로 다양한 선교적 교회들이 일어나고 있다. 교회의 본질로 돌아가기를 원하는 교회라면 이러한 성육신의 본질에 대해 심각하게 고민해 보아야 한다.

세상과 커뮤니케이션하는 교회

예수님께서 성육신하신 이유는 세상과의 커뮤니케이션을 위해서였다. '커뮤니케이션'(communication)이란 말은 라틴어 communis에서 유래했는데 이것은 영어로 common이라는 뜻이다. 즉 커뮤니케이션이 이루어지기 위해서는 서로 간에 '공통성'(commonness)이 있어야 한다는 말이다. 이렇게 성육신은 세상과의 커뮤니케이션을 위해 말씀이 육신이 되시고 세상과의 공통분모를 만들고자 하시는 하나님의 마음을 표현한다.

예수님은 가난한 사람들의 이웃이 되시려고 그들에게 친근한 목수의 아들이 되셨다. 사람들과 같은 옷을 입고, 같은 언어를 사용하면서, 변두리 문화 사람들과 함께 사시고, 그들이 이해할 수 있는 가장 대중적인 비유로 하나님 나라를 설명하셨다. 누룩과 겨자씨, 그리고 밭과 같은 생활주변의 소재는 하나님 나라를 설명해 주는 가장 구체적인 소재가 되었다. 그분은 마을사람들과 너무도 잘 어울려 다니셔서 바리새인들로부터 "먹기를 탐하는 자"라는 비난을 받기도 하셨다. 그러나 그는 하나님의 나라가 화석화된 성전이 아니라 세상 사람들이 사는 곳에서부터 확장되어 갈 것이라는 사실을 알고 있었고, 구체적인 평신도 12제자를 훈련하시면서 그 일을 시작하셨다.

이렇게 성육신 사건은 하나님께서 사람들에게 말을 걸어오심에 있어서 그분의 방법이 아닌 세상의 방법을 쓰셨다는 것을 보여주고 있다. 이러한 성육신은 '선교하는 측 중심'의 선교로부터 '선교를 받는 측 중심'의 선교로의 변화를 요청한다. 많은 교회들이 자신이 하고 싶은 선교만 수행하고, 선교를 받는 사람의 입장에 서 보지 않는다. 그러나 이러한 모습은 성육신의 정신에 어울리지 않는다. 예수께서 병든 자를 고치시고, 배고픈 자를 먹이시며, 외로운 자의 친구가 되어주셨듯이 선교는 선교를 받는 사람의 입장에서 다시 조명되어야 한다.

그렇다면 교회는 세상과 공통성을 갖기 위해 어떤 자기부정을 이루어야 할 것인가? 교회는 세상문화와 어떤 공통의 매체를 통해 그 안에 살고 있는 사람들과 커뮤니케이션을 할 수 있을까?

점진적 단계로 세상을 이끄는 교회

세상과 복음을 커뮤니케이션하는 것은 단 순간에 되는 일이 아니다. 그럼에도 불구하고 많은 목회자나 성도들이 한두 번 세상의 문을 두드려 보다가 열리지 않는 것을 보고 발길을 돌려버린다. 그러나 우리가 세상과 커뮤니케이션하기 위해서는 점진적인 단계가 필요하다는 사실을 기억해야 한다. 예수님도 이 땅에서 다음과 같은 단계로 사람들을 만나셨다. 이는 교회가 기억할 중요한 점이다.

1) 그들과 같아지기: 예수님은 갈릴리 나사렛 사람들과 같이 되심으로 그들과 커뮤니케이션이 가능한 조건으로 내려가셨다. 교회가 이 시대의 사람들과 같이 된다는 것은 어떤 상태를 말할까?

2) 그들과 관계 맺기: 예수님은 가나의 혼인잔치에도 참석하시고, 베드로의 장모 집에도 찾아가시며, 당시의 죄인들이라고 불리던 사람들과 함께 식사하시면서 관계를 맺으셨다. 교회는 이 세상 사람들과 어떤 모습으로 삶을 공유하며 관계를 맺을 것인가?

3) 일반적 필요(Needs)에 응답하기: 그들과 관계하시던 예수님은 그들의 필요가 보일 때마다 필요를 채워주셨다. 가나의 혼인잔치에 포도주가 떨어졌을 때 물로 포도주를 만들어 주심으로 도우셨다. 베드로의 장모가 아팠을 때도 그 병을 고쳐주시며 필요에 응답하셨다.

4) 울부짖는 필요(Crying Needs)에 응답하기: 예수님은 한낮에 몰래 물을 길러 온 사마리아 여인의 마음의 응어리를 해결해 주셨고, 삭개오의 집에 유하시며 그의 울부짖는 아픔을 해결해 주셨다.

5) 영적 필요(Spiritual Needs)에 응답하기: 그 결과 사마리아 여인은 메시야를 고백하게 되었고, 삭개오의 집에도 구원이 임하게 되었다.

6) 변화(Transformation): 그들은 담대히 세상에 나가 예수를 그리스도라고 전하는 사람이 되었고, 그로 말미암아 세상이 변화되었다.

이러한 단계들을 보면서 우리가 기억할 것은, 복음의 수용이 대부분 위의 단계를 따라 일어난다는 사실이다. 우리는 단번에 영적인 문제로 뛰어들거나 사람들을 변화시키려고 시도한다. 그러나 우리가 그들과 같아지고, 관계를 맺으며, 깊은 관계를 만들어가지 않고는 영적인 변화를 일으킬 수 없다. 그렇다면 2016년 교회는 어느 단계에서 어떻게 세상 사람들을 만날 것인가?

총체적 치유와 회복을 지향하는 교회

이렇게 예수님께서 단계적으로 사람들과 만나신 이유는 그들의 총체적 치유와 회복을 위해서이다. 이는 곧 하나님 나라의 회복을 의미한다.

그러나 이러한 목표도 다음의 과정을 통해 가능하다는 사실을 기억하자.

1) 세계관의 변화: 예수님을 통해 변화를 경험한 사람들은 예수를 그리스도 라고 고백하게 되었다. 부활하신 주님을 만난 제자들처럼, 다메섹에서 주님을 만난 바울처럼, 예수 그리스도를 중심으로 그들의 세계관이 변화하게 되었다.

2) 복음의 가치 수용: 바울이 주님을 만난 후에는 그동안 자랑했던 바리새인의 경건, 가말리엘의 문하생, 로마의 시민권과 같은 것들이 분토만도 못한 것이 되었고, 십자가만이 자랑거리가 되었다.

3) 그리스도인으로 살기: 바울의 경우 자신의 과거는 십자가에 못 박아 버리고 이제는 부활하신 주님과 함께 그리스도인으로 살게 되었다.

4) 세상을 변화시키기: 그리스도인들은 세상에 나가 하나님 나라와 부활하신 예수 그리스도를 선포하고 다녔다.

위에 살펴본 성육신적 교회의 네 가지 특징은 이 시대 한국교회가 다시 회복해야 하는 예수님의 사역의 핵심이다. 이러한 성육신적 교회가 세상을 향해 접근해 가는 단계를 좀 더 간단하고 명확하게 정리해 보자면 아래와 같다.

1) 사랑 때문에

2) 자기를 포기하고

3) 교회의 담을 넘어서

4) 세상 사람들의 형태를 입고

5) 세상 사람들과 마음과 고통을 함께하며

6) 그들을 진심으로 섬기고

7) 그들 안에서 제자 공동체를 형성하는 가운데

8) 그들을 거룩하게 변화시키고

9) 최종적으로 하나님 나라 나라를 완성함으로써 구원을 성취한다.

성육신적 교회의 사역 단계

구원을 완성하기 위한 성육신 사역

9) 하나님 나라
8) 거룩한 변화
7) 제자 공동체
6) 섬김
5) 그들과 동일시
4) 세상 사람들의 형태
3) 교회의 담을 넘기
2) 자기 포기
1) 사랑

한국 교회는 성육신적 교회라는 교회의 정체성에 대해 심각하게 고민해야 한다. 한국 교회가 예수님의 뒤를 따라 세상을 향해 성육신할 때, 비로소 교회는 세상 사람들의 세계관을 변화시키고, 복음의 가치를 수용하도록 이끌 며, 그리스도인으로서 세상을 변화시키는 사명을 감당하도록 인도할 수 있을 것이다.

"말씀이 육신이 되어 우리 가운데 거하시매 우리가 그의 영광을 보니 아버지의 독생자의 영광이요 은혜와 진리가 충만하더라."(요 1:14)

05 프레시 익스프레션스

'우리가 교회다' 그룹의 목회자들은 급변하는 시대에 새로운 목회를 고민하던 중에 우리와 비슷한 신학적 관점을 갖고 세상과 복음을 커뮤니케이션하는 일군의 교회 운동을 알게 되었는데, 그것이 '프레시 익스프레션스'(Fresh Expressions of Church)이다.

최근에 전 세계적으로 '선교적 교회'(missional church)에 대한 관심이 높아지고 있고, 한국 선교학계나 교회들에게도 낯설지 않은 용어가 되었다. 그 한 형태로 '이머징 교회'(emerging church)에 대한 책들도 한국 교회에 많이 소개되었고 작은 교회들을 중심으로 이머징 교회적인 접근방법들이 실험되고 있다.-필자도 그 동안 선교적 교회나 이머징 교회에 대해 많은 연구를 했고 논문들을 발표했다. 후에 기회가 된다면 이것들을 다시 나눌수 있도록 하겠다.- 특히 이머징 교회는 포스트 모던 세대들에게 복음을 전하기 위해 새로운 형태의 목회를 시도하는 교회들로서 미국을 중심으로 세계로 확산 되었다.

이렇게 선교적 교회나 이머징 교회라는 용어가 한국에 잘 알려진 반면에 상대적으로 프레시익스프레션스 운동은 한국 교회에 잘 알려져 있지 않은 상황이다. 그래서 이 글은 성육신적 교회의 한 형태인 프레시 익스프레션스를 소개하면서 성육신적 교회를 설명해 보고자 한다.

프레시 익스프레션스는 후기 기독교 사회 속에서 게토화 되어 가는 영국 교회를 중심으로 세상 사람들에게 다가가는 새로운 운동이다.2) 특히 프레시 익스프레션스는 기존 교단 밖에서의 운동이 아니라 영국의 주요 교단들인 The Church of England, The Methodist Church of Great Britain, The Church of Scotland, The Salvation Army, The United Reformed Church들 안에서 일어난 운동이라는 점이 우리의 관심을 끌었다. 또한 이 운동은 영국을 넘어서 미국, 캐나다, 독일, 오스트레일리아, 스위스, 뉴질랜드, 남아프리카공화국 등으로 확장되고 있다.

프레시 익스프레션스 교회들은 영국 안에서 교파를 넘어 3500개 이상이나 되고 있다. 2014년 통계로 프레시 익스프레션스 교회들은 '영국 교회'(Church of England) 교구의 13.5% 안에 존재한다. 그 교회 지도자들은 3/4 이상의 예배 출석자들이 새신자라고 증언한다. 결과적으로 프레시 익스프레션스는 교회의 선교를 강화시켜주고 이 땅에 하나님 나라가 자라도록 돕는 새로운 교회 운동이 되고 있다.3)

이에 우리는 교단적 배경 안에서도 새로운 목회를 시도할 수 있는 이 운동의 사례들을 연구하고, 상호 교류하며 한국적 모델들을 만들어

보고자 한다. 그러기 위해서 프레시 익스프레션스의 핵심 신학과 세상을 향한 접근 방법을 이해해 보자.

06 용어 정의

먼저 '프레시 익스프레션스'라는 단어의 용법에 대해 살펴보자. 그들이 프레시 익스프레션스를 대문자로 사용했을 때는 '프레시 익스프레션스 계획'(Fresh Expressions Initiative)이라는 대표 단체를 지칭한다. 반면에 프레시 익스프레션스(fresh expressions)처럼 소문자를 사용했을 경우에는 각 교회나 각자의 프로젝트들을 일컫는다.[4]

프레시 익스프레션스의 공식적인 작업 정의는 다음과 같다. "프레시 익스 프레션스는 우리의 문화를 변화시키고, 아직 교회의 일원이 아닌 사람들의 이익을 우선하기 위하여 세워진 교회의 한 형태이다."[5]

1) 이러한 교회는 경청, 섬김, 성육신적 선교, 그리고 제자 만들기를 통해서 생겨날 것이다.

2) 이러한 교회는 복음과 현존하는 교회의 표지들에 의해 형성되며 문화적 상황에 적합한 하나의 성숙한 교회가 되어갈 수 있는 잠재능력을 갖게 될 것이다.[6]

한 마디로 "프레시 익스프레션스 교회는 주로 교회를 경험한 적이 없는 사람들과 관계하는 새로운 모임 혹은 네트워크이다."[7]

이러한 프레시 익스프레션스는 함께 연대하여 새롭게 교회가 되어가는 방법들을 찾아가고, 서로 격려하며, 자료를 공유함으로써 보다 효과적으로 지역사회나 사람들을 변화시켜 나가려고 노력한다. 이러한 교회의 모델들은 개 교회 각각의 상황에 따라 너무도 다양하기 때문에 어디에나 적용될 수 있는 단 하나의 모델을 제안할 수는 없다. 오히려 이들은 각 상황에 가장 적합한 방법과 모델을 찾으려고 스스로 노력한다.

07 성경적 배경

삼위일체 하나님의 창의성

구속사적인 관점에서 성경의 삼위일체 하나님은 변화되는 상황에 창의적으로 응답하며 당신의 구원을 이뤄 가셨다. 노아를 통해 방주를 짓게 하시고, 아브라함을 통해 약속의 민족을 이루게 하셨다. 광야 40년을 통해 새 민족을 준비시키셨고 수많은 방법으로 하나님의 백성을 빚어 가셨다. 특히 아들을 이 세상에 보내신 것은 세상이 도무지 상상할 수 없는 특별한 방법이었다. 아들 하나님은 직접 인간이 되셔서 창의적 방법으로 사람들 속에 하나님 나라를 이뤄 가셨다. 당시의 전통적인 종교 지도자들은 이러한 방법에 매우 당황했고, 매우 불경하게 느꼈으며, 마침내 예수님을 십자가에 죽였다. 그러나 아버지 하나님은 더욱 창의적인 방법으로 아들을 부활시킴으로 영원한 생명의 첫 열매가 되게 하셨다. 승천하신 예수님은 사람들이 예상치 못한 성령 하나님을 보내 주셨다. 그 성령 하나님의 인도함을 받은 제자들은 창의력을 발휘하며 땅 끝까지 복음을 전했다.[8]

하나님 나라의 다양성

하나님의 '나라'라고 사용하는 '바실레이아'라는 용어는 영토의 의미 보다는 다스리심 또는 통치의 의미를 갖고 있다. 즉 하나님의 나라는 하나님이 다스리시는 영역을 말한다. 내가 하나님을 나의 주로 인정하고 하나님이 나의 삶 전체를 다스리시게 되면 내 삶이 하나님의 나라가 된다. 하나님께서 교회의 주가 되실 때 교회는 하나님의 나라가 된다.

그 교회는 예수님의 사마리아 여인과의 대화에서처럼 예루살렘 성전도 아니고 그리심 산의 성전도 아닌 영과 진리로 예배하는 곳에 존재한다.(요 4:20-24). 즉 두 세 사람이 주님의 이름으로 예배하는 곳에 교회가 존재한다.(마 18:20) 그리고 이 하나님의 나라는 세상으로 확장되어 간다. 하나님의 주권이 인정되는 곳이면 어디든지 하나님의 나라가 되며, 그 나라는 이 땅의 정치, 경제, 사회, 문화 안에 다양한 형태로 이뤄진다.

초대교회의 창의성과 다양성

초대교회는 창의적인 삼위일체 하나님의 인도하심을 따라 이뤄졌다. 교회를 디자인한 분은 사람이 아니라 하나님이셨다. 성령체험을 하고 자연발생적으로 생겨난 초대교회는 사도행전 2장 41절 이후에 잘 묘사되어 있다. 회개하고 세례를 받은 성도들은 서로 교제하고 떡을 떼며 기도에 전념했다. 그랬더니 기사와 표적이 일어나고 사람들은 더욱더 믿음 가운데서 사랑의 공동체가 되어갔다. 사람들은 재산과 소유를 팔아 각 사람의 필요에 따라 나눠썼고, 날마다 마음을 같이하여 성전에 모이기를 힘쓰고 집에서 애찬을 나누며, 어디서나 하나님을 찬미하였더니 온 백성에게 칭찬을 받았다.

이러한 초대교회의 모습에는 공동체를 향한 강력한 헌신과 몰입이 있었다. 그들은 늘 모여서 애찬을 나눴으며 서로 섬기는 삶을 살았다. 그 안에서 사람들은 하나님을 예배하고 그의 뜻을 탐구하는데 집중했다. 초대교회의 예배는 성령의 이끌림을 받는 자연스럽고 형식적이지 않은 예배였다. 이렇게 성령께서 기적과 이사로 함께하시는 공동체는 전적으로 사람들의 삶을 변화시켰다.9)

교회는 인간이 만든 조직이나 전통이 아니다. 교회는 성령 하나님과 함께 지어져 간다. 에베소서 2장 20-22절은 이를 잘 표현하고 있다. "너희는(하나님의 백성들인 교회는) 사도들과 선지자들의 터 위에 세우심을 입은 자라. 그리스도 예수께서 친히 모퉁이 돌이 되셨느니라. 그의 안에서 건물마다 서로 연결하여 주 안에서 성전이 되어가고 너희도 성령 안에서 하나님의 거하실 처소가 되기 위하여 예수 안에서 함께 지어져 가느니라."

중요한 것은 교회가 하나의 정해진 형태가 아니라는 것이다. 교회는 상황 속에서 보다 온전한 모습을 향해 지어져 간다. 즉 교회는 특정한 상황 속에서 창의적인 삼위일체 하나님의 인도하심에 따라 창의적인 형태로 지역 문화에 뿌리내려 간다. 그리고 역사가 흐르면 그것이 전통이 되고 지금의 형태가 된다.

이렇게 볼 때 앞으로 10년 후, 길게 잡아 100년 후가 되면 현재의 교회는 과거의 전통 중 하나로 남을 것이다. 그렇다면 '현대'(modern) 사회를 지나 포스트 모던 사회를 살고 있는 사람들을 향한 또 다른 형태의 교회는 어떤 모습이 되어야 할까? 이것이 우리가 프레시 익스프레션스를 생각하는 중요한 이유이다.

08 성격

프레시 익스프레션스는 자신들의 핵심 성격을 아래의 네 가지로 설명한다.[10] 이것은 성경적 교회의 핵심이기도 하다. 그리고 이러한 핵심 성격 은 그들의 핵심 사역으로 이어진다. 그 네 가지의 핵심성격들은 다음과 같다.

선교적이다(missional): 교회 밖에 있는 사람들을 섬기기

프레시 익스프레션스는 우선적으로 교회 밖의 사람들에게 집중한다. 한 번도 교회에 나오지 않은 사람들이나 교회를 떠난 사람들, 교회 문화

밖에 있는 젊은이들이 그들의 주요 사역 대상이다. 이것은 엄청나게 큰 선교의 장이다. 그리고 이 시대의 교회가 반드시 넘어야 할 선교적 장벽이다. 그럼에도 불구하고 전통적인 교회는 이러한 선교적 사역을 많은 사역들 중에 변두리의 사역으로 여긴다. 그러나 프레시 익스프레션스는 이들을 향한 선교적 사역을 그들의 중심에 놓는다. 프레시 익스프레션스는 이들을 향해 경청하는 태도로 다가가서 사랑의 섬김을 통해 복음을 나눈다. 아무도 사랑을 베풀지 않는 메마른 사회 속에서 문득 사랑의 섬김을 만났을 때 사람들은 섬김을 베푸는 이들을 다시 보게 되고 그들을 향해 마음을 조금씩 열게 된다. 그러므로 사랑의 섬김이야말로 사람과 사람 사이에 막혔던 담을 허는 가장 중요한 방법이다. 사랑의 섬김은 교회가 세상 사람들을 만나는 접촉점을 만들고, 이 접촉점을 통해 세상은 하나님의 사랑을 체험한다.

상황적이다(contextual): 사람들을 향해 경청하고 그들의 문화 속으로 들어가기

사랑은 관심이고, 사랑은 실천이다. 무슨 말인가? 사람은 사랑하는 사람에게 관심을 두게 되어 있다. 상대에게 관심을 두지도 않으면서 그를 사랑한다고 말할 수 없다. 사랑은 사랑하는 사람에게 관심을 두는데서 시작된다. 그리고 그 관심은 상대를 진정으로 이해하려는 경청의 태도를 갖게 한다. 여기서의 경청은 단순히 말을 듣는 것이 아니라 상대의 아픔과 기쁨, 희망과 좌절을 우리의 온 영혼과 마음으로 듣는 것이다. 둘째로 사랑은 실천이다. 우리는 사랑하는 사람이 원하는 것이라면 무엇이든지 해 주고 싶어 한다. 우리가 세상 사람들을 사랑한다면 기꺼이 그들의 상황 속으로 들어갈 것이고 그들을 섬길 것이다. 이것이 주님이 세상에 인간으로 오신 성육신의 이유이다. 그분은 세상을 사랑하셔서 세상 사람들을 향해 경청하시고 이 땅으로 들어오셨다. 프레시 익스프레션스는 세상 사람들을 사랑해서 그들의 삶 속으로 깊숙이 들어가기를 원한다. 교회의 전통과 문화를 지키는 대신 그들의 상황에 맞춰 교회를 변화시키는 위험을 감수한다.[11] 이는 마치 예수님의 성육신하시는 모습과 같다. 사랑은 자신을 고집하지 않는다.

교육적이다(educational): 세상 사람들과 함께 예수께 이르는 길을 여행 하기

우리는 주님이 세상에 오셔서 사람들을 모으시고, 그들의 상처를 치유하시며, 그들을 말씀으로 양육하시고, 제자로 세우신 것을 기억한다. 이와 같이 우리가 사랑으로 세상을 섬기고 그들에게 관심을 갖는 것은 그들을 예수 그리스도의 제자로 만들기 위해서이다. 물론 이 과정은 한 순간에 이뤄지지 않는다. 예수께서도 3년 동안을 제자들과 함께 살면서 공동체 생활 속에서 훈련을 하셨다. 그러므로 우리는 사랑의 마음으로 인내심을 가지고 사람들과 함께 예수님께 이르는 길을 여행해야 한다. 이렇듯 세상 사람들을 예수님의 제자로 변화시키는 것은 프레시 익스 프레션스의 가장 중요한 핵심 과제이다. 이를 위해 그들은 다양한 이유를 만들어 세상 사람들을 만나고, 그들을 섬긴다. 그들의 마음과 만나고, 그들의 상처를 어루만진다. 그들이 닫혔던 마음의 문을 열기 시작하면 서서히 주님을 나누기 시작한다. 그리고 예수님께 이르는 길을 함께 여행한다.

교회적이다(ecclesial): 함께 교회가 되어가기

프레시 익스프레션스의 또 하나의 중요한 목표는 하나님의 백성들, 곧 하나의 교회 공동체를 세우는 것이다. 프레시 익스프레션스가 수행하는 다양한 이벤트들과 프로젝트들은 그 자체가 교회는 아니다. 섬기는 사역들도 교회가 아니다. 프레시 익스프레션스는 세상 사람들의 삶의 한 가운데서 새로운 표현과 방법으로 하나의 온전한 교회가 세워지기를 원한다. 이것을 위해 그들은 다양한 이벤트들과 프로젝트들, 그리고 섬기는 사역들을 감당한다. 그들이 지향하는 것은 하나님의 백성들의 공동체로서의 교회, 그리스도의 몸으로서의 교회이다. 전통과 조직 보다는 공동체가 중요하고, 그 안에서 주님의 사역을 구체적으로 감당하는 지체들이 중요하다. 이러한 선교적 교회는 그들의 상황에 맞고 하나님의 사명을 감당하기에 적합한 형태를 갖게 된다. 전통적인 교회에서 보면 많이 낯설겠지만 두 세 사람이 주님의 이름으로 모인 그들이 하나님의 교회이다.

09 구체적인 형태들

프레시 익스프레션스가 세상 사람들의 삶 속에 존재하는 교회를 추구한다면 그 형태는 어떤 것일까? 세상 사람들 속에 존재하는 교회는 어떤 모습일까? 성육신한 교회의 구체적인 형태를 생각해보자.12)

장소

프레시 익스프레션스는 카페, 마을 회관, 학교, 가정집, 공원, 인터넷 등 다양한 곳에서 모인다. 전통적인 교회 건물이나 성스러운 장소는 세상 사람 들과 만나는데 걸림돌이 될 수 있다. 예수님도 대제사장이 있는 예루살렘 성전 보다는 나사렛 사람들이 사는 마을에서 그들을 만나시고 함께 식사를 하시면서 그들의 일상적인 주제들을 통해 천국 대화를 나누셨다. 그는 여행 중에 길가에서 쉬시면서 말씀을 전하셨고, 들판이나 바닷가에서도 설교 하셨다.

일시

일부 프레시 익스프레션스는 주일에 모이지만, 어떤 프레시 익스프레션스는 사람들의 상황에 맞춰서 주중에 모임을 갖기도 한다. 더 적극적으로 어떤 교회는 일터로 찾아가 그들이 가용한 시간에 식사를 하면서 모이기도 한다. 또 어떤 교회는 아예 정해진 시간을 갖고 있지 않다. 주님도 주중에 세상 사람 들을 만나시고 그들을 향해 설교 하셨다. 사도 바울의 말도 우리에게 많은 도전을 준다. "어떤 사람은 이 날을 저 날보다 낫게 여기고 어떤 사람은 모든 날을 같게 여기나니 각각 자기 마음으로 확정할지니라. 날을 중히 여기는 자도 주를 위하여 중히 여기고 먹는 자도 주를 위하여 먹으니 이는 하나님께 감사함이요 먹지 않는 자도 주를 위하여 먹지 아니하며 하나님께 감사하느 니라."(롬 14:5-6)

예배 스타일

예상할 수 있듯이 프레시 익스프레션스의 예배의 형태는 너무도 다양하다. 그들은 찬양, 노래, 묵상, 관상, 성만찬, 세례식 등 여러 가지 방법을 통해 하나님께 나아가고 예배 후에는 주로 애찬을 나눈다. 어떤 프레시 익스 프레션스는 자신들의 예배에 전통적인 예배 요소들을 가미하기도 한다. 중요한 것은 예배를 통해서 참여자들은 하나님을 만나고, 하나님을 더욱더 알아 가며, 자신들의 신앙을 탐구하는 가운데 주님의 제자가 되어 간다.

자신의 예배 형식이 가장 성서적이라고 고집하는 사람이 있다면 이렇게 질문해 보자. 예수님의 예배 순서는 어땠을까? 초대교회의 예배

순서는? 찬송의 장르는? 2천년 동안 성령께서는 수많은 예배 형식들과 음악의 장르를 통해 사람들에게 영감을 불어넣으셨다. 그렇다면 교회 밖에서 교회를 비웃고 있는 청소년들에게 적합한 예배 형태는 어떤 모습일까?

그룹의 크기

프레시 익스프레션스의 가장 기초적인 단위는 소그룹 공동체이다. 소그룹은 삶을 나누기에 적합하고, 함께 하나님을 예배하거나 제자가 되어 가기에 적합하다. 그 소그룹들은 배가되고, 독립적으로 존재하기도 하며, 몇 그룹이 정규적 혹은 비정규적으로 함께 모이기도 한다. 혹 어떤 교회는 큰 그룹을 기반으로 하고, 수시로 작은 그룹으로 나눠져서 다양한 활동을 한다. 우리도 셀 그룹이나 가정 교회, 속회, 밴드, 순 모임 등 작은 공동체의 중요성을 알고 있다. 중요한 것은 이러한 작은 공동체가 하나의 교회로서 기능한다는 사실이다. "두세 사람이 내 이름으로 모인 곳에는 나도 그들 중에 있느니라."(마 18:20)

리더

프레시 익스프레션스는 전통적인 교회에 비해서 평신도의 역할이 더 크다. 목회자 중심, 예배 중심적 교회가 아닌 삶의 전반과 관계된 교회이기 때문에 평신도들이 공헌할 여지가 훨씬 많다. 더욱이 초기에는 비신자나 새신자의 역할과 비중이 전통적인 교회에 비해 훨씬 크다. 이것이 낮 설은 사람은 이렇 게 질문해 보자. 예수님의 사역을 도왔던 사람들 중에 제사장은 몇 명쯤 되었을까? 그들의 역할은 얼마나 컸을까? 예수님은 목수의 아들, 평신도였다. 그의 제자들은 어부, 세리, 혁명당원...

평신도들이었다. 정규 신학교를 나오지 않은 사람들은 교회의 지도자가 될 수 없다는 목회자 중심적인 생각을 내려 놓는 것이 쉽지 않지만, 우리는 예수님의 사역으로 돌아가야 한다.

삶의 예배의 중요성

전통적인 교회가 예배에 모든 에너지를 집중하고 상대적으로 다른 사역들은 소홀히 여기는 것에 비해서 프레시 익스프레션스는 지역사회를 섬기고, 그들과 나누는 친교도 예배만큼이나 중요하게 여긴다. "너희 몸을 하나님이 기뻐하시는 거룩한 산 제물로 드리라 이는 너희가 드릴 영적 예배니라."(롬 12:1) 그러므로 프레시 익스프레션스의 예배는 다양한 이벤트에 참여하는 등 모든 삶과 활동에 녹아져 있다. 그들에게는 사랑하고, 섬기고, 웃고, 우는 모든 삶 속에서 하나님의 임재를 체험하고 진정한 주님의 제자로서 살아가는 것이 가장 중요한 가치이다. "나더러 주여 주여 하는 자마 다 다 천국에 들어갈 것이 아니요 다만 하늘에 계신 내 아버지의 뜻대로 행 하는 자라야 들어가리라."(마 7:21)

10 네 방향 성장

하나의 교회가 온전하게 성장하기 위해서는 다양한 차원들이 균형 있게 성장해야 한다. 프레시 익스프레션스는 이러한 성장의 방향을 네 차원에서 설명하고 있다. 이 네 방향은 교회가 건강하게 자라나기 위해 점검해야 할 중요한 차원들이다. 프레시 익스프레션스가 참된 교회가 되기 위해 중요하게 여기는 네 차원들은 아래와 같다.

위로(UP) 하나님을 향하기

교회가 추구해야 할 위로(UP)의 차원은 삼위일체 하나님과 연결되어 있다.13) 교회는 이 땅의 조직이 아니라 하나님께서 목적이 있으셔서 빚으신 하나님의 백성들이다. 그러므로 교회는 언제나 하나님을 향한 수직적 차원이 건강하게 열려 있어야 한다. 하늘과 연결된 교회는 이 땅에서 성례전적인 공동체를 형성한다.14) 보이지 않는 하나님을 세상 사람들이 볼 수 있는 가시적 공동체 속에서 증언하는 것이다. 이 경우에 교회 공동체의 가장 중요한 기능은 세례와 성만찬, 그리고 성례전적인 삶이다. 이 셋 모두가 중요한 역할을 하지만 프레시 익스프레션스는 전통적인 교회가 축소시켰던 성례전적인 삶을 새로운 방법으로 강조한다.

이 수직적 차원을 건강하게 유지하기 위해서 아래의 사항들을 점검해 보자.

- 하나님의 소명 듣기
- 하나님 나라의 비전을 세상으로 확장하기
- 창조적 형태의 기도와 예배를 통해 하나님과 소통하기
- 상황 속에서 산 제사의 삶을 살기
- 성례전적인 교회 공동체와 성례전적인 변화된 세상을 추구하기

안으로(IN) 공동체를 강화하기

안으로(IN)의 차원은 교회의 공동체성을 회복하고 강화하는 차원이다. 프레시 익스프레션스는 교회 공동체 안에서 교제를 나누며 깊은 관계를 맺어 간다.15) 초대교회가 그랬듯이 공동체 속으로의 깊은 여행은 교회 공동체가 그리스도의 몸을 이뤄 가는 가장 중요한 과정이다. 이 과정에서 성령의 인도 하심과 하나 되게 하시는 역사는 너무도 중요하다. 성령께서는 각 사람들에게 뜻하신 대로 은사를 중심으로 그리스도의 몸 된 교회의 지체의 역할을 감당 하도록 인도하신다.

안으로의 과정을 점검하기 위한 사항들은 아래와 같다.

- 성령 안에서 그리스도의 몸 된 공동체가 되어 가기
- 성령의 도우심으로 공동체 안에서 만나게 되는 도전들을 해결해가기
- 성령께서 주시는 은사대로 지도자들을 세워 가기
- 공동체 안에서 각자가 가진 강점과 약점들을 지혜롭게 활용하기
- 갈등 해결의 영역들을 이해하고 성령의 인도하심으로 해결하기

밖으로(OUT) 하나님의 선교를 감당하기

밖으로(OUT)의 차원은 교회가 자신의 사도성을 깨닫고 하나님의 선교를 감당하는 것과 연결되어 있다.[16] 삼위일체 하나님은 지역과 문화, 전통과 신학의 차이를 넘어서 다양한 형태의 운동들로 당신의 선교를 이끌어 오셨다. 특히 바람과 같이 자유로운 성령님은 어느 한 교파나 전통에 갇혀 계실 수 없다. 2천년 동안 성령님은 수많은 상황의 사람들에게 셀 수 없이 많은 방법 으로 당신의 교회들을 세워 오셨다.

그리스도의 몸 된 교회는 머리되신 그리스도께서 하시고자 하는 일을 감당해야 한다. 주님이 갈릴리 나사렛 사람의 모습으로 성육신하셨듯이 교회 도 그 문화의 사람들처럼 되어 그들의 삶 속에서 그들의 방법으로 하나님의 나라를 세워 가야 한다. 그 대상은 주님의 명령대로 모든 나라와 민족이다. 그러므로 우리는 문화와 상황이 다른 모든 나라와 민족 속에 성육신한 교회 들을 세워 가야 한다.

밖으로의 차원을 점검할 사항들은 아래와 같다.

- 선교 현장에서 일하시는 하나님을 만나기
- 문화와 관계할 때의 도전과 어려움들을 극복하기
- 사람들의 필요에 응답하기

- 신앙의 여정 중에 있는 사람들을 돕기
- 지역사회를 변혁할 기회들을 파악하고 도전하기
- 샬롬의 사람 되기
- 세상에 하나님 나라를 이루기

동일시(OF)를 통해 우주적 교회의 일부가 되기

동일시(OF)의 차원은 프레시 익스프레션스 교회가 우주적 그리스도의 몸의 일부가 되도록 이끈다.[17] 상황적 교회는 보편적 교회, 우주적 교회와 연결되어야 한다. 그리스도는 전통과 교파를 뛰어넘어 하나이기 때문이다. 나라와 민족마다 형태는 다르지만 한 주님과 한 성경을 가진 교회는 하나의 몸을 향해 나갈 수 있다. 이러한 하나의(one) 거룩한(holy) 보편적인(catholic) 사도적(apostolic) 교회와 연결되는 것은 상황의 상이성에도 불구하고 진정한 교회됨을 잃지 않게 도와준다.

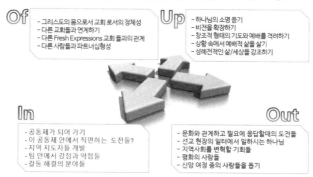

이러한 동일시의 차원을 점검하기 위한 질문들은 아래와 같다.
- 그리스도의 몸인 교회로서의 정체성 지키기
- 다른 프레시 익스프레션스 교회들과 연대하기
- 다른 전통의 교회들과도 연계하기

우리가 다룬 네 차원들은 서로 겹쳐 있거나 서로를 강화해 준다. 그리스도인들은 하나님과 연결되어(up) 이웃을 섬기는 선교 활동을 할 때(out) 공동체 안에서 친교를 나눌 수 있고(in) 보편적 교회의 일원이 된다(of). 이 네 차원은 진정한 교회가 되도록 돕는 은혜의 수단이요 하나님께 나아가는 성장의 길이다.

11 교회가 세워지는 단계들

프레시 익스프레션스 교회들은 워낙 다양하기 때문에 오직 하나의 모델 교회란 존재하지 않는다. 한 교회의 사례조차도 다른 상황에서 똑같이 복재될 수 없다. 그러므로 각각의 교회는 유일무이한 존재들이다. 그럼에도 불구하고 프레시 익스프레션스 교회를 세워 가는 공통된 과정은 예상해 볼 수 있다. 물론 모든 교회가 이 과정을 따라가야 하는 것은 아니다. 하지만 이러한 과정을 이해하는 것은 새로운 교회를 세워 가는데 큰 도움이 된다. 그 과정은 다음과 같다.18)

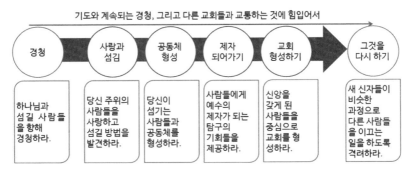

이 과정을 보다 잘 이해하기 위해서 한 이야기부터 시작해 보자.
Cook@Chapel 이야기
  한 마을에 사는 세 명의 그리스도인 여인들이 교회 밖의 십대들과

복음을 나누고 싶었다. 그래서 그들은 십대들이 무엇을 좋아할지 생각을 나누기 시작했다. 마침 그 세 여인은 요리하는 것을 좋아했다. 그들은 십대들을 초대해서 십대들이 좋아하는 요리를 함께 만들고 그들이 만든 것을 같이 먹었다. 이러한 시간은 자연스럽게 서로 간의 삶에 대해 이야기를 나누는 기회가 되었다. 모임이 정례화 될수록 대화는 자연스럽게 되었고 여인들은 기독교 신앙이 자신들의 삶에 어떤 의미가 있는지를 나눌 수 있었다.

어느 사이엔가 축복기도로 식사를 시작하는 것이 자연스럽게 되었다. 그리고 청소년들이 그 기도에 자신의 감사를 더하도록 격려했다. 기도가 의미 있어지면서 청소년들은 이 기도에 자신의 요청 기도를 더하게 되었다. 청소년들은 그들의 기도를 종이에 써서 요리 그릇에 넣고, 돌아가면서 그 기도를 읽었다. 십대들은 점점 더 기독교에 대해 이야기를 나누기 시작했고 자연스럽게 Cook@Chapel이 생겨났다. 그들은 점점 더 삶을 나누는 신앙 공동체가 되었고, 이러한 그룹들이 여기저기에서 생겨나게 되었다.[19)]

경청하기

우리는 하나님 보다 앞서가면 안 된다. 삼위일체 하나님께서 전개하시는 구원 사역에 민감해야 하고, 그분의 부르심에 따라 움직여야 한다. 그분이 가시면 우리도 가고, 그분이 서시면 우리도 서야 한다. 그분과 발걸음을 맞추는 것은 쉽지 않지만 너무도 중요하다. 그렇기 때문에 우리는 하나님의 뜻과 소명을 향해, 그리고 그분의 움직임을 향해 늘 경청하는 태도를 잊지 말아야 한다. 두 번째로 우리는 우리가 만날 사람들을 향해 경청하는 태도를 가져야 한다. 작게는 개인을 향한 경청이고 크게는 그들의 공동체, 네트워크, 지역사회를 향한 경청이다.

우리는 자칫 이러한 경청의 단계를 잊고 사람들을 향해 우리가 원하는 사역을 퍼부을 때가 있다. 이것은 자기중심적 선교의 전형이다. 그럴 때 우리는 그들의 영적, 육적 상태와 그들의 진정한 필요를 간과하게 되고 깊은 관계를 형성하지 못하게 된다.이러한 하나님과 사람들 양쪽을 향한 경청은 끊임없이 계속되어야 한다. 아마도 주님 앞에 서기 전까지 우리는 경청의 삶을 살아야 할 것이다. 그럴 때 우리는 하나님과 이웃을 향한 참된 관계를 이어갈 수 있다.

사랑으로 섬길 방법을 발견하기

우리가 경청하는 태도로 사람들에게 다가갈 때 그들을 사랑으로 섬길 방법을 발견하게 된다. 사랑의 섬김은 조건이 없다. 예수께서 세상을 사랑하셔서 낮고 천한 모습으로 오신 것은 가장 확실한 사역의 모델이다. 교회는 사랑의 마음으로 세상에서 상처받고 외로운 사람들을 향해 다가가야 한다. 그들과 함께하며 관계를 맺고, 작은 필요에 응답 하다보면, 그들을 섬길 꼭 필요한 방법을 발견하게 된다.사랑의 섬김은 크거나 화려하지 않아도 좋다. 많은 예산이 투입되지 않아도 된다. 진정 사람들의 친구가 되고, 마음을 나눌 수 있는 것이라면 그 어떤 것이라도 아름다운 섬김이 된다. 사람들을 향한 경청의 태도와 사랑의 마음만 있으면 섬기는 방법은 자연적으로 발견된다.

공동체 형성하기

예수님은 목수의 아들로 자라시면서 갈릴리 나사렛 사람들과 관계를 맺고 그 공동체 안에서 사셨다. 가나의 혼인 잔치에도 가시고, 베드로 장모의 집과 나사로의 집, 세리 마태의 집에서 식사를 나누셨다. 사역을 시작하면서는 12명으로 더 강력한 생활 공동체를 만드셨는데, 그 공동체는 70명으로 확대 되었고, 예수님께서 부활하셨을 때는 120명에 이르렀다.우리는 섬기는 사람들과 공동체를 형성해야 한다. 그것이 어떤 형태이든 자주 만나 함께 삶을 나누고 섬기는, 마음이 통하는 공동체여야 한다. 그 속에서 사람들은 마음을 열고 더 깊은 삶의 이야기들을 나누게 된다.

함께 제자 되어가기

프레시 익스프레션스는 제자 만드는 일을 강조한다. 예수께서는 제자들에게 세상으로 나가 사람들을 제자 삼으라고 하셨기 때문이다.(마 28:18-20) 그러나 사람들이 단 숨에 예수님의 제자가 될 수는 없다. 세계관은 일순간에 바뀌지 않기 때문이다. 그러므로 그리스도인들은 공동체 모임 안에서 그리스도가 자신의 삶에 어떤 의미인가를 나누면서 사람들을 서서히 신앙의 주제로 이끄는 것이 좋다. 세상의 주제들로 이야기를 나눌 때에도 이 주제들에 대한 기독교적 지혜를 소개하면 좋다. 특히 인생의 목적이나 종착점에 대한 대화는 기독교적 세계관을 소개할 중요한 기회이다. 종교에 대한 이야기를 나누거나 기도의 생활과 신앙에 대해 나누는 것도 좋다. 기회가 되면 예수의 삶과 사상에 대해 소개하거나 성경의 하나님을 소개할 수도 있다. 이 과정에서 그리스도인은 사람들이 영적 탐구 여행을 잘 하도록 좋은 친구나 동료가 되어 주어야 한다. 그들의 눈높이에서 그들을 이해하며 함께 영적 여행을 해야 한다. 그 과정이 우리와 달라 당황하거나 짜증이 날 수도 있다. 그럴 때는 성령께서 얼마나 인내심 있게 우리와 보조를 맞추고 계시는지 기억하라. 그러면 오히려 성령님께 감사할 것이다. 절대로 전문가로서 그들을 가르치려고 하지 말라. 오히려 그들의 친한 친구로서 함께 제자가 되어 가라. 이것이 사람들을 향한 그리스도인들의 성례전적 역할이다.

교회 공동체 형성하기

신앙을 갖게 된 사람들을 중심으로 그들에게 맞는 교회 공동체를 형성하라. 교회가 성장하는 네 차원들인 위로(UP), 안으로(IN), 밖으로(OUT), 동일시(OF) 차원을 기억하면서 참된 교회가 되어 가도록 도우라.

① 예배의 구성: 예배는 가능한 간결하고, 삶에 도움이 되며, 마음을 담은 것이면 좋다. 또한 참여자가 자신의 은사로 기여할 수 있는 공동의 예배이면 좋다. 그럴 때 예배는 참가자들을 하나님과 하나로 묶어 주고 참여자들의 삶을 변화케 한다.

② 설교 보다는 대화: 찬양과 짧은 토크 후에 토크 주제를 중심으로 대화를 하면 '숨은 커리큘럼'(hidden curriculum)이 작동한다. 사람들은 서로 질문하고 대답하면서 대화 가운데서 배우고 상호 풍성함을 체험한다. 경험적으로 볼 때 일방적인 설교 보다는 대화가 훨씬 더 삶의 변화를 일으키고 교회 공동체를 견고하게 만든다.

③ 애찬의 중요성: 공동체는 함께 커피를 내리고, 빵을 구우며, 음식을 만들고, 그것을 나눌 때 더욱더 가까워지고 하나 되는 체험을 한다. 이러한 관점에서 성경을 보면 왜 예수께서 주위의 사람들과 항상 식사를 나누셨는지, 유월절 만찬이 왜 그토록 중요했는지를 알 수 있다.

④ 산 제사로서의 예배: 교회 공동체의 아름다운 이야기는 주중에 세상으로 흩어진 그리스도인들의 성례전적 삶을 통해 세상에 전해지고 주위를 변화시킨다. 그러므로 교회의 지도자는 말씀이 삶으로 옮겨질 수 있도록 격려해야 한다. 일상생활에서의 기도, 성경 읽기, 묵상, 섬기는 삶, 증인의 삶 등의 주제들이 삶 속에 정착될 수 있도록 서로

격려해야 한다. 또한 이렇게 주중의 삶 속에서 실천한 이야기들을 주일 예배 후 공동체에서 나눈다면 상호 풍성함을 경험할 것이다.

그것을 다시 하기

세상 사람들 가운데 새로운 교회가 생겨났다면 여기에서 멈추면 안 된다. 이제 그들은 같은 방법으로 또 다시 교회 개척을 시작해야 한다. 개척자가 성령 안에서 사람들을 향해 경청하고, 사랑으로 섬기며, 공동체를 형성하고, 함께 제자가 되 가며, 하나의 교회를 형성했다면 이 과정을 경험한 교회 공동체는 자신감을 가지고 또 다시 이 여행에 도전할 수 있다. 한 번 성공을 경험한 사람은 보다 효과적으로 실수를 줄이며 새로운 교회 개척을 수행할 수 있기 때문이다. 그리고 이러한 배가의 과정이 계속적으로 반복되면 하나의 교회 개척 운동이 된다. 결과적으로 비슷한 주제로 고통 받던 사람들이 문제를 해결 받고 교회 공동체의 일원이 되는 아름다운 결과를 보게 될 것이다.

이렇듯 교회는 계속해서 교회 밖의 사람들을 만나고 그들을 주님께 데려오는 사역을 감당해야 한다. 특히 개척 과정에서 새롭게 그리스도인이 된 사람들이 교회 개척 운동에 동참하고 리더십을 발휘하도록 격려해야 한다. 그들은 세상 사람들의 세계관과 삶을 누구보다 잘 알고 있기 때문에 그들에게 접근하는 것이 수월하다. 또한 그들은 자신과 같은 세상 사람들에게 교회 공동체가 꼭 필요하다는 사실을 절실히 깨달은 사람들이다. 이렇듯 프레시 익스프레션스는 세상 사람들과 함께 비전통적인 방법으로 그들의 삶 한 가운데서 교회 공동체들을 세워 가는 운동이다.[20] 그들은 교회 개척의 배가운동을 통해 하나님의 나라가 이 땅에 확장되는 꿈을 꾼다.

나가는 말

"우리가 교회다"라고 선언하는 작은 교회들의 모임은 이제 겨우 낯선 여행을 시작하고 있다. 물론 우리 앞에는 여러 가지 어려움들이 기다리고 있을 것이다. 이 모임이 어떤 경험을 하고 어느 곳에 다다를지는 오직 하나님만이 아신다. 그러나 우리는 성령께서 우리를 선하게 이끌어 주실 것이라는 믿음이 있다. 또한 "믿음은 바라는 것들의 실상이요 보이지 않는 것들의 증거"라고 믿고 하나님께서 주신 비전을 향해 한 걸음을 내딛는다.(히 11:1)

그 비전은 다음과 같다.
1) 주님을 인정하지 않던 수많은 사람들이 교회를 통해 주님의 사랑을 알게 되고, 문제들을 해결 받으며, 참으로 행복해지는 세상을 보는 것
2) 아름다운 공동체 교회 개척 운동이 배가되고 확산되어 이 땅에 교회 갱신 운동이 일어나는 것
3) 작고 아름다운 교회들이 세상의 희망이라고 인정하는 사람들이 많아지는 것
4) 세상에 하나님의 주권이 고백되고 주님의 뜻이 이뤄지는 것 우리는 기도한다.

"나라가 임하시오며 뜻이 하늘에서 이루어진 것 같이 땅에서도 이루어 지이다."(마 6:10)

Part 2

세상과 소통하다

Chapter 02

"꿈꾸는 청년, 춤추는 예배자들의 청년 문화 공간" [SiSim]

이창성 목사 (시냇가에심은나무교회)

홈페이지 : sisim.co.kr
카카오 ID : sisimch
이메일 : incros@hanmail.net
페이스북 : facebook.com/sisimer

01 시심[SiSim]은 일상이다

시심은 일상이다.
특별한 것 없지만 삶이 있고,
유별난 것 없지만 사람이 있고,
없으신 것 같지만,
하나님이 계시는 일상 말이다.[21)]

시심은 일상 한 가운데 있다. 지극히 평범하고 단순하며 매일 같이 반복되는 그 삶의 한 가운데 시심이 있다. 달콤한 휴가나 오아시스 같은 공휴일이 아닌 먼 산 조용히 휘돌아 흐르는 강물 같은 일상이다. 일상이 무너지면 삶이 무너진다. 일상은 우리의 삶을 든든하게 버틸 수 있게 하는 벽돌과 같은 것이다. 시심이 이제 10년을 살았지만 시심은 여전하다. 언덕 위에 고목처럼 그 자리에 서 있다. 시간의 흐름만큼 먼지가 쌓이고 낡았지만 그 낡음 그대로 시심이 있어야 할 그 자리에 있을 뿐이다. 눈여겨보지 않으면 지나칠 수밖에 없는 들풀처럼 가만, 거기에 있지만 해마다 꽃을 피우며 천천히 주목하는 시인의 눈에, 아이들의 눈에 미소를 안겨 줄 뿐이다. "산은 구름을 탓하지 않는다."는 말처럼 시냇가에 심은 나무 역시 묵묵히 뿌리를 내리고 있다.

시심은 2006년 6월에 창립해 올해 10주년을 맞이했다. 숭실대 앞에서 청년 문화 공간 사역을 감당하는 시심은 꿈꾸는 청년, 춤추는 예배자들과 함께 아름다운 일상의 삶을 살아가고 있다. 젊은 청년들을 향해서 열려 있는 시심은 이 땅에 젊은이들을 향한 섬김과 나눔 그리고 일상의 대화가 있는 곳이다.

예배 사역

시심은 예배 중이다. 시심 초창기 때 아내와 함께 마음껏 찬양하며 예배를 하자고 오후 4시 예배를 아내와 둘이서 시작했다. 그런데 어느 날 숭실대 앞에서 자취를 하면서 시심에 자주 놀러 오던 한 청년이 주일에 섬기던 교회를 가지 못했다고 오후 예배 시간이 언제냐고 물어 왔다. 4시 시작이던 예배가 이미 4시 30분을 가리키고 있었다. 4시라고 말하면 또 늦었다고 예배를 안 드릴 것 같았다. 순간, 하나님께서 지혜를 주셨다. 그리고 청년에게 문자로 "네가 오는 시간이 예배 시간이야"라고 보냈다. 청년은 그 문자에 감동을 받고 바로 달려와 함께 예배했다. 그 청년에게 시심은 언제나 예배 중이다.

시심은 처음 시작할 때, 차를 마시며 공연을 할 수 있도록 준비했다. 악기를 다룰 수 있는 사람도 없었지만, 공연을 하러 오는 사람들을 위해 미리 준비해 두었다. 시심은 공연을 하는 곳이기도 하지만 예배가 우선인 공간이다. 더불어 자유로운 공간에서 다양하게 예배하기 위한 여러 가지 시도들을 했다. 시심이 처음 시작하면서부터 재즈 예배를 시작했다. '재즈로 예배하는 사람들'과 함께 2006년부터 2009년까지 한 달에 한 번씩 지속적으로 재즈 예배를 드리게 되었다. 재즈라고 하는 장르로, 재즈의 자유로운 표현 방법으로 하나님을 예배하는 것이다. '소버피플'이라는 팀과는 랩으로 드리는 예배를 드렸다. 랩을 좋아하는 청년들이 랩을 통해서 하나님을 찬양하고 복음을 전하는 예배였다. 어쿠스틱 예배나 국악 예배까지 기존 교회에서 드리기 쉽지 않은 예배의 모습을 다양한 형태로 드리는 시도들을 해 왔다.

특별히 예배에 대한 마음이 있는 사람들이 모여서 기획 예배를 드리기도 했다. '이야기가 있는 찬양 예배'는 교회에서 찬양인도를 하거나 찬양팀에서 사역하는 사람들을 초청해서 그들로 찬양 인도자가 아닌 온전한 예배자로 예배할 수 있게 도왔다. 또한 자신의 고백이 담긴 찬양을 추천하면 즉석에서 함께 찬양하기도 했다. 각자 나름의 신앙 고백이 있는 찬양들을 드림으로 서로에게 도전이 되기도 하고 용기를 얻기도 했다. 그 후, 다시 '25번째 편지예배'를 기획해서 드렸다. 36살의 목회자가 25살의 자기 자신에게 편지를 보내는 것이다. 하나님을 처음 경험했던 때의 기쁨과 그 이후 무미건조해진 감정에 대해서 쓴 편지를 연극적인 요소와 찬양 그리고 독백으로 표현한 예배다. 함께 한 예배자들에게 각자 자신에게 편지를 쓰는 시간을 주기도 했다. 세 번째로 드린 기획 예배는 '트리니티 워십'이다. 우리의 예배 가운데 성부, 성자, 성령 삼위일체 하나님께 찬양하고 예배한다고 하지만 때로는 어느 한 쪽으로 치우치는 경향이 있는 것은 아닌가 싶었다. 예배 팀과 함께 유진 피터슨의 "현실, 하나님의 세계"라는 책을 같이 읽고 묵상하면서 '창조의 하나님, 역사에 개입하시는 예수님, 공동체를 이루시는 성령님'이라는 삼위일체 하나님을 온전히 찬양하는 예배였다. 바닥에 펼쳐진 종이에 물감을 뿌리기도 하고, 새로 작곡된 곡에 모인 예배자들이 직접 작사를 하고, 예수님을 만난 간증을 나누고, 손도장을 찍기도 하며 드린 예배다. 시심은 어떻게 하면 더 아름답게 우리가 할 수 있는 한 최선을 다해 예배할 수 있을까를 고민하고 있다. 마치 "하나님의 어릿광대"에 나오는 죠반나가 자신이 할 수 있는 최고의 것인 저글링으로 예배했듯이 우리도 우리가 할 수 있는 최고의 것으로 예배하기를 원하는 마음이다.

시심에 특별한 예배만 있는 것이 아니다. 정기적인 시심의 예배도 있다. 2011년부터 '하나님께서 찾으시는 예배자와 하나님을 찾는 예배자가 함께 드리는 예배'의 이름에 새로운 의미를 부여하게 되었다. 주일 예배는 '거룩하게 구별하여 드리는 예배'다. 주일의 예배는 구별된 마음으로 거룩하게 드리기를 원하는 마음에서 지은 이름이다. 수요 예배는 '삶의 한 가운데서 드리는 예배'다. 일주일에 한 가운데라 할 수 있는 수요 예배는 삶의 한 가운데 드리는 예배의 훈련이라고 생각한다. 기쁨 그 한 가운데서, 슬픔 그 한 가운데서, 삶의 모든 상황과 사건과 형편 그 한 가운데서 하나님을 예배하는 것이다. 금요 예배는 '한 주를 되돌아보며 드리는 예배'다. 주 5일 근무가 많아지면서 금요일 저녁이 되면 한 주가 마무리 된다는 생각에 금요일 저녁에 한 주를 되돌아보며 '되돌아봄의 기도'를 드리는 예배다. 한 주를 되돌아보며 하나님의 일하심에 감사하며 자신의 잘못된 방향을 다시금 하나님께로 방향전환하는 시간이다. 마지막으로 시심은 새벽 예배를 드리지 못하고 있다. 대신 아침 예배를 드린다. 월요일부터 금요일까지 아침 8시에 '하루의 시작 아침을 드리는 예배'를 드린다. 9시 학교 수업을 듣기 전에 함께 모여서 기도하고 수업에 들어간다.

2016년부터 다섯 명의 영유아 어린이들과 함께 어린이 예배를 시작했다. 결혼을 하고 아이들을 낳으면서 다음 세대 어린이들과 '거룩하게 구별하여 드리는 어린이 예배'를 드리고 있다. 어린이 예배는 율동 찬양과 말씀 그리고 풍성한 활동으로 다양하게 드린다. 유아실 전체를 비닐로 덮어서 물감놀이를 하기도 하고, 시심의 어린이들이 다 들어가고도 남을 만한 커다란 방주를 만들기도 했다. 어린이 주일에는 의자와 테이블을 전부 치우고 예배당 전체에 단열재를 깔아 어린이들이 신발을 벗고 마음껏 뛰면서 찬양하고 예배할 수 있게 했다. 다섯 명의 어린이들이지만 어린이들을 향해서 최고의 것으로 최선을 다해 준비한다. 이렇게 시심의 정기적인 예배를 정리하자면 다음과 같다.

- 거룩하게 구별하여 드리는 예배 (주일 오전 11시 30분, 오후 4시)
- 거룩하게 구별하여 드리는 어린이 예배 (주일 오후 2시)
- 삶의 한 가운데서 드리는 예배 (수요일 오후 7시 30분)
- 한 주를 되돌아보며 드리는 예배 (금요일 오후 9시)
- 하루의 시작 아침을 드리는 예배 (월-금요일 아침 8시)

시심은 모든 예배에 새로운 의미들을 부여함으로 환기를 시키고 더 온전한 예배를 드리려고 노력하고 있다. 예배만이 우리가 삶을 살아가는데 있어서 원동력이 된다는 것을 알기에 예배를 우리의 삶에 우선으로 삼고 있다.

공간 사역

시심, 공간이 말하다. 사람들의 기억에는 시간보다 공간이 더 많은 부분을 차지하는 것 같다. 시심은 공간을 오픈했다. 예배 시간 이외에 시심은 숭실대 학생들을 비롯해 이웃 주민들, 그리고 시심을 사용하길 원하는 모든 이들과 함께 사용한다.

종종 선교 단체나 다른 교회의 전도 축제를 시심에서 하는 경우가 있다. 어떻게 생각하면 너무 재미난 것이 자기 교회 전도 축제를 다른 교회에서 한다는 것이다. 아마도 시심 분위기가 따뜻하고 아늑해서 교회에 대해 불신을 가지고 있거나 거부감을 가지고 있는 이들이 편안하게 올 수 있다는 장점 때문에 시심에서 전도 축제를 하는 것 같다. 그냥 일반적인 교회를 생각한다면 이를 허락하는 분들이 많지 않을 것이다. 어쩌면 시심의 입장에서도 탐탁지 않을 수 있다. 사람들은 묻는다. 그래서 결국 시심에 남는 것이 무엇이냐고. 사실 남는 것은 하나도 없다. 오히려 전도 축제를 한다고 전기세, 수도세, 그리고 온갖 쓰레기들만 잔뜩 남기고 간다. 그렇다고 전도된 친구들이 시심 등록 교인으로 남느냐, 그렇지도 않다. 결국 전도 축제를 한 교회에 등록을 하거나 선교단체에 소속되어 활동하게 된다. 그럼에도 시심은 그것에 연연하지 않는다. 만약 그것 때문에 마음 상해하고 아쉬워한다면 아마도 시심의 사역을 계속해 갈 수 없을 것이다. 시심은 그저 한 영혼이 하나님께로 돌아올 수 있다면 그것만으로도 너무 감사하기 때문이다. 하나님을 아직 깊이 있게 만나지 못한 이들이 하나님을 처음 만나는 장소가 시심이 된다는 것, 그것만으로도 얼마나 감사한지 모른다. 그래서 전도 축제 같은 것을 시심에서 한다고 할 때 시심은 오히려 기쁘다. 그것이 단지 교회의 성장, 시심의 성장을 위해서가 아니라, 복음이 땅 끝까지 전하여지는 것을 위해서다.

시심이 숭실대 앞에 있기 때문에 주로 숭실대 학생들이 사용을 하고 있다. 선교 단체들은 주로 채플이나 소모임으로 사용을 한다. 또한 숭실대는 학과마다 학과 신우회 모임이 있는데 신우회가 모일 장소가 마땅치 않기 때문에 시심에서 모이기도 한다. 숭실대 교수님들과 연결이 되어서 가끔은 숭실대 기독교 학과 수업이나 기독교문학 수업을 시심에서 하기도 한다. 한번은 감신대 예배학 수업도 시심에서 한 적이 있다. 주로 기독교인들의 모임으로 사용되기는 하지만, 스터디 모임이나 혹은 그냥 차를 마시고 이야기를 나누기 위해 오기도 한다.

특별히 시심 공간을 찾아오는 이들이 잠시나마 하나님을 찾고 묵상할 수 있게 시심 공간 곳곳을 꾸몄다. 직접 만들어 놓은 것도 있고, 시심 지체들이 공동작업을 한 것도 있다. 각 벽면은 말씀의 벽, 중보기도의 벽, 창조, 역사, 공동체의 벽으로 만들어 말씀과 기도 안에 삼위일체 하나님을 예배하는 의미들을 담았다. 이제 10년이 흘러 처음의 그 산뜻함이 아니라, 낡고 오래된 시심이 되었다. 많은 것들을 담고 있고 많은 것들의 흔적이 있는, 이제야 공간이 시간을 말할 수 있는 그 낡음. 이제야 비로소 그 낡음이 되었다.

청년 사역

청년, 그 아름다움에 관하여. '청년'이라는 이 말 하나만으로도 감동을 하게 되는데 이 땅에서 하나님을 멋지게 섬기며 살아가는 청년들을 볼 때마다 이루 말할 수 없는 감동을 한다. 이 땅에서, 한국이라는 이 땅에서 청년으로 살아간다는 것을 알기에, 이 땅에서, 한국이라는 이 땅에서 그리스도인으로 살아간다는 것을 알기에, 아름다운 청년들을 볼 때마다 나는 감동한다. 무너지고 넘어진 것을 진실하게 고백하는 것을 보며, 영혼을 향해서 하나님의 마음으로 슬퍼하는 그들의 마음을 보며,

진정한 삶을 위해 부단히 고군 분투하는 청년들의 삶을 보며, 고달픈 삶에 지쳐 쓰러질 때가 허다하지만 툭툭 털고 일어나는 모습을 보며, 성장통을 달게 받으며 한 단계, 한 단계 성숙해지는 것을 보며, 아름다운 청년들의 눈물을 보며, 나는 너무나 큰 감동을 한다.

32살의 나이에 목회를 준비하면서 나에게 가장 잘 맞는 목회 대상은 장년이나 노인 목회가 아니라, 청년이라는 것을 알게 되었다. 젊은 나이라서 장년이나 노인 목회는 때가 이르다고 생각했다. 그래서 학부를 졸업한 숭실대학교를 찾았고 기도하는 가운데 지금의 자리에서 개척을 시작하게 되었다. 개척을 하고 시심 공간을 숭실대 학생들과 함께 사용하면서 자연스럽게 청년들을 만날 수 있었다. 그렇게 만난 숭실대 학생들과 계획에 없던 수요예배를 시작했다. 악기를 다룰 줄 아는 친구들은 악기를 연주하기도 하고 싱어로 같이 섬기기도 했다. [밑그림] 이라는 프로젝트로 청년들의 꿈과 비전을 그려 가며 자신의 진로를 찾아가는 프로그램을 진행하기도 했다. 학과 신우회 모임을 선배나 목회자의 입장이 아니라, 같은 회원의 입장으로 모임을 같이 하기도 한다. 특별히 두세 명밖에 되지 않는 신우회 같은 경우는 함께 하면서 학과를 위해, 학교를 위해 기도한다. 개인적으로 더 가깝게 만나게 되는 청년들이 있었다. 그들 중 섬기는 교회에서 양육 프로그램이 없어 양육을 받지 못한 청년들을 제자양육 하면서 신앙적으로 잘 훈련 할 수 있도록 돕기도 했다.

물론 그 중에서도 아직까지 기억에 남는 청년들은 교회에 다니지는 않지만 시심에 와서 목회자인 나를 어떻게 불러야 할지 몰라서 그냥 형이라고 부르던 청년들이다. 졸업할 때까지 자주 찾아와 이런 저런 이야기를 나누기도 하고, 신앙적인 이야기를 자연스럽게 전하기도 했다.

물론 교회에 나오거나 신앙 생활을 하지는 않았다. 단지 그들의 마음에 조금이나마 교회에 대해, 하나님에 대해, 예수님에 대해 이야기 할 수 있었던 좋은 기회였고 조금이나마 마음이 열리지 않았을까 생각한다. 그래서 그런지 시심은 처음 신앙생활 하는 청년들이 대부분이고 교회에 다니다가 중 고등학교나 대학교에 와서 신앙을 저버린 청년들이 다시 회심하고 열심히 신앙생활 하는 청년들이다. 이제 그 청년들이 취업을 하고 결혼을 하고 아이를 낳기도 했지만 여전히 청년이다. 시심은 여전히 청년들과 몸부림치며 부딪치고 있다.

문화 사역

시심만의 예술 지향점을 향하다. 시심은 공간을 함께 사용하면서 여러 공연을 한다. 성악, 국악, 재즈, 락, CCM 공연까지 다양한 공연을 했다. 공연을 하기를 원하는 아마추어 팀들은 언제든 대여료 없이 시심에서 공연을 할 수 있다. 숭실대 밴드 동아리나 숭실대 CCM학과 학생들도 시심에서 종종 공연을 한다.

공연과 더불어 사진전이나 캘리그라피 전시의 공간으로 활용되기도 했다. 사진을 좋아하는 친구들이 함께 사진을 모아 사진전을 하기도 하고, '청현재이' 캘리그라피 수강생들이 졸업 작품을 시심에서 전시하기도 했다. 수강생 중에 시심 지체도 있어서 자연스럽게 연결이 될 수 있었다. 시심은 이렇게 전시를 통해 문화 사역을 감당하기도 한다.

시심은 공연이나 전시로 공간을 대여하는 것만이 아니라 시심 공간 곳곳에 하나님의 거룩함을 묵상할 수 있는 다양한 작품, 상징들이 있다. 물론 작품이라고 말하기는 부족한 것일지 모르겠지만 시심 지체들이 리트릿을 하면서 하나하나 정성껏 만든 것이다. 화선지에 손이나 채소 단면에 물감을 찍어 만든 나무. 트리니티 워십을 하면서 그린 그림.

구리선으로 만든 기도하는 사람이나 십자가의 예수와 같은 것들이다. 2011년에는 오봉 감리교회가 강단을 매주 꾸미는 것을 보고 사순절 기간에 매주 예수님의 삶을 묵상할 수 있게 강단을 꾸몄다.

하지만, 가장 시심다운 문화사역이 있다. 바로 한 해를 시작할 때다. 시심은 매년 한 해를 시작하면서 자신에게 주시는 말씀을 한 해 운세를 보듯이 제비뽑지 않는다. 본인이 직접 말씀을 묵상하는 가운데 한 해의 말씀을 찾게 한다. 그렇게 찾은 말씀은 매년 다른 형태로 말씀을 담아 지체들에게 나눠준다. 말씀 액자를 직접 만들기도 하고, 말씀 머그컵, 말씀 비누, 말씀 양초, 말씀 필통 등을 시심 지체들과 함께 손수 만든다. 특별히 캘리그라피 글씨를 쓰는 지체가 말씀을 써 주는 수고를 해 준다. 올 해는 말씀 캔들스탠드를 만들었다. 기존에 나와 있는 상품인데 벤치마킹해서 시심 지체들의 올 해의 말씀을 쓰고, 그림을 그리고, 스캔을 하고, 인쇄를 해서 만들었다. 이렇게 만들어진 말씀 캔들스탠드를 보면서 한 해 동안 말씀을 묵상하며 살아가는 것이다. 2년 전부터는 시심 달력도 자체 제작을 하고 있다. 업체에 맡기는 것이 아니라 시심 지체들의 손으로 그리고 쓰고 해서 만들고 있다.

시심에서 만들어지는 것들은 모두 세상에서 단 하나 밖에 없는 것들이다. 하나님께서 우리 한 사람, 한 사람을 모두 다르게 창조하셨듯이, 똑같은 복제품이 단 하나도 없듯이 시심은 오직 하나의 것을 만든다. 그것이 우리가 보기에 작품 같지 않고 어설퍼도 괜찮다. 왜냐하면 그것은 세상에 단 하나 밖에 없는 것이기 때문이다. 시심은 완벽을 추구하지 않는다. 시심은 과정과 의미를 추구한다. 시심은 서로의 다름을 존중한다. 이것이 시심만의 예술 지향점이다.

02 교회, 그 낯설음에서 시작하다

시심을 처음 개척할 때, 총각 신분으로 혼자 맨땅에 헤딩하며 시작했다. 감리교법상 교회 개척에 입교인이 12명 이상이어야 한다는 것도 모르고 있었다. 그렇게 혼자 시작해서 한 사람, 한 사람을 만나게 되었다. 내성적인 나는 이 사람, 저 사람 만나는 것이 모두 낯설었다. 교회 지체들 역시 마찬가지였다. 누군가 새로운 지체가 시심에 오게 되면 모두 새로운 지체를 낯설어 했다. 새로 온 지체는 두말할 것도 없이 모든 것이 낯설었다. 사람도, 공간도, 분위기도 모두 낯설기만 한 것이다. 바로 그 낯섦. 교회는 그 낯설음에서 시작한다. 낯설음에서 자신의 마음을 열어 서로를 조금씩 알아 가는 것이 교회다. 거기에 부담을 느끼고 서로 갈등하며 상처를 주기고 하고 받기도 하는 것이 교회다. 하지만, 거기서 멈춰서는 안 된다. 결국 화해와 평화의 길로 나아가는 것이 진정한 교회다. 낯설음에서 시작해 부딪침을 지나 하나 됨의 길로 가는 것이 바로 진정한 교회다. 시심은 이 교회됨의 길을 한 걸음씩 걸어가고 있다.

개척한 이후 몇 년에 걸쳐 세 가지 시심 스피릿이 만들어지게 되었다. 이것은 시심 지체들 모두와 함께 공유하고 있는 시심의 정신이며 교회에 대한 생각들이다.

그리스도 안에서 하나 된 교회

시심교회는 초창기에 특이한 현상이 하나 있었다. 그것은 주일예배 인원보다 수요예배 인원이 더 많았다는 것이다. 물론 주일에 예배하는 인원이 워낙 적었던 것도 있지만 수요일에 숭실대 학생들과 드린 예배가 풍성했던 것도 있다. 수요예배는 숭실대 학생들을 만나면서 시작되었다. 함께 찬양하기 원하는 이들이 하나 둘 모이기 시작해 예배팀이 세워지게 되었고 친구들을 데리고 오면서 더욱 풍성한 예배를 드리게 되었다. 물론 각자 주일에 섬기는 교회들은 달랐지만 수요일에는 시심에서 함께 예배했다. 숭실대 학생들과 함께 수요일에 예배를 하면서 두 교회(Two Church)의 모습을 보게 되었다. 주일에는 각자 섬기는 교회에서 사역을 하고 예배하지만, 주중에는 직장이나 학교에서 그들의 신앙을 위해 두 번째 교회에서 예배하며 신앙생활 하는 것이다. 지금도 그렇지만 초창기 시심에는 주일에 예배하는 지체들이 많지 않았다. 하지만, 주중에 함께 예배하며 신앙생활 하는 모든 이들이 시심의 지체라고 생각한다. 그 청년들이 주일에는 다른 교회를 섬긴다고 하더라도 그리스도 안에서 한 교회 지체라는 것이다. 물론 학교를 졸업하면 같이 예배하지 못하지만 지난 10주년 행사를 하면서 함께 예배했던 수요예배 지체들도 모두 초청해 귀한 시간을 가졌다. 수요예배 뿐만 아니라 시심에서 주중에 만나는 모든 이들이 시심의 지체. 그리스도가 머리 되시고 몸의 지체로 모든 이들이 하나로 연결되어 있으며 함께 자라 가고 세워져 가는 것이다. 네 교회, 내 교회 따지지 않는 것. 이것이 그리스도 안에서 하나 된 교회다.

심는 자와 거두는 자가 함께 기뻐하는 교회

우리는 흔히 심는 자 보다는 거두는 자가 더 기뻐할 것이라고 생각한다. 맞을 지도 모르겠다. 거두는 자는 거두는 것이 눈에 보이기 때문에 그 기쁨이 클지도 모르겠다. 하지만, 요한복음 4장 36절에서 "씨를 뿌리는 사람과 추수하는 사람이 함께 기뻐할 것"이라고 말씀하고 있다. 시심은 뿌리는 사역, 심는 사역을 한다. 그렇다고 거두는 일이 없는 것은 아니다. 하지만, 시심은 심는 자의 기쁨이 있다. 다른 교회나 선교단체의 전도 축제를 시심에서 하면서 그 열매를 시심이 전혀 거두지 못한다고 해도 상관없다. 시심은 함께 기뻐할 것이다. 왜냐하면 시심은 심는 자의 기쁨이 있기 때문이다. 그럼에도 감사하게 시심도 심는 사역을 통해 조금씩 열매들을 거두고 있다. 그렇지만 거둘 것에 대한 기대함이나 시심이 거두기 위해 심는 사역을 하는 것이 아니다. 시심은 심는 자의 기쁨, 그 자체의 기쁨으로 심는 사역을 감당할 뿐이다. 만약 심는 자의 기쁨이 없다면 심는 사역을 감당하지 못할 것이다. 그저 심는 자의 기쁨을 허락하신 하나님께 감사드린다. 아마도 이것은 특별한 기쁨일 것이기 때문이다. 어쩌면 한 영혼이 자기 교회에 꼭 등록해야 한다고 하는 욕심만 버린다면 더 순수함으로 복음을 전할 수 있지 않을까? 시심은 교회의 성장이 아니라, 복음을 전하기 위해 애쓸 뿐이다. 예수 그리스도가 모든 젊은이들에게 가슴 깊이 심겨지기를 진심으로 소망해 본다. 심는 자의 기쁨이 있는 시심은 기꺼이 거두는 자와 함께 기뻐할 수 있다. 이것이 심는 자와 거두는 자가 함께 기뻐하는 교회다.

하나님 안에서 한 형제자매 된 교회

성경은 "영접하는 자 곧 그 이름을 믿는 자들에게는 하나님의 자녀가 되는 권세(요1:12)"를 주신다고 말씀한다. 시심은 예수 그리스도를 영접한 모든 이들이 하나님 안에서 한 자녀로 형제자매 된 교회다. 시심은 직분자를 세우지 않는다. 집사, 권사, 장로라는 직분이 현재 교회 안에 보이지 않는 서열이 되어 있다. 시심 지체들은 모두 한 형제자매이다. 형이고 동생일 뿐이다. 심지어 목사까지도. 목사라고 하는 직책으로 여러 가지 섬기는 부분은 있지만 목사도 동일하게 한 형제일 뿐이다. 숭실대학부 후배들이나 동기들이 함께 예배하기도 한다. 그들에게 나는 그저 선배이거나 동기일 뿐이다. 목사보다 나이가 많으면 형이고 누나인 것이다. 시심은 직분이 서열이 되지 않는 교회다. 그리고 그 직분으로 알력을 행사하지 않는 교회다. 시심은 단지 순모임을 위한 순장만 세운다. 순장은 예수님의 마음으로 순원들을 사랑하는 것이다. 순장은 사역을 하는 사람이 아니라 하나님의 마음으로 사랑하는 사람이다. 시심은 예수 그리스도를 영접한, 그 이름을 믿는 자들이 모인 하나님 안에서 한 형제자매 된 교회다.

처음 시심을 시작했을 때, 큰 꿈이 있었다. 숭실대 거리를 기독 문화 예술의 거리로 만들겠다는, 숭실대 대강당을 주일마다 빌려서 예배를 드리겠다는 당찬 꿈이었다. 그렇게 시심의 처음은 크고 높고 화려한 것들을 기대하고 있었다. 그러면서 하나님께서 기뻐하시는 교회를 세우겠다는 마음이 간절했다. 그런데 이 두 가지가 이율배반적인 꿈이라는 것을 깨닫게 해 주셨다. 크고 높고 화려한 것들은 꿈이라는 가면, 비전이라는 탈을 쓴 욕심이고 욕망이라는 것이었다. 하나님께서 하나하나 다듬어 주셨다. 하나님께서 기뻐하시는 교회는 크고 높고 화려한 것들이 아니라, 작고 낮고 느린 것들이라는 것을 알게 되었다. 그리고 그 안에서 부딪히며 몸부림치는 것이 교회고, 삶이라는 것을 알게 되었다. 어쩌면 사람의 욕망대로 되지 않은 것이 다행이다.

그럼에도 하나님께서 시심을 어떻게 이끌어 가시고 만들어 가실지에 대한 기대함으로 하나님께 맡겨 드리는 "Commit 위임(시37:5)" 하는 마음이 있었다. 아마도 그것이 시심을 여기까지 오게 하신 것 같다. 시심은 대안교회나 모델이 아니다. 교회는 하나님 나라의 생명이기 때문에 어떤 대단한 메뉴얼이 존재하지 않는다. 모든 사람의 생김새도 다르고 성격이 다른 것처럼 교회도 그렇다. 각자 다른 교회라는 생명은 그 생명에 맞는 유일무이한 메뉴얼만 존재한다. 그 매뉴얼은 비교할 수도 없고, 평가할 수도 없다. 그렇기 때문에 시심은 대안도, 모델도 될 수 없다. 시심은 그저 시심만의 자리와 위치와 역할을 감당할 뿐이다.

03 방향 감각을 잃은 열정은 횡포이다

열정이 있는 것은 좋다. 하지만 방향 감각을 잃은 열정은 횡포다.

그래서 열정보다 방향이 중요하다. 올바른 방향을 정하고 난 이후 열정이 필요하다. 시심은 세 가지 방향성이 있다. 바로 다름, 작음, 젊음이다.

김용택 시인은 그의 시 '작고 낮고 느리게 살기'에서 이렇게 말한다.

작고 느리고 따사로운 것들이
세상을 천천히 오래오래 적시는 외로움을
사람들에게 주고 싶다.
인간들의 끝없는 욕망이 불러오는 오만과 독선으로
인간이 살아가야 할 세상은 병들어 죽어 간다.
이것은 역설적이게도 인간과 자연에게 반문명적이다.
크고, 거대하고, 화려한 것들은 재빠르게 지나간다.
그리고 순식간에 또 다른 얼굴을 하고 겁나게 달려온다.

작고, 낮고, 느린 것들은
이 세상에 사소하고 힘이 없는 것 같지만
인간들의 맨살에 천천히 가 닿고 깊숙이 스민다.
우린 그렇게 시대착오적이고 싶은 것이다

시심은 작고, 낮고, 느리게 사람들의 맨살에 천천히 가 닿고 깊숙이 스미고 싶다. 시심은 그렇게 시대착오적이다. 예수님처럼.

다름 - 본질을 추구하는 다름의 삶

시심은 외형적인 모습에서 많이 다르다. 교회 간판에서부터 교회라는 말이 없다. 단지 영어로 '[SiSim]'이라고만 되어 있고 그 옆에 작은 글씨로 '시냇가에 심은 나무'라고 되어 있다. 겉으로 봤을 때는 여기가 교회인지 잘 모른다. 어떤 이들은 식당인 줄, 어떤 이들은 PC방인 줄, 어떤 이들은 기독교 서점이나 기독교 카페 정도가 아닐까 생각한다. 지금은 교회 공간이라는 것을 아는 이들이 많아졌지만 초창기에는 모르는 이들이 훨씬 더 많았다. 시심의 예배당도 카페와 같은 분위기이다. 테이블에 의자가 있고 바에 앉아서 차를 마실 수 있게 되어 있다. 전통적인 교회의 모습이 아닌 다른 모습이다. 뿐만 아니라 시심은 많은 다른 예배를 드렸다. 재즈예배, 랩예배, 어쿠스틱 예배, 기획예배 등등. 하지만 겉모습이 다를수록 오히려 본질을 추구하고 있다. 교회의 외형은 다르지만 교회의 본질은 사람이라고 하는 것. 우리가 교회라고 하는 것이다. 예배의 모습들은 다를지 몰라도 예배의 본질인 하나님과 대면하여 만나는 것을 추구하려고 한다. 다름은 미운 오리 새끼가 아니라 바로 본질을 추구하는 다름의 삶이다. 이것은 다시 구별된 거룩한 삶을 추구하는 삶인 것이다. 더불어 다름은 서로의 다름을 존중해 주는 삶이다. 다른 인격, 다른 성격이지만 존중해 주고, 다른 사람, 다른 모습을 있는 그대로 인정하려고 한다.

작음 - 있는 그대로를 대면하는 작음의 삶

예수님은 12명의 제자들과 함께 사역을 하셨다. 오병이어 이적을 통해서 오천 명이 모이기는 했지만, 그들은 모두 예수님의 말씀이 걸림이 되어 다 떠나갔다. 하지만 예수님은 그들이 모두 떠나가는 것을 개의치 않으셨다. 오히려 남은 제자들에게 "너희도 떠나가려느냐?"라고 물으실 정도였다(요6장). 예수님은 작음을 추구하셨다. 많은 사람이 아니라, 한 사람을 주목하여 보셨다. 그리고 그 작은 무리들과 함께 먹고 자고 하면서 동고동락 하셨다. 작은 공동체 안에서는 말하지 않아도 한 사람의 모든 것을 다 알 수 있다. 그래서 서로에게 진실해 질 수밖에 없다. 작은 공동체에서는 모든 것이 쉽게 표면으로 드러난다. 타인을 대하는 모습, 자신을 보호하고 포장하려는 모습 등 적나라하게 자신의 모습이 드러난다. 그것은 목회자에게도 마찬가지다. 부부 싸움을 하고 난 이후에는 말씀을 전하기가 어렵다. 모든 것이 다 전해지기 때문이다. 작은 공동체는 있는 그대로를 대면하는 작음의 삶이다. 그것이 부담스러워서 작은 공동체를 꺼리는 경우도 있다. 작음은 있는 그대로의 자기 자신을 만나기 때문에 부담스럽지만, 있는 그대로의 자기 자신과 대면해야만 깨어질 수 있고 하나님을 온전히 대면할 수 있는 것이다. 있는 모습 그대로를 대면해야 있는 모습 그대로 하나님께 나아갈 수 있다. 작음은 두려움이 아니라, 깨어짐이다.

젊음 - 다시 시작할 수 있는 젊음의 삶

나이가 들었다고 하는 것은 새로운 것을 시도하거나 낯선 환경에 대한 두려움이 커지는 것을 말한다. 안정적인 것이 깨어지거나 혼란 속에 빠지는 것을 거부한다. 이것은 실제적인 나이를 말하는 것이 아니다. 젊음은 나이의 문제가 아니다. 시심에서 20대를 함께 시작했던 청년들이 이제는 30대가 되었다. 하지만, 그들은 여전히 젊다. 시심에게 있어서 젊음은 다시 시작할 수 있는 젊음의 삶이다. 젊다는 것은 다른 것이 아니라, 넘어지고 실패해도 다시 시작할 수 있다고 하는 것이다. 그런데 다시 시작한다고 하는 것이 생각처럼 만만치가 않다. 특별히 한 번 실패한 것을 다시 시도한다는 것은 보통의 열정이 아니고는 쉽지 않은 일이다. 개그맨 김국진이 롤러코스터 강연에서 아이가 걸으려면 2000번은 넘어져야 걸을 수 있다고, 여러분은 모두 2000번 넘어졌다가 일어난 사람들이라고 말했다고 한다. 넘어지더라도 다시 일어나 시작할 수 있는 삶이 바로 젊음의 삶이고 시심은 이 젊음을 지향하려고 한다. 시심은 앞으로도 계속 넘어질 수도 있다. 실패할 수도 있고 일의 진행이 잘 안될 수도 있다. 그럼에도 아무 일도 없었다는 듯이 툭툭 털고 다시 시작할 것이다.

04 지속 불가능한 길을 걷다

사람들은 종종 작은 교회의 지속가능성에 대해서 논한다. 그렇게 해서 지속할 수 있겠냐고 말이다. 시심을 향해서도 묻는다. 시심은 지속 가능하냐고. 10년을 지속했으니 가능성이 있는 것 아니냐고. 하지만, 시심은 지속가능하기 위해 세워진 곳이 아니다. 시심은 지속 가능하지 않을 수도 있다. 지속 가능하느냐 지속 가능하지 않느냐는 그렇게 중요하지 않다. 시심은 단지 오늘 우리에게 주어진 아름다운 일상을 살아가는 것이다. 그리고 그 일상에서 하나님을 예배할 뿐이다.

사람들이 제일 궁금해 하는 것이 있다. 바로 시심 교회는 재적 인원은 몇 명이며, 재정은 얼마나 되느냐다. 시심은 현재 아이들을 포함해서 20 명 정도다. 그리고 재정은 여전히 미자립이고 전체 교회 재정 운영에 있어서 50-60% 정도는 후원을 받아야만 한다. 시심을 카페 교회라고 알고 있는 사람들도 있지만, 시심은 엄밀히 말하자면 카페 교회는 아니다. 시심은 영업을 하지 않는다. 시심은 청년 문화 공간으로 카페 같은 공간을 무료로 오픈해 함께 사용하는 공간사역을 할 뿐이다. 그래서 교회 공간을 통해 얻는 수입은 거의 없다. 약간의 헌금을 하는 이들도 있지만 많지는 않다. 더욱이 공간 대여료로 수입을 얻을 생각도 없었다. 그렇기 때문에 시심의 재정은 온전히 교회 지체들의 헌금으로 운영되고 있다.

10년 된 교회의 재적 인원이나 재정을 세상적인 숫자논리로 보자면 시심은 실패한 목회다. 그것도 완벽하게 실패한 목회다. 10년에 20명이니 1년에 2명꼴인 셈이다. 그러니 앞으로 10년을 한다고 해도 고작 40

명이다. 계산대로 한다면 15년 뒤에 50명이 될지도 모르겠다. 시심이 숫자적으로 세운 목표는 50명이다. 앞으로 15년 후에나 가능한 일이다. 재미난 것은 오병이어의 기적에서 예수님께서 제자들에게 말씀하시기를 오천 명의 무리들을 50명씩 떼어서 먹게 하라는 것이었다(눅9:14, 막 6:40). 함께 둘러앉아서 밥을 먹는 밥상 공동체가 될 수 있는 인원을 예수님도 한 50명으로 보신 것이다. 한 50명 정도면 서로의 얼굴을 보고 이름을 불러 주며 밥을 먹을 수 있는 인원이라는 것이다. 교회 재적 인원으로 50명은 자립이 안 될 수도 있다. 하지만 그것이 중요한 것이 아니다. 시심은 자립이 목적이 아니기 때문이다. 자립을 하면 감사하겠지만 그렇지 않아도 괜찮다.

시심에서 작년 성탄절부터 진행하고 있는 프로젝트가 하나 있다. 바로 [Reborn] 프로젝트다. 작은 교회지만 우리가 할 수 있는 일이 무엇이 있을까 지체들과 함께 나누다가 의견이 모아진 프로젝트다. 리본 프로젝트는 메시지를 담은 업사이클링 물건 나눔 프로젝트라고 할 수 있다. 리본 프로젝트는 첫째, 리본[Reborn]은 버려지는 물건이 다시 태어나는 프로젝트다. 버려지는 물건이지만, 새로운 의미와 가치를 부여해 새로운 창조를 하는 것이다. 둘째, 리본[Ribbon]은 선물을 포장할 때 사용하는 리본으로 업사이클링 한 물건을 누군가에게 선물로 나누는 프로젝트다. 셋째, 인식 리본[Awareness Ribbon]은 특정 사회적 문제에 대한 인식 개선이나, 질병 등의 관심 촉구를 위해 상징적으로 사용되는 리본을 말한다. 예를 들어, 노란 리본은 힘든 상황에 있는 사람들이 무사히 돌아오길 바라는 의미로 사용하는 인식리본이다. 업사이클링 한 물건에 말[메시지]를 담아 선물로 나누면서 세상에 다시 한 번 새로운 환기를 시키면서 새로운 희망을 전하고 다시 시작할 수 있는 힘을 주는 프로젝트다.

리본 프로젝트를 시작하면서 시심 지체들과 나눈 이야기가 있다. 이

리본 프로젝트는 지속 가능하지 못할 수도 있다고 말이다. 언제까지 프로젝트를 진행할지 모르겠다고 했다. 할 수 있을 때까지 하자고 했다. 리본 프로젝트를 위해 깨진 머그컵이나 일회용 커피 컵을 모았다. 그리고 깨진 머그컵이나 일회용 커피 컵은 화분으로 다시 태어났다. 현재 4차 리본 프로젝트까지 진행되었다. 정기적으로 진행되지도 않는다. 우리는 우리가 할 수 있는 한에서 최선을 다해서 진행하는 것이다. 지속 가능하지 않아도 괜찮다. 지속 가능한 것만이 의미 있거나 가치 있는 것이 아니기 때문이다. 도전하고 시도한 것 자체만으로도 의미가 있는 것이며 무엇을 어떻게 했느냐가 중요하기 때문이다.

많은 청년들이 자신들의 꿈과 비전 혹은 자신들의 재능이나 하고 싶은 일과는 상관없이 지속 가능한 일들을 찾는다. 그것이 바로 지속 가능한 안정적인 직업이라고 말하는 공무원이나 공기업이다. 몇 년 동안 시험을 보면서 '노량진'이라는 섬에서 떠나지 못하고 있다. 그 안정적인 직업이라는 것 때문에 지속 가능한 직업이라는 것 때문에 말이다. 청년이라는 이름으로 도전을 하거나, 모험을 하거나, 시도하는 일은 찾아보기 어렵다. 다시 시작하는 젊음의 삶은 지속 불가능한 것을 하는 것이다. 어쩌면 우리는 모두 지속 불가능한 삶을 살아가고 있는지도 모르겠다.

시심은 여전히 지속 불가능한 길 위에 있다.
그리고 나는. 시심은.
그 지속 불가능한 것을 한다.

Chapter 03

"빚어 가심"
[도예 공방 Cafe 토기장이의 집]

신상엽 목사 (토기장이교회)

홈페이지 : claymaker.org
카카오 ID : potterhouse
이메일 : shinsangyop@hanmail.net
페이스북 : facebook.com/yatsarchurch

01 빚어 가심의 은혜

7년째에 접어든 토기장이 교회에서의 목회 사역을 한마디로 표현한다면 '빚어 가심'이다. 목회지의 선택과 목회 사역의 내용, 그리고 함께 예배하는 성도들까지 어느 한 가지도 목회자 부부의 의지로 했다고 말할 수 있는 것이 없기 때문이다. 현재 토기장이 교회의 사역은 아내와의 동역으로 이루어지는 것이기에 목회자 부부의 관점으로 소개를 하려 한다. 우리는 스스로, 누구를 목회할 수 없는 '굳은 흙'이라는 사실을 너무나 잘 알기에 토기장이 교회의 일차적 목회 대상자는 목회자 부부 자신이라는 고백을 먼저 하고 싶다. 토기장이 교회의 목회는 주님께서 목회자 부부를 먼저 빚으시고 그 '빚어 가심'의 은혜를 보내 주시는 뭇 영혼들에게 흘려보내는 사역이다.

한 타래의 실

토기장이 교회의 목회는 몇 개의 이미지로 표현될 수 있다. 먼저는 실이다. 본래 인천에서 계획했던 교회의 개척이 하나님의 섭리로 서울 수유동의 산자락으로 인도함을 받은 후, 이사를 하기 위해 서울로 향했던 순간을 지금도 기억한다. 작은 승합차에 이삿짐을 싣고 아내와 첫아들을 태우고 개척을 할 장소로 올 때였다. 네비게이션의 안내를 받으며 운전하던 중에 갑자기 "내가 지금 지나는 이 길은 중학생 시절에 집으로 가는 길이었는데"라는 생각이 문득 들었다. 중학생 소년이 등교하면서 키도 재어 보고 흔들어 보기도 했던 플라타너스 나뭇길을 차창 너머로 보면서 한 타래의 실이 떠올랐다. "시간이 만약 실이라면 25년여의 실의 길이는 꼬일 법도 하고 엉키고 끊어질 법도 할 텐데, 비록 쉽지 않은 시간을 지나고 있지만 어떻게 25여년의 시간이 지난 후, 중학생 시절의 집으로 가는 길을 다시 가고 있는가? 그것도 교회를 개척하러...“하나님의 은혜구나”, 그리고 “그 분의 계획 가운데 있는 건가?”라는 생각을 어렴풋이 하며 지나왔던 순간을 기억한다. 7년이 지난 지금 토기장이 교회의 외형상의 명칭은 '토기장이의 집'이다. **'토기장이의 집'에서 사람들과 나누는 이야기는 결국 한사람, 한 사람의 실과 같은 시간 가운데 함께하셨던 하나님에 대한 고백이라 할 수 있을 것이다.**

Not 토끼고기 But 토기장이

토기장이 교회의 목회에 대한 또 다른 이미지는 역시 토기장이가 흙을 빚는 모습이다. 학부의 전공이 '도예'였고 성경에 하나님에 대하여 자주 나오는 이미지가 하나님은 '토기장이', 사람은 '진흙'이었기에 고민하지 않고 교회의 이름을 '토기장이 교회'라고 지을 수가 있었다. 목회자 부부에게는 너무나 친숙한 단어였기에 세상 사람들도 당연히 '흙 빚는 이'는 '토기장이'라는 뜻으로 알 것이라고 생각했는데 그게 아니었다. 개척초기부터 지금까지 자주 교회와 관련해서 이야기하는 것 중의 하나는 '토기장이'의 의미를 설명하는 것이다. 교회가 위치한 곳이 먹거리 식당들이 많아서 그런지 사람들이 때로는 “혹시 토끼고기 파세요?”라고 묻는 경우가 있다. 외부 간판이 '토기장이의 집'이기에 간혹 '토기'를 '토끼'로 인식하는 듯하다. 이런 그들에게 교회의 이름을 설명하면서 “대장간에서 금속을 다루는 이들을 뭐라고 하죠?”라고 물으면 대다수가 “대장장이”라는 말을 한다. 그러면 “그렇죠? 흙을 다루는 사람, 흙을 빚어서 그릇 만드는 사람을 토기장이라고 해요. 그런데 성경에서 하나님에 대한 비유로 많이 나오는 것 중의 하나가 '토기장이'에요. 사람은 진흙이구요.”라고 말한다. 그러면 대다수가 "그래요.." 하면서 의미를 곱씹는 듯 하는 것 같다. '토기장이'라는 이름만으로도 빚으시는

'하나님'에 대하여 전할 수 있어서 감사하다는 생각도 들고 세상 사람들은 "하나님이라는 존재, 조물주가 자신들을 빚어간다는 생각을 미처 인식하지 못하고 살아가고 있구나"라는 사실을 새삼 확인하게 된다.

무너졌네...괜찮아..!

토기장이 교회의 사역을 함축적으로 드러내는 순간들을 소개하고자 한다. 토기장이 교회 사역을 하면서 때때로 놀라는 것은 예레미야 18장 4절의 말씀이 바로 눈앞에서, 때로는 직접적으로 나의 손에서 펼쳐질 때이다.

> *"진흙으로 만든 그릇이 토기장이의 손에서 터지매 그가 그것으로 자기 의견에 좋은 대로 다른 그릇을 만들더라."* (렘 18:4)

아이들, 혹은 청소년, 성인들과 함께 물레 성형을 하면 빚어 올리던 흙이 무너지는 경우가 간혹 있다. 그럴 때마다 예레미야서의 말씀을 전하는 것은 아니지만 때로는 주님께서 마음에 감동을 주시면 흙을 빚으면서 예레미야 18장의 말씀을 전할 때가 있다. 영철(가명)이라는 아이와 물레를 돌리던 순간을 잊을 수가 없다. 영철이는 세상에 약간 일찍 태어나서 언어와 관련된 보조 장치를 했던 아이였다. 그 아이와 그릇을 빚는 시간에 영철이의 어머니도 함께 지켜보고 계셨다. 의도한 것은 아닌데 영철이와 한 물레로 빚는 순간에 그릇이 무너졌다. 아이가 실망할까봐 걱정이 되었지만 자연스럽게 예레미야 18장 4절의 이야기를 영철이와 어머니에게 나눌 수가 있었다. 그리고 정말 무너졌던 그릇이 영철이의 손에서 다시 멋있게 빚어지고, 그 모습을 보고 영철이도 좋아하고 어머니도 흐뭇해하시던 모습이 잊히지가 않는다. 그런 순간은 마치 설교 시간에 말씀을 전하는 것 같은 공간과 시간 속으로 빨려드는 듯하다. 왜 우리가 '토기장이의 집'의 사역으로 인도함 받았는지 깨닫게 되는 순간이기도 하다.

그 아픔 나도 알아요...

또 하나의 순간은, 요양 병원에서 만난 암 환자들과의 시간이다. 2013년에 6개월 정도, 근처의 요양 병원에서 미술치료 차원의 도예수업을 진행한 적이 있다. 유독 암환자분이 많았는데 그 곳에서 만난 숙희(가명) 자매는 젊은 분이었다. 요양 병원에서의 도예 수업이 마쳐진 약 6개월 후에 숙희 자매가 '토기장이의 집'에 도예 수업을 정기 수강하고 싶다고 왔다. 반가운 마음으로 이런 저런 이야기를 하던 중에 자연스레 "몸은 괜찮으시냐. 지금은 어느 병원에서 지내시냐."는 질문과 답으로 자매의 근황에 대한 대화를 나누었다. 그런데 한쪽에서 조용히 도자기를 만드시던 한 수강생 아주머니께서 관심을 가지고 대화에 함께 하셨다. 깜짝 놀랐다. 평소에는 조용하셨던 분이었기 때문이다.

그런 분이 대화 자리에 함께 하시더니 자신이 암환자였다는 것과 현재는 재발없이 몇 년 째 지내 오고 있으며 회복 중에 있다는 말씀을 하셨다. 그러면서 산이 가깝고 공기 좋은 수유동의 산자락 밑으로 일부러 이사 오신 것이고 그러던 중에 도자기를 배우게 되었다는 것이다. 처음 듣는 말씀이었다. 굳이 이야기 안하려고 했는데 같은 아픔을 가지고 있는 숙희 자매가 오니 이런 말을 하게 되었다는 것이다. 그리고 그 다음 주에 머리에 모자를 쓰신 역시 암 투병 중에 있었던 또 한 자매가 토기장이의 집에 함께 했다. 숙희 자매가 같은 아픔을 잘 극복하신 아주머니의 이야기를 그 자매에게 전한 것이다. 동일한 투병 중에 있던 이들이 모여 서로간의 속 깊은 이야기를 나누던 그 장면이 지금도 눈에 선하다.

마치 하나님께서 "토기장이 교회에서 이루어지길 원하시는 사역이 이런 거야"라고 직접 말씀해 주시는 듯 했다. '토기장이의 집', '토기장이 교회'에서 이뤄졌고 계속해서 이뤄지고 있으며 앞으로 이뤄져 가야 할 일은 무너진 흙을 토기장이이신 하나님의 뜻대로 빚으시고, 그 분 보시기에 선한 그릇으로 만드시는 은혜를 전하는 사역임을 다시 한 번 고백하게 된다.

'토기장이의 집'에 오는 사람들

토기장이 교회 목회의 대상은 다양하다. 연령도 다양하고 성별도 다양하다. 어느 대상에 특정 지을 수 없는 것이 토기장이 교회의 목회이다. 어쩌다 오시는 등산객에서부터 엄마의 손을 잡고 들어오는 고사리 손을 가진 어린 아이들과 진로 체험을 오는 학생들, 자신이 직접 빚은 그릇을 만들고 싶어서 오시는 아주머니, 미술 작가, 노년의 지혜를 가지고 오시는 할머니와 할아버지, 그리고 간혹 오시는 스님들까지 토기장이의 집에 들어오는 이들은 모두 주님께서 보내 주시는 이들이다. 그래서 가끔 '토기장이의 집'으로 내려가라는 주님의 말씀에 이끌린 예레미야의 눈에 토기장이의 녹로 돌리는 모습과 무너진 흙이 토기장이의 손에서 새로이 빚어지는 모습을 보게 하신 것처럼, 커피와 흙과 도자기가 어우러진 '토기장이의 집'에 들어오는 이들에게 하나님은 무엇을 보게 하실까 하는 생각도 든다.

주일에 함께 예배하는 교인들만 목회의 대상이라 여기지 않음은, 성도들과 나누는 대화 못지않은 진솔한 나눔과 깊은 삶의 애환을 주 중의 공간과 시간에서 더 많이 나누기 때문이다. 겉으로 보기에는 카페 손님이고 도예 공방의 수강자인 그들이 목회 대상일 수 있는 이유는 서두에 언급한 것처럼 목회자 부부를 먼저 빚으시고 다듬으신 그 손길이 그 다듬으신 목회자 부부를 통하여 '토기장이의 집'에 오는 대상들에게 흘러가기를 기대하기 때문이다. 그래서 때때로 목회자 부부의 갈등을 여과 없이 보이기도 한다. 일반 교회의 사역이었으면 애써 감추고 아닌 체 했을 일들이 주중의 사역 가운데는 그대로 노출된다.

그런데 이러한 모습을 '토기장이의 집'에 오시는 인생을 먼저 살아오신 분들이 공감해 주시고 삶을 나누는 단초를 제공해 주기도 하는 것을 보면서 빚어 가시는 하나님의 손에 목회자 부부를 먼저 맡기는 것이 우선임을 다시 한 번 느끼게 된다.

힐링타임

토기장이 교회의 사역적 특성은 '도자기 교실'에서 만나는 많은 이들과의 시간을 통해 주님께서 우리를 빚어 가신다는 것이다. 외형적인 모습은 사람이 흙을 빚는 시간이지만 실상은 토기장이이신 하나님께서 진흙 된 우리를 빚어 가시는 시간이라 할 수 있다. 그럴 수밖에 없는 것이 도예 수업은 한 명, 혹은 두어 명의 사람들이 함께 모여 2시간 30분에서 3시간 정도의 시간 동안, 가르치는 이와 배우는 이가 한 공간 안에서 흙을 다루는 것이기에 자연스레 삶의 이야기를 나누지 않을 수 없기 때문이다. 자신과 가족에 대해서, 또 집안의 사소한 이야기까지 시시콜콜 나누며 때로는 함께 울고 웃으며, 속 깊은 고민과 아픔 그리고 슬픔까지, 또 영혼 깊숙이 내재되어 있는 갈등과 갈증까지도 드러내기도 한다.

이러한 나눔은 빚어 가는 시간에 함께하는 목회자 부부가 투명하고 솔직하게 있는 그대로를 드러내지 않으면 이루어질 수가 없는 것이다. 때로는 분위기를 위해서 대화를 유도하기도 하고, 때로는 아프고 힘들어도 밝고 기쁜 모습으로 함께 해야 하기도 하지만, 있는 모습 그대로 순수한 사랑으로 나누기에 나중에는 서로 잘 알게 되고 품어주는 관계가 된다. 때로는 도예 강사로, 상담가로, 때로는 말벗과 위로자가 되기도

하고 인생의 선, 후배로 서로가 삶을 배워 가고 서로를 격려한다. 이 모든 것은 '흙'을 매개로 하는 것이기에 가능한 것이다. '흙' 자체가 사람을 차분하게 하고 자신의 손끝에서 그릇이 빚어지는 경험이 수강생들로 하여금 누군가 자신의 삶을 빚고 계신다는 사실이 피상적으로 들리지 않고 실제적으로 들리도록 하는 것 같다. 이러한 '빚어 가심'의 체험을 통해 '토기장이이신 하나님'이라는 인생의 주권자를 인식하게 되는 것이 '토기장이의 집'의 사역이다. 그래서 **'토기장이의 집'은 '하나님의 집'이다. 힐링이 있고 위로가 있고 격려가 있고 회복이 있는 집이다.**

'토기장이의 집'의 사역은 그동안 자라 오고 섬겨 왔던 기존교회와는 전혀 다른 방식이기에 낯설고 확신을 갖기까지 시간이 걸렸다. 처음에는 쉽지 않았다. 주 중과는 확연한 차이가 있는 주일 예배에 참석하는 이들의 수를 보고 낙담했던 적도 있다. 하지만 이제는 목회자 스스로 성속의 개념에 의한 분리의 삶을 탈피하게 되었다. 그러한 인식으로 인해 자연스럽게 주중의 도예 공방에서의 삶과 주일의 사역을 분리하지 않게 되었다. 도예 공방에서의 노동과 사람들과 함께하는 나눔도 예배이고 주일의 교인들과 함께 하는 시간도 예배라는 사실을 이론만이 아닌 실제로서도 경험하며 살아가고 있다.

02 간판의 위력

비효율성

토기장이 교회는 한 번 이전을 했다. 처음의 자리는 상가 2층의 30평 건물이었다. 상가 2층의 공간에서 2년간의 시간을 지내면서 자연스럽게 떠오른 생각은 '교회 공간이 참 비효율적으로 사용되고 있다'는 것과 '접촉해서 만나는 대상이 제한되어 있다'는 것이다. 새벽 시간과 수요일 저녁, 그리고 금요일 밤, 주일예배를 드리는 시간을 제외한 나머지 시간에 상가 2층의 토기장이 교회의 공간은 적막함 그 자체였다.

함께 하는 성도가 많아 평상시에도 북적인다면 별 문제가 아니었겠지만 겨우 몇 명뿐인 개척 교회에서의 빈 공간은 "참 비효율적이다"라는 말 외에 다른 표현을 하기가 어려웠다. 또 토기장이 교회의 처음 몇 년간, 성도의 분포는 참 제한적이었다. 몇 없는 성도의 대부분이 50대의 독신인 남성인 경우가 많았다. 쉽지 않은 그들의 삶의 이야기를 들어주고 함께 공감하는 것도 물론 귀한 사역이지만 대상의 폭이 참으로 제한되어 있다는 생각을 떨치기가 어려웠다. 그리고 어쩌다 계단을 올라와서 교회의 문을 노크하는 이들은 거의 노숙자였던 것을 기억한다. 가여운 마음에 몇 푼 쥐어 드리기도 하지만 넉넉지 않은 상가 개척 교회의 현실로는 경제적인 한계가 뚜렷했던 시간이었다. 비록 길지 않은 2년여의 시간이지만 보다 효율적인 공간의 활용성과 불신자와의 접촉점에 대한 많은 생각을 하게 되었던 시기였다.

접촉점

그러던 중에 새벽예배를 마치고 산책을 하는 시간을 가지기 시작하면서 지금의 토기장이 교회가 위치한 서울 강북구 수유동의 4.19 공원 일대가 어떤 지역인지 자연스레 알게 되었다. 북한산으로 향하는 등산로가 있기에 등산객들과 같은 유동 인구가 어느 정도 있는 지역이며, 그에 따른 음식점과 카페가 점점 많아지면서 부터 카페촌과 같은 특수한 블럭이 형성된 지역으로, 시간이 갈수록 점차 문화적인 욕구를 충족시킬 만한 공간들로 채워지고 있는 지역이라는 것을 알게 됐다. 또 4.19 묘소와 독립 운동가들의 선영이 있는 역사 문화적으로도 귀중한 유적이면서도, 최근에는 자수와 목공예, 가죽공예와 조각가등 예술인들도 주변에 많이 분포 되어 살고 있는 지역적 특성을 알게 되었다.

상가 교회의 비효율성과 사람들과의 접촉점 등을 고민하면서 자연스레 교회의 이전에 대한 사모함이 생기게 되었고 불신자들과의 수월한 접촉점을 초점에 두고 대학시절 전공이었던 도예를 활용한 공방과 카페 형태의 교회를 소망하게 되었다. 그렇게 우여곡절 끝에 현재의 위치로 이전을 하게 되었다. 하나님의 인도하심이 아니면 결코 실현될 수 없었던 교회 이전이었기에 작은 개척 교회이지만 토기장이 교회에 하나님께서 관심을 갖고 계시다는 것과 토기장이 교회만의 허락하신 특별한 사역이 있음을 알게 되었다.

하루만 걸린 간판

교회를 이전하면서 도예 공방을 겸한 카페 교회의 형태로 계획했기에 카페의 이름은 '도예 공방 cafe 토기장이의 집'으로 결정했다. 이미 카페 교회가 한국교회의 목회 트렌드로 많이 알려진 상태였지만 토기장이 교회가 속해있는 기독교 대한 감리회 서울연회에 소속된 강북지방에는 처음 시도되는 교회의 형태였다. 그 때문에 잘해야 한다는 부담감과 더불어 주변에서 바라보는 많은 걱정 어린 시선을 의식하지 않을 수 없었다. '토기장이의 집'을 알리는 메인간판을 도예 공방 카페를 준비하는 두 달 간의 시간 중 가장 마지막에 달았던 것과 메인간판에 붙이려고 '도예 공방 cafe 토기장이의 집'과 '기독교대한감리회 토기장이 교회'가 새겨진 두 개의 시트지를 주문한 것은 그런 마음 속 갈등의 결과였다.

그리고 모든 인테리어를 마치고 마지막에 사다리차를 불러 직접 올라가 붙인 시트지는 '도예 공방 cafe 토기장이의' 집이 아닌 '기독교대한감리회 토기장이 교회'가 찍혀있는 시트지였다. 아마 내 마음에 '그래도 교회인데 교회를 목적으로 온 사람들에게 교회임을 알리는 것도 필요하잖아' 라는 생각을 했던 것으로 기억한다. 하지만 교회의 간판을 붙이는 도중 '이건 아니지'라는 생각이 들었던 것도 사실이다. "불신자들도 편히 오게 하자는 생각으로 카페 교회를 하는데 이름을 굳이 교회임을 드러낼 필요는 없지 않나"라는 갈등이 시트지를 붙이는 시간 내내 있었다. 놀란듯한 표정으로 바라보는 아내의 얼굴과 간판을 설치하는 과정을 흥미롭게 지켜보던 한 아저씨가 '토기장이 교회'의 시트지를 붙이는 것을 보고 말없이 사라진 것도 마음에 걸렸다.

　토기장이 교회는 골목에 숨어 있어서 길가에서는 옆으로 길쭉한 가로 간판만 보인다. 멀리 길가에 나와서 간판을 보았다. 길에서 교회의 간판을 보며 가슴이 철렁 내려앉았다. 교회임을 알리는 간판을 보면서 처음 드는 생각은 '간판이 토기장이 교회의 정체성을 압도하는 구나!'라는 생각이었다. 마치 "여기는 물리적으로 교회라는 건물이야. 불신자는 오지 마!"라고 외치는 듯 했다. 허공에 걸린 단지 간판일 뿐인데 그동안의 교회에 관하여 고민했던 여러 시간들과 의식들을 한 순간에 없었던 것으로 만들어 버리는 위력에 놀랐다. 아이러니한 마음이 교차했다. 그날 저녁에 아내와의 대화를 한 문장으로 줄인다면 "아니지? 아니야!"이다. 바로 사다리차 아저씨에게 전화해서 다음날 다시 오도록 부탁드렸다. 토기장이 교회의 간판은 단 하루 걸렸다. 단 하루 붙였을 뿐인데 왜 그토록 안 떨어지는지, **붙이는 것 보다 떼는 것이 힘들다는 것을 그 때 알았다. 성경에서 말하는 교회의 본질이 아닌 사람들이 만든 고정관념이 이토록 끈질긴 것인가**라는 생각이 들었다. 사다리차 비용에 시트지 비용, 그리고 소요된 시간까지 지출된 것이 작은 교회 입장에서 결코 적은 비용은 아니었지만 간판과 관련한 에피소드는 교회란 무엇인지, 토기장이 교회는 어떤 교회여야 하는지에 대하여 목회자 부부에게 많은 생각을 하도록 해 주었다.

사람이 교회다

교회를 이전하면서 재정적인 이유로 직접 인테리어 작업을 해야
했기에 '토기장이의 집'이 오픈하기까지 2달여의 시간이 소요되었다.
하루는 망치질을 하고 있는데 댕기 머리를 한 40대 후반의 한 법사가
왔다. 밖에 세워 두었던 '토기장이의 집'이라는 명칭 중 '토기'라는 말에
이끌려서 왔다는 것이다. 불교 대학원에 재학 중이며 얼마 후에는 조그만
암자를 지을 계획도 있다며 묻지도 않은 말을 스스로 했다. 그러던 중에
그 분이 "여기, 교회 같다"고, "그런 게 느껴진다."면서 자신의 삶의
이야기를 나누었다. 자신도 본래 기독교 가정에서 자랐으며 자신의
누나들도 당연히 기독교인이라는 말로 시작해서 지난날의 가슴 아픈
일들을 말한 후에 자신의 화통을 가리키며 이 안에 무엇이 있는지
알겠냐고 물었다. 달마도 그림이 들어 있다는 것이다. 자신은 달마도를
그리는 사람이며 지금껏 수 만장을 그렸다는 것이다. 그러면서 왜 자신이
달마도를 그리게 되었는지를 고백했다. 지금도 그 분의 이야기를
생각하면 마음이 아프다. 한 두 시간의 짧은 시간이었지만 교회임을 알고
자신의 가슴 아픈 이야기들을 들려준 그 시간을 잊을 수가 없다. '
토기장이 교회'가 아닌 '토기장이의 집'이었기에 만날 수 있었던
분이었다. 비록 그 분을 그 후에 다시 뵙지는 못했지만 그에게도 '교회'
의 정체성이 있는 곳에서 자신의 삶의 이야기를 나눈 인생의 특별한
순간이 아니었나 생각한다.
이런 일련의 과정을 거쳐서 점점 굳혀지는 교회에 대한 생각은 교회는
건물이 아니라는 것이다. 세상에서 불러냄을 받은 성도가 '에클레시아',
'교회'라는 정의를 굳이 내세우지 않더라도 교회는 한 사람, 한 사람이
삶 가운데에 쌓여졌던 부정적인 의식들이 제거되고 왜곡되지 않은 온전한
하나님의 생명으로 채워질 때, '그 사람'은 '교회'이며 또 그 생명을

전하는 '교회'일 수밖에 없음을 고백한다.

　간판명이 '토기장이 교회'가 아니라 '토기장이의 집'이었기에 교회를 찾았을 일련의 사람들을 만나지 못 했을지도 모른다. 하지만 아마도 그들은 지역의 다른 교회를 찾아 갔을 것이다. 반대로 교회가 아닌 '토기장이의 집'이었기에 만난 많은 사람들이 있다. 교회를 찾아온 이들이 아니었기에 비록 단 한 번만의 만남으로 헤어진 경우가 적지 않지만 **목회자 부부가 교회이기에 그들은 교회에 머물다 갔다고 말하고 싶다.** 천주교인도 있었고, 스님도 있었다, 길거리에서 '도를 아십니까?'라는 말로 사람들과 접촉하는 이들과의 만남도 있었다. 종교를 갖지 않은 이들도 있었다. 아내를 잃은 상실감을 가지신 어떤 분은 카페에서의 나눔과 도자기를 빚는 시간들을 통해 몇 달 간 시간을 함께 하기도 했다. 지금도 끈을 놓지 않고 간혹 주일 예배의 시간도 참석하시는 분이다.

　상처 있는 어린아이들로부터 청소년, 중년, 노년에 이르기까지 많은 분들이 '토기장이의 집'을 거쳐 갔다. 교회의 간판이 걸려 있었으면 결코 만나지 못했을 분들이다. 그런 그들과 때로는 즉석에서 찬송을 부른다. '토기장이의 집'의 공간이 찬송 소리로 가득해지는 순간이다. 또 주 중의 '토기장이의 집'의 모든 사역이 예배라는 사실을 하나님께서 직접적으로 가르쳐 주시는 시간이기도 하다.

자비량적 사역으로의 초대

　토기장이 교회가 도예 공방카페의 형태를 가진 '토기장이의 집'의 사역으로 전환 했을 때, 내가 속해있는 강북지방의 한 권사님과의 대화가 기억에 남는다. 작은 교회의 목회자가 어떤 고민을 가지고 있으며 어떠한 의식을 가지고 있는지, 그리고 어떻게 하나님의 인도함을 받아 사역의 전환을 모색하는지에 관해 전혀 공감하려는 내색도 비치지 않은 채,

권사님은 "저는 교회의 담임자가 성경을 연구하고 성도들을 심방하는 목회자의 위치에 충실했으면 좋겠습니다"라고 말했다. 침묵 후에 "저도 그랬으면 좋겠습니다"라고 대답했다. 그 말은 "한국 목회의 현장이 모두 그렇지는 않아요."라는 말이 숨어 있는 답이었다. 물론 목회자가 성도를 돌보는 목양에 집중할 수 있는 교회는 참으로 감사한 상황에 놓여 있는 교회이다. 하지만 작은 교회의 상황은 다르다. 삶으로 직접 부딪힐 수밖에 없는 여러 돌발 요소들이 작은 교회의 상황가운데에 있다. 그리고 그러한 돌발 요소들은 작은 교회의 목회를 생동감 있게 한다. 그 권사님과 같은 인식을 갖고 있는 이들은 이와 같은 작은 교회의 상황 가운데 시도하는 여러 노력들에 의해 생성되는 긍정적인 유익을 알지 못한다.

재정과 관련해서 결코 일반화 할 수 없는 토기장이 교회 만의 특수한 상황을 소개하고자 한다. 토기장이 교회의 재정적 특성은 '자비량'이라 할 수 있다. 개인이 드리고 싶은 항목으로 자유롭게 드릴 수 있도록 아무것도 표시되어 있지 않은 헌금봉투가 단 하나 있다. 헌금으로는 주일의 식사 및 교제, 그리고 약간의 유지비로 지출되고 있다. 카페는 접촉점을 부드럽게 하는 정도의 차원이기에 실질적인 재정 수입은 도자기 공방을 통한 수입에 의존하고 있다. 주로 도예 교실 수강료가 수입원이며 도자기 판매로 인한 수입도 간간히 있는 편이다. 도예 공방의 일은 목회자 부부에게 많은 육체적, 정신적 노동을 요구한다. 목회자 가정이 스스로 노동을 함으로 인해 얻게 된 유익은 노동을 해야 하는 상황을 기꺼이 받아들이고자 하는 마음이 들 정도로 많다. 특별히 목회적인 면에서 큰 유익이 된 것은 자비량적인 사역이기에 헌금과 관련해서 성도를 의식하지 않는다는 것이다. 재정적 자립을 이루었다는 말이 아니라 목회자 가정 스스로 삶을 꾸려나가면서 복음을 전할 때 가질 수 있는 '힘'에 대하여 말하는 것이다. 성도들에게 재정적인 의지를 하지 않을 때, 목회자는 경제적 '이해관계'를 떠나서 성경이 무엇을 말하는지 정직히 살필 수 있고 또 하나님께서 전하길 바라는 메시지를 보다 순전하게 전할 수 있다. 또 그것이 진정으로 성도를 위하는 일이 아닌가 생각한다.

또 자비량적인 사역의 유익은 사람들이 세상에서 살아가기 위해 어떤 노력을 하고 어떤 애환을 갖고 살아가는지 목회자가 직접적으로 알게 된다는 것이다. 목회자가 사회에서 치열하게 살아가는 성도와 똑같은 수고와 땀과 애환을 가지고 그러한 가운데 말씀을 살피고 증거할 때, 가장 먼저 목회자 스스로 괴리감으로부터 자유 할 것이며 성도들도 힘이 있는 메시지를 목회자로부터 듣게 될 것이다. 이런 이유로 나는 '토기장이의 집'의 사역을 요즘 들어 자주 등장하는 '목회자의 이중직'으로 인식하지 않는다. '목회자의 이중직'이라는 표현은 목회만을 해야 하는 목회자가 경제적 어려움을 이겨내기 위하여 목회가 아닌 보조적 직업을 갖는다는 의식을 목회자에게 주어 목회자 스스로 위축되게 한다.

하나님은 각각의 목회자에게 저마다의 다른 은사와 다른 삶과 다른 환경을 허락하셨다. 어떤 목회자가 자비량적 사역이 요구되는 상황에 직면해 있다면 그 것은 결코 '이중직'이라는 위축된 상황으로 인도하신 것이 아닌, 하나님의 섭리 가운데 그 목회자에게 허락하신 사역의 연장선이라는 생각을 가질 필요가 있다. 보다 많은 고뇌와, 보다 많은 경험과, 보다 많은 사람들과의 만남이 제공되는 기회가 주어진 것이다. 자비량적 사역으로의 초대가 노동으로 표현되는 삶의 현장 가운데 뛰어들어 삶의 다양성을 경험하게 하고 그러한 삶 가운데 살아가는 성도들을 이해하게 되며 더 나아가 힘 있게 복음을 전할 수 있는 시간에 들어가는 것으로 생각하는 인식의 전환이 있어야 할 것이다.

03 모자이크

승무(僧舞) 만들어도 되요?

토기장이 교회는 하나님께서 빚어 가시는 교회이다. '빚어 가심'은 방향성이 존재한다는 것이다. '토기장이의 집'은 하나님께서 빚어 가시는 가운데 순간마다 토기장이 교회의 방향성과 관련되어 허락하신 특별한 이미지들이 있다. 그리고 하나님께서는 그 이미지들을 사용해서 교회의 정체성과 관련하여 고민하게 하시고 나누게 하신다.

토기장이 교회는 매주 토요일 저녁에 주일 11시의 예배를 위하여 '토기장이 교회'라는 입식 간판을 걸고 실내도 예배를 위한 세팅으로 바꾼다. 도예 공방을 겸한 사역으로 전환 한 지 얼마 되지 않았을 때의 일이다. 마침 그 때는 월요일에 '토기장이의 집'을 쉬는 날로 정해 놓았기에 주일 예배 후, 바깥에 있는 교회의 입식 간판은 철수 했지만 실내의 예배를 위한 세팅을 원 위치시키는 것을 다음날로 미루었다. 그리고 월요일에 '토기장이의 집'이 교회임을 아시는 '장로님' 수강생과 함께 흙을 빚고 있는데 며칠 전에 수강 신청을 문의하셨던 한 아주머니께서 친구와 함께 '토기장이의 집'의 문을 두드리셨다. 사람이 있는데 열어 드리지 않을 수 없어 안으로 모셨는데 예배를 위한 세팅에 놀라시는 듯 했다.

대화를 나누어 보니 도자기를 처음 접하는 분이 아니라 이미 도자기에 대한 이해를 갖고 계신 분이었다. 만들고자 하시는 작품의 사진을 보여주시면서 이런저런 이야기를 나누다가 그분이 갑자기 만들고 싶다던 작업 이야기를 하시는 것이 아니라 "승무(僧舞) 만들어도 되요? 예전부터 너무 만들고 싶었어요."라고 물으시는 것이다. 물론 '승무'는 조지훈의 시(時)에도 언급되듯이 아름답고 역동적인 불교적 춤사위로 조형물로도 제작하고픈 매력이 있는 소재임에는 분명하다. 예술 작품으로는 아무 문제가 없다. 하지만 그 순간의 타이밍이 미묘했다. 어떤 대립각을 느꼈다고 해야 할까... 정작 자신은 종교가 없음을 말씀 하시면서 '승무' 만들기를 원하신다고 하지만 그 순간의 내게는 쉬운 결정이 아니었다.

짧은 순간 많은 고민을 했던 것 같다. "이분은 지금 교회로 온 것이 아니라 도예를 배우는 공방으로 온 건데, 만들게 해드려도 괜찮지...", "하나님 앞에 우상에게 바친 음식이 아무것도 아니듯 승무는 아무것도 아니잖아"라는 생각도 들었지만 가장 많이 고민되었던 것은 그 분들에게 미칠 영향력이었다. 이 모든 광경을 그 분과 함께 온 친구가 지켜보고 있었다. 말없이 이 상황이 어떻게 전개되는지 살피시는 듯 했다. 수업 중이셨던 장로님도 당황해 하시는 눈치였다. 한 번도 경험하지 못한 문화 선교의 충돌의 현장 가운데 있는 듯 했다.

고민 끝에 내린 대답은 "안 된다."는 것이다. 결과적으로 그분도 수강을 하지 않기로 결정하게 되었다. 안타깝지만 나름대로 덕이 되는 결정을 내렸다고 스스로 위안했다. 몇 개월 후, 블로거들이 '토기장이의 집'에 대하여 웹상에 올리는 경우가 간혹 있어서 살펴보던 중에 우연히 그 분이 운영하는 블로그에 그 날의 사건에 관한 글을 쓰신 것을 발견했다. 도예 작업을 하지 못한 아쉬움을 토로하면서 교회이기에 안 되는 거라면 '처음부터 간판에 교회에서 운영하는 공방이라는 것을 알려야 하지 않았을까'라는 내용의 글이었다. 그리고 그분이 경험한 기독교인과의 다른 사건과도 덧붙여 마지막 문장을 기독교인의 "그 편협함에 화가 난다"고 마무리 하셨다. 그 글을 읽고 너무도 안타깝고 죄송한 마음에 답글을 썼다.

"저도 선생님께서 가신 후, 제가 했던 대화가 올바른 것이었나. 계속 되물었습니다. 지인들에게 여쭙기도 했구요. 선생님께 정말 죄송하다는 말씀을 드립니다. 저도 많이 속상했습니다. 내가 한 대응이 최선이었을까? 선생님, 교회이기 때문에 불교 관련 작품은 안 된다는 단순한 논리는 아니었음을 말씀드립니다. 단순히 작품 활동을 넘어선 영향을 생각하지 않을 수 없었습니다. 선생님과 또 함께 오신 분을 위하는 마음이 가장 우선이었다는 것이라 말씀드린다면 이해하기가 어려우시겠지요..."

마지노선

답글에 대한 그 분의 대답은 없었다. 이 질문은 도예 공방을 운영한지 5년이 지난 지금도 가지고 있는 질문이다. '복음을 위한 사회적 채색의 옷을 어디까지 입어야 하는가?' 라는 질문인 것이다. 얼마 전에는 토기장이 교회의 사역을 3분짜리로 제작한 영상에 어느 분께서 "파괴적 혁신은 결핍을 먹고 자랍니다."라고 쓰셨다. 많은 분들이 좋게 보아 주시는 사역의 모습이지만 어느 누구에게는 '파괴적 혁신'을 논하시고 '결핍을 먹게 되는 것'으로도 느껴질 수 있다는 사실에 놀랐다. 성경적 관점이 아닌 사람들이 만든 전통적인 교회 상에 매인 일부의 소리라고 일축할 수도 있겠으나 복음을 선포하기 위해서 가시적 교회가 허용될 수 있는 변화의 마지노선은 어디까지인가 하는 질문을 다시 한 번 하게 되는 댓글이었다.

사람들은 '실질적 교회'라는 정체성을 만나기 전에 외적인 모습을 먼저 볼 수밖에 없고 물리적 형태를 가지고 있는 건물로서의 예배당의 요소도 무시할 수 없는 것이기에 이 질문은 현 시대에 고민되고 하나님의 마음에 맞는 답을 찾아야 하는 질문이 아닌가 생각해 본다. 빚어 가시는 하나님은 이 질문을 '토기장이의 집' 초기부터 하게 하신다. 아마도 '토기장이의 집'에 있는 동안 답을 찾지 못할 수도 있다. 어쩌면 답을 찾는 그 과정이 답인지도 모른다는 생각을 해본다.

중심 잡기

흙을 물레 위에 올려놓은 후 그릇을 빚기 위해 가장 먼저 해야 하고, 힘이 드는 일은 흙의 중심을 잡는 과정이다. 이 과정을 소홀히 하면 흙이 원심력을 못 이겨 튕겨 나가기도 하고 그릇이 비뚤게 빚어지게 된다.

토기장이이신 하나님께서 진흙 된 뭇 인생을 빚으실 때, 가장 심혈을 기울이시는 것은 무엇일까? 역시 중심이고, 그 중심은 말씀이라 생각했다. 말씀이 뭇 인생의 중심에 있지 않으면 주님께서 원하시는 그릇이 그 인생 가운데 빚어지지가 않는다. '도예 공방 카페'라는 외형과 그 안에서 벌어지는 주중의 사역의 모습은 일반적인 교회의 모습과는 확연히 다르지만 토기장이 교회의 주일예배는 그 어느 교회 못지않게 예배의 본질을 추구한다. 그 중심에 말씀이 있다. 1시간 20분 정도의 짧지 않은 예배시간에 말씀 선포 시간이 50분 가까이 된다. 때로는 1시간이 넘기도 한다. 목회자 스스로 말씀이 무엇을 말하는가 진지하게 고민하고 일주일간 주일에 선포할 메시지에 집중한다. 성도들은 주일에 선포되는 말씀을 먹고 1주일을 살아간다. 결코 그 말씀의 무게를 가벼이 여길 수 없는 이유이다. 토요일 저녁에 시행하는 주일 예배를 위한 시각적인 세팅 작업은 모두 말씀의 집중을 위한 것이다. 지난 5년 동안 때로는 무모하게 보이는 예배를 위한 시각적 요소를 토기장이 교회의 내부와 외부의 세로 간판에 설치하고 또 제거하는 과정을 비디오로 찍어서 빠른 영상으로 보여 준다면 그 중심이 말씀을 향하고 있었다는 것을 볼 수 있을 것이다.

토기장이 교회의 성도는 초기에 오셨던 몇 사람의 성도 외에는 '토기장이의 집'으로 전환한 이후에 카페를 통해서 그리고 도예 공방과 또 다른 경로로 오신 분들이다. 토기장이 교회는 특별한 프로그램이 없다. 있다면 1년에 한두 번, 흙을 빚어 보는 시간일 뿐이다. 하나님의 섭리 가운데 외형상으로는 일반적인 교회의 모습이 아닌 '토기장이의 집'의 주일 예배 자리까지 앉게 된 분들에게 목회자는 일주일간 준비된 말씀을 전한다. 말씀 외에 그들을 배부르게 하는 것이 없음을 알기 때문이다. 예배 후에는 사모의 인도로 식사 자리와 나눔의 시간을 통해 지난 한 주간의 삶과 기도 제목들을 나눈다. 일종의 속회인 셈이다. 이러한 시간을 통해 각 성도의 삶에 하나님의 빚어 가심을 고백하고 서로 격려하는 시간을 갖게 된다. 주중의 '토기장이의 집'과 주일의 토기장이 교회의 예배는 결코 분리된 것이 아니다. 주중의 사역이 흙을 빚으면서 일상의 삶을 나누고 희로애락을 나누는 가운데 토기장이신 하나님의 손길을 기대하는 시간이라면 주일의 예배는 말씀을 바탕으로 그 토기장이이신 하나님을 더 깊게 알아 가고 예배하는 시간이라 할 수 있다.

모자이크

재정이라는 현실적인 문제와 더불어 교회의 정체성이 '하나님의 빚어 가심'이기에 앞으로의 방향성에 대하여 논하는 것이 무리인 것이 사실이다. 어떻게 될지 아무도 모른다. 다만 모자이크 같이 지난 시간 동안에 주님께서 펼쳐 놓으신 조각들이 있다. 일반 교회였으면 결코 만나지 못했을 사람들이 있다. 지역사회에도 조금씩 알려져 주민 센터를 통한 지역의 아이들과의 도예 체험, 청소년 수련관을 통한 지역 내 학교 학생들의 진로 체험, 여러 학교의 특별활동 시간, 외부에서 여러 사람들과 함께 했던 시간들이 있다. 또 도예 수업을 통해 속 깊은 나눔을 가졌던 분들이 있다. 이런 분들과의 만남이 일정한 시기의 만남으로 한정될지 그 중 몇몇은 토기장이 교회의 한 지체로서 함께 하나님 나라를 공유하고 나누게 될지 우리는 모른다.

감사한 것은 그분들과의 나눔이 귀했다는 것이다. 어쩌면 그들과의 나눔 속에서 고백된 '하나님의 빚어 가심'의 은혜가 그들의 삶의 자리에서 고백되어지고 선포되는 것 까지가 '토기장이의 집'을 향한 하나님의 계획일 수도 있다. 비록 그럴지라도 우리의 고백은 'OK'이다. 하나님의 '토기장이 교회'를 지금까지의 인도하셨음이 신실하셨고 정확하셨기 때문이다. 교회를 개척하게 하신 분이 하나님이시고 또한 '토기장이의 집'이라는 열린 공간으로서의 사역으로 전환하게 하신 분도 하나님이시기에 하나님께서 하라고 하신 만큼 하고, 하나님께서 가라고 하시는 만큼 나아가게 될 것이다. 지금까지의 시간들을 통해 교회가 무엇인지 교회됨을 가르치시고 흙 빚는 공간에서의 깊은 나눔을 허락하신 것처럼 앞으로의 시간도 토기장이의 손길로 선하게 빚어 가실 하나님 아버지를 찬양한다.

Chapter 04

"커피를 마시며 공동체를 꿈꾸다"
[예쁜 손을 향한 Cafe]

박재찬 목사 (예쁜손을향한교회)

홈페이지 : blog.naver.com/the_hand
카카오 ID : wildsoft
이메일 : the_hand@naver.com

01 예쁜 손을 향한 카페 교회를 세우다

'왜 카페 교회 입니까?'

예쁜손을향한 교회가 카페 교회의 모습으로 시작하면서 가장 많이 듣는 질문이었다. 이 질문에 대하여 가장 간단하게 대답하고자 한다면 '사람들과 대화 할 수 있는 동기와 장소를 만들어 줍니다.'라고 말할 수 있다. 하지만 이 대답은 다양한 반론으로 이면에 숨겨진 다른 이유를 드러내라는 대답을 요구 받는다. 그것은 '개척 교회가 겪는 경제적 어려움의 대한 대안'에 관한 것이다. 즉, '개척 교회는 경제적으로 어려우니 그것에 대한 대안으로 비즈니스 활동을 통해 해결하겠다는 것 아니냐'는 질문이다. 상관없다. 사람들의 평가가 어떠하든 개척 교회가 겪는 경제적 어려움은 죄악이 아니다. 그것은 현실이고 그럼에도 불구하고 교회 개척을 시도하는 이들의 거룩한 순종이다.

우리는 **'교회는 사람이고 그 사람들 간의 모임 즉, 공동체'**라는 말씀을 중심으로 교회의 외형이 아닌 사람에게 집중하고자 했다(고전3:16, 엡2:22). 그렇기에 '예수의 이름으로 모인 공동체가 모이는 건물의 형태보다 우선한다.'고 생각한다. 건물의 형태를 변화시켜 공동체가 보다 자유롭게 모임에 집중할 수 있다면 얼마든지 그 형태는 달라질 수 있다. 수백명 이상이 모인 곳만 교회가 아니라 **두 세 사람이 모인 곳도 교회이기에 우리는 이러한 작은 공동체가 스스로 모임을 지속하고 서로 간의 신앙을 세워 줄 수 있다면 그 자체로 하나님은 기뻐하실 것이라고 믿는다.**

실제로 카페 교회는 사람들과 대화 할 수 있는 다양한 동기를 제공해 주었다. 대부분은 음료를 구매하러 온 손님과 나누는 대화이기에 음료 주문에 관한 대화였지만 그것을 시작으로 삶에 대한 다양한 대화를 할 수 있었다. 커피에 관한 대화로 시작하여 사회 이슈에 관한 대화나 심지어 자신의 교회의 얘기까지 나눌 수 있는 공간이 되어 갔다. 카페를 이용하는 연령대는 주로 초등학교 및 중학교 아이를 가진 어머니들 이었고, 그 분들과 나누는 대화는 자녀의 학업에 관한 이야기가 제일 많았다. 그 다음이 신앙에 관련된 것들이었다. 언제부터인가는 내가 목회자인 것을 알고 자신들의 교회에서 물어보기에는 다소 난감한 질문을 해 오기도 했다. 교회에서 다루어지고 있는 인습에 관하여 질문하기도 하고 다양한 사회 이슈에 대하여 그리스도인이 대처해야 하는 모습을 질문하기도 했다. 그렇게 나는 조금씩 편하게 접근할 수 있는 동네 목사가 되어 갔다. 그러한 상황 속에서 보다 적극적인 활동도 할 수 있었다. 이를테면 독서 토론과 같은 활동으로 다양한 주제의 심도 있는 대화를 나누며 말씀을 나눌 수 있는 기회도 많아졌다. 실제로 예쁜손을향한 교회의 초기 성도들 중 80%는 이러한 모임과 나눔을 통해 함께 하게 된 지체들이다. 그렇게 카페의 형태로 개척된 예쁜손을향한 교회는 세상으로부터 구별된 거룩한 지성소의 모습으로 존재하는 것이 아니라 세상 속 일상의 모습으로 존재하여 만난 사람들에게 복음을 전하고 예수의 이름으로 그들에게 구별된 삶을 살 수 있게 요청한다.

카페의 모습을 추구하는 이유는 간단하다. 그냥 커피가 좋았다. 처음 우리가 고민한 세상 속 일상의 모습으로 존재하는 교회의 모습은 다양했다. 커피숍을 비롯하여 학원, 어린이집, 휴대폰 가게 등 우리가 주변에서 볼 수 있는 다양한 형태의 상점이면 어느 형태로든 고민을 해보았다. 그 형태와 상관없이 세상 속에서 사람들과 함께 대화를 시작할 수 있는 상황이 전개 된다면 모두가 가능한 시도 일 수 있다. 하지만 필연적으로 수행해야 할 비즈니스 활동을 평균 이상으로 성취할 수 있는지와 목회자로 서 있을 나의 성향을 생각하면 그나마 좋아하고 관심이 있었던 커피숍이 가장 적합해 보였다. 그러한 계획으로 다양한 서적을 보았고 당시 존재했던 카페 교회들의 모습을 살펴보았다.

카페 영업 VS 교회 목회

당시 존재했던 다양한 카페 교회들을 찾아다니며 깨닫게 된 한 가지가 있었다. 그것은 '나 혼자 할 수 없다'는 것이다. 많은 목사님들이 카페 운영과 목회 활동을 함께 하고 있었다. 그러면서 그것을 가장 큰 고충으로 꼽았다. 외형이 카페이기 때문에 사람들과 대화를 나눌 수 있다는 것은 낭만적인 생각이었다. 우리가 세우고자 하는 공간은 그냥 카페이어야 하는 것이 아니라 많은 사람들이 오고 싶은 괜찮은 카페이어야 했다. 이것은 곧 성공적인 영업 활동이 이루어져야 함을 의미한다. 성공적인 영업 활동을 위해서는 좋은 맛과 착한 가격, 그리고 괜찮은 인테리어 등이 갖추어져야 한다. 그리고 무엇보다도 신뢰감 있는 카페를 만들어야 한다. 이를 위해서는 정해진 시간에 고정적으로 문이 열려 있어야 한다. 즉, 성공적인 영업 활동을 위해서는 목회자가 카페에 매여 있어야 하고 이것은 목회 활동에 어려움을 주기도 한다. 깊은 성경 묵상을 어렵게 하고, 긴박한 심방 앞에 늘 고민해야 하며, 카페 교회의 목적성에 맞게 삶을 나누고 복음을 전하다가도 다른 손님이 오면 대화를 끊을 수밖에 없다. 그래서 혼자서 카페 영업과 목회 활동을 함께 하는 것은 여간 어려운 일이 아님을 알게 되었다. 더군다나 휴식을 취할 수 있는 시간이 보장되지 않아 목회자의 체력적인 한계와 그에 따른 다른 활동의 부담은 주객이 전도되는 상황에까지 이를 수 있었다. 그래서 우리는 영업 활동을 전담할 사람을 찾기로 결정했다.

이러한 결정에는 다른 이유도 포함되어 있었다. 견학을 통해 경험한 카페 교회들은 생각보다 비즈니스적 요소가 부족해 보였다. 교회와 카페의 두 가지 요소가 결합되어 있었고 이것은 양쪽에서의 강점이 아니라 양쪽에서의 약점으로 작용하는 모습을 볼 수 있었다. 카페에 오고 싶어 하는 이들은 교회처럼 생긴 카페에 가는 것을 주저할 수 있고,

교회를 찾는 이들에게는 카페 교회의 모습이 한 없이 낯설기만 한 것처럼 느껴질 것이다. 그래서 우리는 예쁜손을향한 교회가 바라보는 카페 교회에서 무게 중심을 어디에 둘지 결정해야 했다. 그런 고민 가운데 우리는 좀 더 카페처럼 보이도록 인테리어 공사를 하여 본래의 취지를 확대하기로 했다. 그런데 이렇게 공사하려면 꽤 많은 돈이 필요하다. 카페의 접근성을 위해 1층에 자리 잡고 있어야 하고 실제의 카페처럼 모든 공간이 예쁘게 꾸며져 있어야 한다. 하지만 개척을 시도하는 우리에게는 그만한 돈이 없었다. 그래서 영업 활동을 전담할 사람을 찾되 실제적으로 창업할 만한 사람을 찾게 되었다. 카페 교회의 목적을 공유하면서 카페를 창업하고 잘 꾸려 나갈 수 있는 사람, 그렇게 교회 개척에 동참할 수 있는 개척 멤버를 찾게 되었다. 우리는 그와 함께 돈을 합쳐 교회를, 그리고 카페를 만들게 되었다. 개념은 간단하다. 동업이었다.

동업의 형태였기 때문에 자연스럽게 카페의 재정과 교회의 재정은 구분되어 관리되었다. 카페의 영업 활동을 전담하는 이는 카페지기로 임명되어 카페의 전반적인 운영과 관리를 담당했고, 목회자는 카페를 통한 목회 활동을 하게 되었다. 물론 완성된 카페 교회는 교회이기도 하지만 카페이기도 하다. 이것은 카페로서 카페지기의 영업 활동이 교회 활동으로 제한되거나 침해되어서는 안 된다는 것을 의미한다. 그렇기 때문에 교회는 카페지기의 사적 재산을 존중하고 카페지기는 그리스도인으로서 교회를 배려하며 순종하는 관계가 형성되어야 한다. 사실 이 관계가 잘 정립되기까지 3년의 시간이 걸렸다. 그 과정에서 처음 시작한 카페지기와 결별하게 되었고 두 번째 카페지기와는 다양한 의견 충돌을 겪어야 했다. 하지만 5년차에 접어든 현재 카페 교회는 서로의 역할을 잘 이해하고 각각의 부흥을 위하여 노력하고 있다.

처음 우리들의 노력은 한쪽 방향에만 치우쳐 있었다. 카페 교회는 카페이자 교회이기 때문에 카페에서 이루어지는 모든 활동이 교회의 활동과 맞물려야 한다는 생각에 제한되었다. 제한된 생각으로 카페의 영업을 통해 발생하는 이익은 교회가 추구하는 가치를 토대로 재사용되어야 했고 그에 따라 '착한 소비'의 개념으로 매출액의 10%를 지역 사회에 기부했다. '예쁜손을향한'이라는 이름도 이러한 개념을 포함하고 있다. 매출액의 일부를 환원하며 카페를 방문하는 이들에게 착한 소비를 실현하게 하면서 그들의 소비로 누군가에게 도움이 될 수 있게 하고 싶었다. 우리의 희생으로 많은 이들이 서로가 서로를 도와줄 수 있는 관계가 된다면 그 과정에서 주고받는 커피나 착한 소비를 나누는 우리의 손은 십자가에 달리신 예수의 손을 닮아 가는 과정이라고 생각했다. 예수의 처절하지만 따뜻한 손을 친근한 이미지로 형상화하며 '예쁜 손'이라고 이름을 지었고 이 글자를 표현하는 CI(Corporate Identity)는 한자인 손 '수'자를 넣어 '예쁜 손(手)을 향한 교회'라고 제작되어 줄여서 '예수를 향한 교회'를 표현할 수 있었다. 이처럼 우리는 교회로서 지니고 있는 비전을 카페에도 전가하여 조금씩 카페의 영업 활동에 부담을 주었다. 또한 카페는 교회가 예배를 드리는 주일에는 영업을 할 수 없었고 이는 매출의 커다란 타격으로 다가왔다. 그렇게 카페는 어려워져 갔다. 카페라는 형태로 교회가 지니고 있는 높은 벽을 허물고 세상 속 다양한 모습으로 존재하려 했지만 겉모습만 그렇게 하려 했다는 것을 깨달았다. 나는 여전히 교회에게 주어진 거룩한 권위를 힘으로 인식하고 있었고 그것을 가지고 독선과 아집을 통해 카페의 생존을 위협했다. 이것에 대한 반성으로 우리는 카페의 목적성을 분명히 하여 변화를 시도했다.

우리가 추구하는 카페 교회의 교회론은 세상 어느 곳이나 교회가 될수 있다는 의미인것이지 어떠한 특정한 공간 자체를 성전으로 생각하겠다는 것이 아니다. 그렇기에 카페는 카페일 뿐 그 안에서 모이는 이들이 예수의 이름으로 복음을 전하고 신앙을 가꾸어 가는 것이 교회가 되게 하는 것이다. 따라서 카페는 카페의 역할을 해야 한다. 사람들이 좋아할 수 있는 곳으로 만들어져야 하고 지속 가능성을 목표로 최선을 다해야 한다. 그러고 나서 어디든 교회가 될 수 있다는 가치를 품은 지체들이 함께 모여 예수의 이름으로 한 몸을 이룬 그 공동체가 직접 그리스도의 향기를 전해야 하는 것이다. 그렇다면 예쁜손을향한 교회는 카페의 영업 활동을 최대한 보장해 주어야 하고 위임된 카페지기는 카페 운영에 있어서 목회자보다 그 권위가 보장되어야 한다. 우리는 그것을 놓치고 있었다. 오히려 외부의 시선 즉, 교회를 카페로 만들어 믿음으로 주어지는 하나님의 채움을 기대하는 것이 아니라 그저 비즈니스적 활동을 통해 교회를 유지한다는 기존 교회들의 비판에 사로 잡혀 본래 우리가 추구하고자 했던 '어느 곳이나 교회일 수 있다'는 가치를 잃어버리고 말았다. 그래서 우리는 교회와 카페는 곧 하나지만 행정적으로는 분리될 수밖에 없다는 것을 인식하고 공간으로서 카페는 카페의 활동을, 그리고 모인 공동체가 교회로서 추구해야 하는 것은 교회의 활동으로 구분해서 실천하기로 했다. 그 결과 카페는 교회로서 신앙 공동체의 활동을 지지하고, 교회는 카페가 복음이 전달되는 소통의 공간이 될 수 있도록 기도하는 관계가 되었다.

02 다리(bridge)와 공동체

교회와 세상을 잇는 다리: 카페

예쁜손을향한 교회는 카페 교회이다. 카페 교회는 가시적인 건물의 외형에 성(聖)과 속(俗)을 구분하여 교회의 건물에 거룩함을 부여하지 않는다. 그렇기에 우리의 외형은 세상 속 일반적으로 접할 수 있는 카페의 모습으로 존재한다. 카페 교회로서 우리 공동체가 갖는 목표는 교회 밖의 모든 사람들과 혼재하며 예수님을 소개하고 그들과 지역 교회의 다리를 놓는 역할을 목표로 했다. 이것은 펌프질에 사용되는 마중물이나 논에 모를 심기 전에 어느 정도 자랄 수 있게 관리하는 못자리처럼 우리의 역할은 예수님을 모르는 이들에게 핵심적인 복음을 전하거나 교회에 대한 친근한 이미지를 심어 주어 실제적인 신앙생활을 시작할 수 있게 돕는 역할이라고 생각했다. 그리고 실제적인 양육과 신앙생활은 각각의 지역 교회를 소개하여 그 교회에서 공동체성을 갖게 하려했다. 어떻게 보면 이것이 우리의 특수한 목회 방식이었다.

이를 위하여 나는 카페라는 공간을 활용했다. 편안한 이미지를 보이며 목사라는 사람을 편안하게 마주할 수 있는 기회를 노출했고 그들과 실제적으로 사람 사는 이야기를 나누기도 했다. 보다 직접적인 활동을 위해서는 독서 토론을 만들어 다양한 책을 읽고 그것에 대한 생각을 나누는 가운데 자연스럽게 '내가 만난 하나님'을 공유하게 되었다. 독서 토론의 책 선정은 주로 참여하는 이들이 정했지만 어떠한 책을 읽고 나누더라도 자신의 생각과 가치를 드러내는 자리에는 자연스럽게 기독교에 대한 질문과 대답을 주고받게 되었다. 지금에 와서 평가하는 것이지만 결국 그 모임은 대화의 내용으로 볼 때 두 세 사람이 예수의 이름으로 모인 자리가 되곤 했다. 결국 이 모임이 우리 공동체의 초석이 되었다.

처음 우리의 모임은 신앙 생활을 위하여 교회에 방문한 사람들의 모임이 아니었다. 그저 함께 하나님에 대한 이야기를 나누다 온전한 교회를 꿈꾸게 되었고 그러한 교회를 세우고자 결단한 이들이 모여 공동체를 이루게 되었다. 이러한 모습 가운데에는 오늘날 한국 교회의 다양한 문제, 이를테면 목회자의 권위주의나 기복신앙 속에서 세상과 똑같은 성공주의를 조장하는 모습에 대한 염증을 느끼며 새로운 교회의 모습을 찾고자 하는 열망이 담겨 있었다. 기존 교회의 관습에 젖어 있던 우리가 새로운 교회를 찾고자 모였다 하더라도, 새로운 교회를 경험한 적이 없는 우리로서는 할 수 있는 일이 막연했다. 단순히 교회의 외형이 카페처럼 꾸며졌고 주중에 그 공간이 카페로 사용하고 있다고 해서 우리 공동체가 새로운 교회라고 할 수는 없었다. 그래서 우리는 몇 가지 내규를 정하며 우리의 교회론을 세워나가기 시작했다.

공동체가 생기며 스스로 교회가 되어 가다.

공동체를 세우기 위하여 스스로 정한 내규의 큰 틀은 다음과 같다.
첫 번째로 우리는 작은 교회를 지향한다. 예수 그리스도를 머리로 하는 지체들의 연합이라는 말씀(엡4:15~16)에 대하여 우리는 개인이 곧 하나님의 성전이라는 개념(고전3:16)과 함께 해석한다. 이로써 우리는 예수를 중심으로 각각의 성도들이 지체가 되어 함께 관여하고 서로에게 부족한 점을 배우며 채울 수 있는 관계 속에서 개인은 그리스도의 장성한 분량에 이르는 것을 교회의 목표로 인식한다. 그렇기 때문에 우리가 꿈꾸는 교회는 개인의 영적인 성장을 위해 존재하는 기관이고 이는 반드시 공동체성을 통해서만 이루어질 수 있다. 공동체 속에서 자신의 민낯을 노출해야 하며 그 속에서 자신의 부족한 모습을 발견하기도 하고, 함께 세상에서 말씀대로 살아가는 용기를 얻기도 하는 것이 바로 교회의 역할이다. 이러한 역할을 할 수 있는 교회는 작은 몸집을 갖고서 구성원들 서로가 끈끈한 관계를 통해 이룰 수 있다.

물론 이러한 작은 모임의 연합을 통하여 큰 공동체를 이룰 수도 있겠지만 그렇게 교회가 규모의 확장에 관심을 쏟다 보면 공동체는 자신의 삶을 나누며 그리스도의 장성한 분량에 이르는 것을 목표로 삼는 것이 아니라 그저 공동체 자체를 목표로 삼을 수 있다는 우려 때문에 우리는 작은 공동체를 지향한다. 그러한 목표를 위하여 우리가 세운 내규는 공동체의 인원수를 제한하는 것이다. 80명으로 제한하는 우리의 공동체는 어린 아이들부터 노인들의 관계성까지 고려한 인원 수 이다. 각 계층별로 20명 정도의 인원을 적절하게 보기에 우리는 가족별로 모일 수 있는 최대 인원을 80명으로 정하게 되었다. 이것은 결국 공동체 속에서 스스로의 신앙을 발견하고 더 나은 모습으로 나아가는 관계가 될 것이다.

우리가 세운 두 번째 원칙은 위에서 말한 것처럼 공동체의 역할을 분명하게 하여 개인의 신앙을 바르게 세우고자 함에 있다. 우리는 '하나님을 사랑하고 이웃을 사랑하라(막12:30~31)'는 예수의 가르침이 신앙 생활의 목표이고 이를 실천할 수 있게 도와주어야 하는 것이 공동체의 역할이라고 생각한다. 그렇기 때문에 **공동체는 하나님을 사랑하는 훈련과 이웃을 사랑하는 훈련이 병행되어야 한다.** 하나님을 사랑하는 것에 있어서는 익숙한 교회 생활을 떠올릴 수 있었다. 함께 예배를 드리고 말씀을 나누며 기도하는 것은 이미 익숙한 훈련이다. 이것에 대해서는 이견이 없었다. 하지만 이웃을 사랑하는 훈련에 있어서는 막연했다. 왜냐하면 그동안 이웃사랑의 실천은 각 개인에게 부여된 역할이었지 공동체의 역할로서는 생소했기 때문이다. 그래서 우리는 '이웃사랑의 공동체적 실천이 개인의 삶 속에서까지 확장 될 수 있도록 해야 한다'는 생각을 하게 되었다. 아직까지는 이 부분에 대해서 개념적인 의지만 있을 뿐 정확하게 정해진 것은 없다.

다만, 우리는 이것을 위하여 1년 예산의 30%이상 사용하여 공동체가 이웃사랑의 실천을 적극적으로 할 수 있게 되기를 희망하고 있다. 재정적인 것뿐만 아니라 공동체가 함께 참여할 수 있는 봉사활동을 위하여 기도하고 있다. 실제로 우리는 인근의 지체 장애우들이 생활하는 곳에서 봉사활동을 1년간 진행하기도 했으나 적은 인원의 공동체로서 다소 한계를 느끼며 지금은 쉬고 있다. 하지만 우리는 이러한 공동체적 역할을 분명히 인식하고 그것이 개인의 신앙으로도 이어질 수 있도록 노력하고 있다.

마지막으로 우리가 세운 원칙은 **첫 번째 그리고 두 번째 원칙을 정하는 토대로써 작용하는 민주적 운영 원리이다.** 교회는 지체들의 연합으로서 서로가 서로를 위해 존재하며 평등한 관계를 지향한다(고전12:21~27). 그리고 우리는 공동체의 역할을 개인의 신앙으로 확장하기 위하여 공동체적 의사 결정에 누구도 배제되어서는 안되는 것이 우리의 정체성이라는 것을 확인했다. 그렇기에 우리가 내세우는 민주적인 운영과 절차에 따른 의사 결정은 언제나 앞에서 세운 원칙과 관계한다.

재정의 예산을 세우고 각종 행사나 프로그램을 논의하고 결정하는 것은 담임 목회자의 권한이 아니라 모든 성도의 의무로써 작용한다. 이처럼 공동체가 함께 결정하는 구조는 그 결정에 참여한 개인들에게 있기 때문에 공동체의 사역이 개인으로까지 확장된다. 그럼으로써 교회는 개인의 신앙을 견인할 수 있는 동력을 갖게 된다. 민주적 운영 절차는 공동체 구성원의 권리인 동시에 의무이다. 공동체의 일원으로서 참여할 수 있는 권리를 갖고 그리스도의 몸을 구성하는 지체로서 자신의 역할에 대한 의무의 성격을 띤다.

이 같은 생각을 공유하며 우리는 하나님께서 기뻐하실 교회를 꿈꾸게 되었다. 이것은 앞에서 언급했던 것처럼 우리는 그저 세상과 지역 교회를 잇는 마중물이나 못자리의 역할로써 새로운 교회의 모습을 보여주고자 했던 목표가 바뀌었음을 의미한다. 공동체를 가지려 하지 않고 새로운 교회의 모습을 보인다는 것은 함께 모여 '교회가 곧 공동체임'을 깨달은 우리에게 새로운 도전으로 다가왔다. 그리고 그 새로운 도전은 우리에게 위와 같은 원칙을 세우게 했다. 진정한 교회로서 공동체의 정체성과 역할 그리고 그 공동체성이 의미하는 것을 분명하게 드러내야 했다. 왜냐하면 우리가 곧 교회이기 때문이다.

03 지속 가능성에 대하여

카페 교회라는 특수성은 그 자체로 신선한 목적과 방향성을 기대하게 한다. 그러한 기대에 맞게 카페 교회로서 우리의 시작도 교회에 대한 새로운 방향성을 제시하고자 했다. 신앙이 없는 이들도 마음대로 드나들 수 있는 곳으로 만들고자 했고 그러면서 복음을 전하며 주변의 지역 교회로 파송하여 세상과 교회를 잇는 역할을 하려 했다. 그렇게 우리는 작은 카페이지만 복음이 선포되고 신앙의 결단이 일어나는 세상 속 교회를 기대했다. 하지만 그러한 목표는 그저 관념에 불과했다.

현실은 달랐다. 카페 교회도 교회로서 공동체가 있고 그들을 이끄는 목회자가 있다는 것에 대한 현실적 고민을 간과했었다. 목회를 전담하는 목회자의 생활비를 지원해 주어야 했고 온전한 교회를 꿈꾸며 모인 이들의 예배와 교육 그리고 교제와 나눔을 위해서는 재원이 필요했다. 앞에서 밝혔듯이 카페는 공간을 위한 역할을 할 뿐이다. 카페의 재정은 카페 자체적으로 사용되고 처리된다. 물론 약간의 융통성을 가지고 서로가 서로에게 헌신하는 부분도 있다. 하지만 교회에서 지출되어야 할 재정은 구성원의 헌신과 모금으로 이루어 질 수밖에 없다. 그렇기 때문에 우리에게는 그에 맞는 최소한의 공동체가 필요했다. 소위 '자립 교회'라고 불리며 지속 가능한 상태의 공동체를 만들기 위해서는 처음에 세운 방향성의 수정이 불가피했다. 그렇게 만들어진 최소한의 공동체는 신앙생활을 가능케 하는 교회가 되어야 했고 그렇기 때문에 우리는 그에 따른 적절한 교제와 나눔 그리고 이웃사랑을 실천할 수 있는 공동체의 규모를 결정하게 되었다. 그리고 그것은 **우리가 더 이상 초기에 세운 카페 교회의 특수성이 아니라 일반적인 지역 교회의 모습으로 공동체가 형성됨을 의미한다.**

교회는 개인의 신앙과 영적 성숙을 위한 공동체가 되어야 하는데 처음 우리가 꿈 꾼 카페 교회는 그 점이 결여되어 있었다. 그저 세상 속에서 어떠한 역할을 하겠다는 의지만 있었지 형성된 공동체의 영적 돌봄은 놓치고 있었다. 이러한 개인의 신앙을 견인하는 데에 교회가 제 역할을 하기 위해서는 지속 가능성이 불가피하다. 그리고 지속성을 위해서는 그에 맞는 건전한 재무와 구성원들의 활동이 있어야 한다. 이것이 현실이다. 현실을 부정하면서 세상 속에서 사는 우리가 세상 속에서 신앙을 지키고 영적 성숙을 목표로 한다는 것은 어불성설이다. 그렇기에 교회는 개인의 영적 성숙을 위하여 지속 가능한 돌봄을 위해 고민해야 한다.

공동체의 지속 가능성은 무엇보다도 구성원들의 의지에 달려 있다. 두 세 사람이 예수 그리스도의 이름으로 모인 공동체도 교회이기 때문에 적은 인원이라도 소망을 가지고 교회를 꾸려 나가고자 한다면 충분히 지속될 수 있을 것이다. 하지만 그 의지는 현실적으로 재정 운영에 좌우된다. 그리고 그것은 크게 두 가지로 결정된다. 하나는 공동체가 모이는 공간에 대한 임대료이고 다른 하나는 목회를 전담하는 목회자의 생활비를 충당할 수 있는지도 결정된다. 물론 이 외에도 공동체는 함께 다양한 활동을 하는 데에 재화가 필요하지만 그것은 앞서 말한 공동체의 내적 의지에 의하여 승화될 수 있다.

우리 공동체는 이 두 가지 현실적 문제에 대하여 하나는 비교적 자유로웠다. 공동체가 함께 사용하는 공간은 주 중에 카페로 사용되고 있기에 카페의 수익으로 임대료를 지불 할 수 있었기 때문이다. 앞에서 언급한 것처럼 카페의 재정은 전적으로 카페에서 처리될 수 있도록 위임되었지만 주 중 사용하는 공간에 대한 임대료를 부담하는 것은 그 사용처가 합리적이라고 할 수 있다. 바로 이 과정에서 예쁜손을향한 교회는 카페 교회로서 교회=카페라는 관계를 잃어버리게 된다. 카페의 영업 활동을 통해 발생한 재화가 카페지기의 권한으로 사용되고 교회에 임대료를 보조하는 것이 주 중에 공간을 사용하기 때문이라는 이유로써 카페와 교회는 구분되는 관계라는 것을 인식하게 하기 때문이다.

처음 우리의 시작은 카페=교회의 관계였다. 교회와 카페의 재정이 분리되어 운영되는 원칙이 있기는 했지만 실제적으로 카페의 재정과 운영에 대한 처리가 목회자가 관여할 수 있는 구조였기 때문이다. 따라서 당시는 카페의 어려움이 곧 교회의 어려움이었고 교회의 부담이 곧 카페의 부담으로 느껴지는 관계라고 할 수 있었다.

하지만 중간에 경험한 실패가 이 관계에 대한 개선의 계기가 되었다. 당시 우리에게 지속 가능성은 두 가지가 아니라 세 가지 현실을 마주하고 있었다. 그것은 공간 사용의 임대료와 목회자의 생활비뿐만 아니라 카페지기의 생활비가 보장되어야 했다. 하지만 그것들이 충당되지 않았다. 목회 활동을 위하여 카페의 영업 활동을 전담 할 카페지기를 세운 것은 또 다른 부담으로 작용했다. 그 때 우리는 그 부담을 해결하지 못하고 첫 번째 카페지기와 결별해야 했다. 그러고 나서 공동체는 교회를 카페 교회로서 이어 나가야 할지 아니면 일반적인 교회의 형태로 바뀌어야 할지 고민하게 되었다. 그 고민 가운데 두 성도의 결정으로 카페를 이어나가게 되었고 그렇게 공동체는 카페 교회의 모습을 유지할 수 있었다. 바로 이 때 우리는 교회와 카페의 관계를 재정립하게 된다. 카페지기를 포함한 교회 공동체는 목회자의 역할에 대하여 더 이상 카페의 행정에 관여하지 않고 온전히 목회 활동에 전념하도록 결정하게 되었고 그에 따라 카페의 모든 활동은 카페지기에게 권한이 이양 되었다. 이것으로 교회와 카페는 카페지기들이 공동체 안에 속해 있다는 것을 제외하고는 행정적으로 어떠한 공통분모도 갖지 않게 되었다. 소위 교회와 카페가 분리되었다고도 말할 수 있는 상태가 되었다. 하지만 그렇게 끝난 것이 아니다.

카페는 분명히 행정적으로 교회로부터 자유로워졌지만 카페지기는 카페를 교회로 고백했다. 카페를 통해 복음이 전달되길 바라는 마음으로 영업 활동을 하였고 다양한 결정에 있어서 목회자와 교회의 입장을 고려하여 진행하기 시작했다. 한편 카페의 수익이 많지 않아도 신앙의 훈련이라는 마음으로 헌신하기도 했고 교회로서 추구하고자 하는 다양한 가치를 카페를 통해 이룩하고자 했다. 카페는 실질적으로 예쁜손을향한 교회의 얼굴이었고 세상 속 접촉점으로 역할을 계속 감당했다. 물론 앞에서 다룬 우리의 생각 즉, '교회는 공동체로서 개인의 신앙생활을 위하여 봉사해야 한다.'는 명제에 따라 본다면 카페의 활동은 카페지기 외에는 다른 구성원들에게 신앙 훈련의 매개가 될 수 없다. 하지만 카페의 존재는 공동체가 추구하는 가치를 가시적으로 확인할 수 있게 한다. 구성원들의 직접적인 참여는 없다고 하더라도 그것은 분명히 구성원들에게 메시지를 전하고 있고 그에 따라 개인의 신앙생활에 긍정적 영향을 주고 있다.

카페의 존재는 공동체의 의지를 고무시키며 이는 결국 교회의 재정 운영에 영향을 준다. 카페는 세상과 분리된 교회가 아니라 세상 속 그들과 함께 존재해야 하는 교회라는 인식을 가능케 하고, 교회의 재정은 그 가치를 토대로 삼고 운영된다. 카페 교회는 세상 속에 존재하기 때문에 이웃에 대한 범위를 교회 밖의 사람들까지 확장한다. 따라서 교회는 이웃 사랑의 실천을 위하여 사용되는 재정이 교회 밖의 사람들에게 전달되어야 한다는 것을 당연하게 받아들이게 된다. 앞에서도 언급했듯이 교회는 예산의 30%이상을 교회 밖의 어려운 이들을 돕는데 사용하는 것을 목표로 삼는다. 이것은 각 개인이 하나님께 봉헌한 헌금들을 모아 그 사용처를 함께 결정하며 이웃사랑의 실천을 공동체적으로 함께 수행하는 것으로 인식된다. 하지만 이러한 재정 원칙은 지속 가능성의 외적 요소들과 충돌할 수가 있고 그것은 공동체의 부담으로 느껴질 수 있다.

작년까지 나는 목회자의 생활비보다 공동체의 정체성을 세우는 것에 집중했다. 왜냐하면 공동체의 지속 가능성은 구성원의 내적 의지가 우선적으로 수반되어야 하고 그것은 공동체의 정체성과 방향성이 공감되면서 발생할 수 있기 때문이다. 그래서 공동체의 재정 운영의 정체성을 설정하고 그것에 대한 공감대 형성을 위하여 노력했다. 사례비를 받지 않았던 때도 있었고, 아주 적은 금액으로 제한하며 받기도 하였다. 그런 과정 속에서 몇 가지 원칙을 세우며 재정 운영의 틀을 마련하기 시작했다. 세부적인 내용을 모두 기록할 수는 없겠지만 큰 틀에서 **우리는 재화를 쌓아 두려 하지 않고 분배하는 것에 목적을 두었다.** 공동체가 목적이 아니라 구성원들의 신앙 훈련과 견인이 목적이기에 공동체는 재화를 쌓아 둘 필요가 없다. 그리고 목회자는 마치 개인 사업자처럼 교회가 커지면 커질수록 더 많은 사례비를 받는 것이 아니라 그저 교회에서 전임 사역을 하는 것에 응당한 **합리적 수준의 사례비**가 책정될 수 있도록 제한했다. 그 합리성을 위하여 당해 연도의 해당하는 공무원 임금표를 참고하여 사례비가 책정될 수 있게 했다. 그리고 **모든 예산 계획을 공동체에게 위임**하면서 구성원들은 공동체의 정체성에 공감하기 시작했다.

　이러한 고민은 우리의 방향성이 카페 교회라는 특수성보다 교회의 일반적 기능에 무게를 싣게 했다. 혹자는 변질이라고도 얘기한다. 자립을 고민하고 있고 일정한 규모를 꿈꾸는 우리의 모습이 변질이라고 한다면 담담하게 인정하겠다. 하지만 우리가 고민하고 있는 공동체의 지속 가능성과 그에 따른 재정의 자립 그리고 그것을 위한 일정한 규모 이상의 구성원들이 모이길 희망하는 것은 모인 이들의 신앙을 견인하기 위해 필요한 제반 사항이라고 생각한다. 물론 이러한 제반 사항이 신앙생활에 반드시 있어야 하는 필요조건은 아니다. 만약 그렇다면 충분한 환경이 갖추어져 있지 않은 지금 우리의 모임은 부정된다. 그럼에도 불구하고 더 나은 교회의 역할을 위해서 필요한 공동체의 지속 가능성은 공동체의 내적 의지와 함께 제반 사항이 갖추어지며 점차 커질 것이다.

우리의 목표는 공동체 자체에 있는 것이 아니라 개인의 신앙을 위해 있다. 공동체는 개인을 위해 존재하고 개인의 신앙은 공동체를 통해서만 유지되고 성숙될 수 있다. 여기에서 예쁜손을향한 교회의 방향성이 설정된다. **카페 교회로서 어떠한 정체성을 갖고 어떠한 역할을 해 낸다고 하더라도 그것은 모인 구성원들의 신앙을 위한 사역이 되어야 한다.** 예컨대 우리는 인근 학교에 장학금을 지속적으로 보내고 있다. 장학금을 보내는 사역은 카페 교회가 아니더라도 할 수 있는 사역이다. 하지만 우리가 가지고 있는 카페라는 특수한 교회의 모습으로 우리는 교회를 다니지 않고 신앙이 없는 이들도 참여를 독려할 수 있었다. 카페에 온 손님들에게 우리 공동체가 하고 있는 선한 사역을 소개할 수 있었고 그 소개로 인하여 교회에 다니지 않는 이들도 함께 주의 이름으로 하는 선한 일에 동참시킬 수 있었다. 이것은 분명 카페 교회이기 때문에 가능한 사역이겠지만 그 시작은 공동체가 이웃사랑의 실천과 그 훈련을 위해 시작된 일이다. 이처럼 우리가 갖는 교회의 방향성은 공동체의 구성원 개인의 신앙을 위해 목표를 설정한다.

카페 교회의 출발점 즉, '어디든 교회 일 수 있다'라는 생각에는 변함이 없다. 다만 카페 교회를 세워 가면서 깨달은 점은 그 형태가 무엇이든지 교회의 본질을 잊어서는 안 된다는 것이다. **교회의 본질은 공동체이다. 그리고 공동체는 곧 성도들의 신앙을 위해서 봉사해야 한다.** 각 지체는 몸을 구성하기 위한 단순한 부속물이 아니다. 지체들은 함께 연합함으로써 몸을 만들지만 결국은 그 몸을 통해 머리가 되시는 예수 그리스도와 함께할 수 있다. 몸을 이루는 지체는 몸과의 순환 구조 관계 속에서 서로를 위해 봉사해야 한다. 지체는 몸을 위해 봉사해야 하고 몸은 우리가 예수 그리스도와 함께 붙어 있을 수 있게 견인해야 한다. 이것이 토대가 된다면 몸은 카페뿐만 아니라 여타 다른 형태의 옷을 입을 수 있다.

그것은 분식집이 될 수도 있고, 오케스트라를 구성하는 연주팀이 될 수도 있다. 물론 입은 옷에 따라서 사역의 방향성은 다를 것이다. 카페 교회는 카페의 특성을 살려 차를 마시러 오는 손님들과 자연스러운 만남을 가질 수 있고 그에 따라 다양한 대화를 나눌 수 있으며 좀 더 구체적으로 복음을 전하는 방향성으로 사역이 시도된다.

우리가 꿈꾸는 방향성은 이것을 구체화하며 교회 밖의 사람들에게 동참을 권유하는 것이다. 교회가 가진 목표로서 구성원들 신앙의 견인을 위하여 실천하는 각종 이웃사랑의 훈련 속에서 교회 밖의 사람들에게는 자연스럽게 홍보도 하고 동참을 권유하며 우리가 하나님 사랑하는 모습을 보여주고 싶다. 작은 교회이지만 구제에 힘쓰고 각종 봉사 활동을 통해 어려운 이들을 돕는 과정을 보여주는 것으로 그들에게는 예수의 사랑이 보여 질 것이다. 이것은 교회 내적으로는 공동체의 신앙 훈련이지만 외적으로는 복음을 이미지로 전하는 전도의 계기가 될 것이다. 우리가 전하는 구제비를 통해 새로운 모금이 진행될 것이고 우리가 행하는 봉사 활동에 참여하며 인생의 참 의미를 생각해 볼 수 있을 것이다. 그렇게 복음을 통해 변화된 우리를 보여주며 세상 속 많은 사람들에게 천국을 누리는 모습으로 복음 전하기를 소망한다.

한편 이러한 소망은 각자의 신앙과 하나님 나라를 위해 온전한 교회를 꿈꾸며 지속성의 의지까지도 갖게 할 것이다. 그리고 그 의지는 현실적인 문제 즉, 임대료나 목회자의 생활비 혹은 그 외에 정기적으로 부담되는 모든 것에 대한 적절한 해결책을 제시 할 수 있을 것이라고 믿는다. **지속성의 의지가 무엇인가? 자신이 속해 있는 공동체가 그리스도의 몸임을 확신하고 그 공동체를 통해 예수 그리스도와 접붙여져 있겠다는 결단이다.** 비록 그것이 처음에는 목회자 개인에게 편중된 의지로 시작할 지라도 구성원들의 공감과 건강한 교회를 소망하는 공동체의 마음이 공유되면 세상 속 사명을 인식하는데 까지 확장될 것이다. 그렇게 우리는 공동체 속에서 세상을 마주하는 작은 예수가 되어 갈 것이다.

04 카페 교회의 단점

우리 공동체가 함께 신앙생활 하면서 느낀 카페 교회의 단점은 아이러니컬하게도 카페에서 발생되었다. 지금까지 기술한 것들은 카페 교회가 갖는 교회론적 의미와 그것을 따라 세우고자 하는 우리 공동체의 가치들을 나열했지만 그것은 어디까지나 공동체가 지향해야 할 하나의 가치에 불과하다. 교회는 세상과 접점을 가지고 교회 밖의 사람들에게 살갑게 다가가야 하기도 하지만 다양한 신앙 훈련을 통해서 교회를 이루는 지체된 성도들을 잘 견인하기도 해야 한다. 그렇기 때문에 카페는 그 훈련을 진행하기에 다소 적절하지 못한 특성과 공간으로 이루어진다. 카페는 그 특성상 영업 활동이 지속적으로 이루어져야 한다. 그것은 영업을 하는 동안에는 해당 공간이 구성원들의 신앙 훈련을 위해 사용될 수 없음을 의미한다. 물론 우선순위를 생각하며 더 중요한 가치를 선별할 수도 있겠지만 카페의 영업 활동 자체가 선교 활동과 맞닿아 있기에 어떤 것이 중요한지를 논하는 것은 의미가 없다. 이 외에도 카페 공간은 예배를 드리기에 다소 낯선 분위기를 형성하기도 하고 공동체의 다양한 활동 이를테면 각종 교회학교 활동이나 찬양대 활동을 하기에는 적절하지 못한 공간이다. 교회가 카페의 모습을 하고 있기 때문에 공동체는 기존에 신앙 훈련으로써 실시하던 많은 익숙한 훈련들을 진행하는 데에 어려움을 느끼게 되었다. 처음부터 이러한 어려움을 예상하지 못한 것은 아니었다.

처음 우리는 카페 교회에 와서 예배까지 드릴 수 있는 대상을 초신자로 생각했다. 교회의 담을 낮추었으니 당연히 초신자들이 모여 예배드릴 것으로 예상했다. 그래서 초신자들이 이질감을 느끼지 않을 만한 요소로 예배를 구성했다. 기존의 신자들만 알 수 있는 노래로서 찬송가에 대한 이질감이 클 것 같아서 찬송가를 빼기도 했었고, 단 위에서의 설교 대신에 주어진 말씀을 가지고 자유롭게 나눌 수 있는 형식으로 말씀을 나누기도 했었다. 시편의 내용처럼 자신의 상황을 고백함으로 올려 드리는 찬송을 주제로 하나님께 편지를 쓰기도 했고, 성경 속 회당에서 선포되던 하나님의 말씀처럼 목회자 외의 어느 누구나 발언권을 받아 하나님의 말씀을 전할 기회를 주는 등 다양한 형태로 예배를 드리곤 했다.

하지만 실제로 모이게 된 구성원들은 기존의 교회에서 염증을 느끼며 새로운 교회를 꿈꾸는 기존 신자들이었다. 새로운 교회를 소망하며 이곳에 왔다고 하더라도 그들의 마음은 기대 반 두려움 반으로 형성되었다. 그도 그럴 것이 기존에 다니던 교회는 규모와 공간에서 느껴지는 신뢰성이 우리에게는 느껴지지 않았기 때문이다. 거기에 결정적으로 초신자들을 위해 구성된 우리의 예배는 오히려 기존 신자들에게 더 큰 이질감으로 다가왔다. 찬송의 예전(liturgy)은 있지만 찬송가가 없어 찬양하지 않는 예배로 느끼고 있었고, 하나님의 말씀은 있었지만 탈권위적 설교 형식에 말씀이 없는 예배로 인식되곤 했다. 결정적으로 카페에서 둥글게 모여서 나누는 예배는 그들로 하여금 제대로 된 예배를 드리지 못했다고 생각하게 했고, 주일을 범했다고 느끼며 불편함을 호소하기도 했다. 어쩌면 당시 공동체로 모인 그들에게는 예배 시간만 있었을 뿐 예배드리는 시간은 부재했을지도 모른다.

결과적으로 우리는 예배의 형식을 바꾸게 되었다. 익숙한 예전들로 구성된 예배를 준비했고 예배 공간으로서 이질감이 느껴지는 카페에서 최대한의 변화를 시도했다. 휘장이 설치되고 나는 가운을 입고 예배를 인도했다. 찬송가를 불렀고 공간이 주는 이질감 때문에 보다 전통적인 예배를 위해 노력했다. 이처럼 카페의 공간은 기존의 지역 교회에서 행하던 다양한 활동을 함에 있어서 매우 제한적이다. 우리가 처음에 가졌던 생각 즉, 지역 교회를 소개시켜 주며 그 교회에서 실제적인 신앙 훈련을 시키고자 했던 시도도 이미 이러한 어려움을 직감하고 있었기 때문이다. 공동체는 건물이 아니지만 공동체가 교회로 생각하며 신앙 훈련을 기대하는 곳은 어쩔 수 없이 건물이다. 건물로서 카페 교회는 카페일 뿐이고 그 곳은 교회 공동체가 활동하기에 너무도 부족한 환경이다. 그렇기에 카페 교회의 가장 큰 단점은 카페이다.

이것은 새로운 공간을 창출하며 해결될 수 있다. 우리에게 익숙한 신앙 훈련을 위해 공간을 따로 구하고 그 곳에서 하고자 하는 활동들을 시작하면 될 것이다. 그런데 여기서 우리에게 드는 의문점이 있다. 만약 우리가 그렇게 신앙 훈련을 할 수 있는 공간을 따로 구할 경우 오늘날 커다란 교회 건물 1층에 교회 카페를 세우는 것과 무엇이 다를까? 하는 생각이다. 카페 교회는 '어디든 교회 일 수 있다'라는 생각에서 출발하여 교회가 세상 속으로 들어가려는 선교적 시도이지만, 교회 카페는 이미 거대 자본을 가진 교회가 더 많은 이들을 교회로 끌어 모으기 위한 시도일 뿐이다. 엄밀히 말하면 우리는 그들과 다르다. 카페의 목적성이 다르고 우리가 세운 공동체 내의 각종 원칙 이를테면 작은 공동체를 유지하고 부를 축적 하려 하지 않는 원칙들이 지켜지는 한 그 둘은 동일하다고 말할 수 없다. 하지만 교회 밖의 사람들이 보기에 그 둘은 동일하다. 교회가 카페를 만들어 영업 활동을 하면서 돈까지 벌어들이려는 욕망으로 보일 수 있고, 카페 메뉴의 가격을 현격히 낮춰 지역 사람들에게 섬기는 모습을 보여주려 할 때에는 주변의 지역 상권을 의식하지 않을 수 없다. 그들은 교회가 교인을 늘리려 거대 자본으로 손님들을 빼앗으려 한다고 인식할 것이다. 이처럼 교회가 카페를 운영한다는 것은 어쩌면 교회 밖의 사람들에게 좋지 않은 인식으로 비추어질 수 있고 이것은 복음을 전하는 데에 부정적인 요소로 작용할 수 있다. 카페 교회의 가장 큰 목적은 교회 밖의 사람들과의 접촉점이다. 하지만 그 접촉점으로서의 카페가 복음을 전달하는 데에 오히려 부정적으로 작용한다면 그것만큼 무의미한 일이 없을 것이다.

예상컨대 만약 우리 공동체가 카페 외에 새로운 공간을 얻는다면 교회 밖의 사람들로부터 이러한 부정적인 인식이 즉각적으로 반영될 것이라는 생각은 하지 않는다. 예쁜 손을 향한 교회는 카페의 모습으로써 지난 5년간 지역 사회에 나름 긍정적인 이미지를 구축했기 때문이다. **우리의 긍정적인 이미지는 기존의 한국 교회를 향한 염증이 빚어낸 결과이다. 하지만 그것은 우리 교회가 다른 교회보다 사람들을 더 끌어 모을 수 있는 경쟁력을 갖추었다는 것이 아니다. 그러한 것은 원하지도 않는다. 그저 우리가 전하는 복음을 진지하게 들어줄 만한 신뢰가 쌓인 정도일 것이다.** 작은 교회를 지향하고, 큰 건물을 소유하려 하기보다 주변의 어려운 이웃을 도와주려 노력하는 우리의 모습을 통해서 신뢰가 쌓였다면 우리는 앞서 언급된 단점을 해결하는 과정에서 이 신뢰를 저버려서는 안 된다. 그 방법은 공동체가 차차 논의를 해야 할 것이다. 인근 학교의 강당이나 교실을 빌리는 방법도 있을 것이고 공간이 여유로운 다른 교회의 공간을 공유하는 것도 한 가지 방법일 것이다. 그 방법이 무엇이든 우리 공동체는 카페의 형태로 시작한 교회가 무엇을 의미하는지 그리고 그것을 중심으로 우리에게 필요한 공간을 어떻게 마련해야 하는지를 고민 해보는 과정이 필요할 것이다.

이처럼 우리는 하나님께서 기뻐하실 만한 교회를 만들기 위해 다양한 시도와 노력으로 나아갈 것이다. 물론, 카페 교회는 이 시대의 대안적 모델이라고 단언할 수 없다. 다만 이 땅의 하나님 나라를 위한 복음 전도의 새로운 시도로서 선교적 사명을 지닌 교회 중 한 형태라고 생각한다. 그 형태가 무엇이든 그리스도의 증인이 되는 일이고 그리스도의 향기를 전하는 일이라면 그 자체로 우리에게는 복된 시도라고 믿는다. 만약 당신이 교회 개척을 소망하고 있고 그것이 새로운 형태 즉, 성육신적 교회의 형태로 세워지는 과정에 있다면 우리가 고민했던 것에 대해 준비하기를 바란다. 성육신적 교회의 형태라면 전형적인 교회에서 발생하던 목회자 혹은 공동체의 역할 외에 다른 역할이 요청될 것이다. 우리의 경우에는 그것이 카페의 비즈니스적인 활동에 있었고 교회 밖의 사람들을 자주 대하는 역할로 나타났지만 각각의 형태는 그 나름대로의 역할이 부여될 것이고 그것이 정립되기 위해서는 익숙해진 활동 외의 다른 것에서 각각의 의미와 가치를 찾아야 할 것이다. 우리는 그것이 무엇이든 하나님 나라를 위한 과정이라면 당신을 지지하고 싶다.

홈페이지 : newmc.org
카카오 ID : skywind75
이메일 : dodun@daum.net
페이스북 : facebook.com/newmcgo

01 새로운 길을 걷다.

개척 이야기

교육 목사로 여러 교회에서 사역을 하던 시절, 교회에 적응하지 못하고 떠나는 젊은이들이 보이기 시작했다. 여전히 교회 안에서는 열정적인 믿음의 청년들이 있었지만 세상 밖의 청년들에게 복음을 가지고 찾아가 돌볼 목회자가 필요하지 않을까 하는 생각도 들었다. 그런 부담감을 안고 기도하면서 다음 세대 젊은이들을 위한 거룩한 부르심과 열정을 갖게 되었다.

그때 첫 번째로 말씀을 받았다.

"내가 너로 큰 민족을 이루고 네게 복을 주어 네 이름을 창대하게 하리니 너는 복이 될지라."(창 12:2)

그냥 복을 주신다는 복된 말씀이 아니라 나를 통해서 복음이 전달되게 하시고 교회가 세워지게 하시고 그들에게 큰 복을 주시겠다는 의미로 느껴졌다.

이 말씀을 받고 새벽마다 기도를 하면서 하나님께 묻기도 하고 아직은 어렵다고 솔직하게 말씀드리기도 했다. 모아 놓은 돈도 없었고 둘째를 낳은 지 얼마 되지도 않았으며 처음 개척했던 교회도 몇 개월 버티지 못하고 포기했던 트라우마도 있었다. 하지만 하나님은 언제나 그렇듯이 당신만의 스케줄로 나를 휘몰아쳐 가셨다. 어쩌면 내가 순종을 하기까지 그런 절박한 상황으로 몰아가시는 건지도 모른다.

그러던 어느 날 두 번째 말씀을 받았다.

"내가 너를 이방의 빛으로 삼아 너로 땅 끝까지 구원하게 하리라" (행 13:47)

사도바울에게 주셨던 이 말씀으로 이방인들에게 선교를 하기 시작했는데 교회 밖에 있는 청년들에게 복음을 전하라는 말씀으로 들렸다.

함께 할 개척 멤버들을 임의로 선정하여 그들에게 이메일로 개척 기획안을 보냈다. 그리고 2년간 감리교단에 소속되지 않은 미파형태로 개척을 하기로 했다. 교회 건물을 구할 수 없었기 때문에 어차피 교단에 소속되긴 어려웠다. 젊은이들을 향한 캠퍼스 선교를 꿈꾸고 있었기 때문에 신촌에서 개척할 곳을 찾기 시작했다. 여러 카페를 돌아다니며 주일에 대관이 가능한지 알아보았다. 대부분의 카페는 거절했고 마지막으로 방문한 카페는 알바 직원이 주인을 만나도록 해주었다. 알고 보니 그 주인은 성결교회 목사님이었다. 그리고 교회에서 운영하는 카페였다. 우리 사정을 말씀드리고 개척에 대한 이야기를 하니 흔쾌히 사용할 수 있도록 허락해 주셨다. 대관료를 따로 드리지도 못할 것 같아서 감사헌금으로 대신했다.

이런 사연을 거쳐서 드디어 2013년 1월 6일 주일부터 첫 예배를 드렸다. 주일 저녁에 신촌에 있는 작은 카페를 대관하여 모임을 시작했고 3명이 참석했다. 우리 부부와 여동생이었다. 건물도 없이 사람도 없이 무모하게 믿음으로 시작했다. 처음에는 '이 길이 맞는가?' 싶을 정도로 더디게 공동체가 준비 되어져 갔다. 예배를 심플하게 구성하고 함께 소통과 나눔을 하는 형식으로 방향성을 잡고 모임을 진행했다. 함께 1박 2일 힐링캠프를 가기도 하고 여름엔 삽시도 아웃리치를 진행하면서 여러 청년들이 합류하기 시작했다. 시골 교회를 돕는 아웃리치는 개척 교회가 진행하기엔 여러 가지 면에서 어려운 게 사실이었지만 그래도 함께 준비해서 행사를 진행하였다. 상당히 의미가 있는 시간이었다. 교회를 위해서 함께 기도할 수 있는 시간이기도 했다.

가을 정도가 되자 모임에 참석하는 아기 엄마들과 청년들의 부류가 서로 어울리기 힘들게 되었다. 관심사도 달랐고 무엇보다 아이들이 가만히 기다려주지 못했다. 그래서 일산에 가정 중심의 두 번째 모임을 만들게 되었다. 일산에서 시작한 모임도 주일 오전에 작은 카페를 대관하여 예배를 드렸다. 함께 점심식사도 나누고 아이들과 함께 놀아주며 그렇게 진행되었다. 공원 잔디밭에 돗자리를 깔고 앉아서 예배를 드리기도 했고 가정에서 드릴 때도 있었다. 어린 아이들은 신나게 뛰어 놀고 어른들은 함께 말씀을 듣고 이야기를 나누었다. 서울과 일산 모임 모두 천천히 자리를 잡아가는 시간이었다.

처음 1년간은 공동체의 기초를 세우는데 주력했고 심플한 시스템과 1박2일 힐링캠프를 여러 차례 진행하면서 서로 간에 깊은 교제와 나눔을 갖도록 진행하였다. 그렇게 교회 공동체가 세워지는 시간이었다. 예배를 통해 뜨겁게 기도하고 선명한 말씀을 전하고 나면 나눔의 자리에서 영락없이 자매들이 눈물로 고백하곤 했다. 삶의 자리에서 겪게 되는 한계와 어려움을 이야기하면 듣고 있는 우리도 고스란히 느낄 수 있었다. 때로는 함께 기도 해주고 진심 어린 조언도 해주며 끈끈한 공동체가 되어 가고 있었다. 우리 교회가 가고 있는 방향성과 현재 지나가고 있는 시기에 대한 이야기를 많이 했고 무엇보다 사명과 비전을 분명히 했다. 교회의 미션과 비전을 놓고 뜨겁게 기도하며 모임을 시작할 때가 많았다.

매주 청년들의 나눔을 들으며 소통을 하다 보니 그들의 상황과 여건, 간증과 방향성에 대해서 너무나 잘 알게 되었다. 매주 나눔 시간마다 한편의 드라마를 시청하는 것처럼 그 시간을 기대하게 되었다. 기쁨과 감사가 넘치는 즐거움의 시간이었으며 마음이 맞는 사람들과 나누는 회복의 시간이었다. 그들의 스토리를 경청하며 함께 기도 제목들을 나누는 시간이었다.

지하 교회를 계약하다.

어느덧 1년 반이 지나며 2014년 8월에는 일산에 교회 건물을 얻게 되었다. 미파로 2년 안에 다시 감리교단에 들어가야 했기 때문에 공동체가 함께 상의하여 중부연회 일산 서지방으로 편입하게 되었다. 다행히 지방에 동기 목회자들이 있어서 여러 가지로 도와주었다. 상가 지하 교회 건물을 월세로 얻고 그 안에 교회 비품을 마련하는 것도 그 당시 우리에게는 불가능해 보이는 상황이었다. 하지만 교회 공동체가 함께 결정하고 기도하며 준비하기 시작했다. 십자가, 강대상, 의자, 그 외 여러 가지 비품들을 교인들이 개인적으로 헌신하기 시작했다. 그리고 하루 날을 정하여 교인들이 모여서 함께 대청소하고 정리하는 시간을 가졌다. 결혼을 앞둔 커플이 와서 화장실을 얼마나 깨끗하게 청소해 주었던지 정말 대단했다.

다른 청년들도 교회를 꾸미고 정리하는데 열심히 봉사해 주었다. 우리 규모에 맞지 않게 기적처럼 교회 건물이 생긴 것이다. 개척 감사 예배를 드리며 특송을 하는 자매가 정말 은혜롭게 찬양을 했다. 교회가 세워진 과정을 너무나 잘 알고 있었기에 그날 너무나 깊은 감동이 있었다. 많은 분들이 찾아오셔서 축하해 주시고 기도해 주셨다. 그리고 함께 비전을 꿈꾸며 기도하기 시작했다. 하나님께서는 역시나 우리 공동체를 그분의 계획대로 이끌고 가셨다.

그 당시에도 카페 교회라는 비전을 꿈꾸었지만 실제로 카페를 운영하고 있지는 않았다. 공동체를 만들고 세워 가는 게 먼저라고 생각했기 때문이다. 공동체가 어느 정도 세워지면 카페를 인수하고 운영하는 것은 그렇게 어려워 보이지 않았다. 그래서 가능하다면 충분히 감당이 가능할 때까지 기다리고 있었던 것이다.

그해 연말부터는 인천 토요모임이 시작되었다. 이 모임은 특별히 병원에서 모였다. 그리고 다음해 봄부터는 인천 주일모임도 시작할 수 있었다. 이미 자리 잡은 지역 모임들이 있었기 때문에 새로운 모임들은 시간 조정만 하고 멤버만 있으면 충분히 시작할 수 있었다. 멀티 네트워크 교회를 꿈꾸며 젊은이들을 찾아가는 교회가 되도록 만들어 갔다.

1년에 두 번씩 시골 교회를 돕는 아웃리치 행사를 진행하면서 청년들이 친구들과 함께 참여하고 현장에서 봉사를 하며 함께 하는 기쁨과 은혜를 누릴 수 있었다. 벽화를 제대로 그리지 못하던 청년들도 계속 하다 보니 실력이 늘었다. 다들 아웃리치를 위해서 다양한 것들을 준비하고 함께 웃으며 즐겁게 진행했다.

섬기는 시골 교회에서도 점심식사를 준비해 주시고 함께 도와주시면서 양쪽 교회 모두 의미 있는 시간이 되었다. 교회가 안에만 머물러 있는 것이 아니라 세상 밖으로 나가서 지역사회와 세상을 향해 도움을 줄 수 있는 방향으로 조율하기 시작했다. 쓰나미와 지진, 여러 가지 피해로 인해 어려움을 겪는 민족과 나라들을 위해서 함께 후원하고 기도하면서 하나님께서 원하시는 방향으로 순종하며 나아갔다.

교육 전도사가 필요하다.

일산 모임은 상가 지하 교회 건물에서 예배를 드렸는데 그곳은 예배실 공간을 반으로 나누어 어린이들이 예배드릴 수 있는 공간도 있었다. 그동안 아이들이 어렸기 때문에 예배 시간엔 그냥 자연스럽게 놀 수 있도록 방치하고 있었는데 이제 아이들에게도 예배와 신앙교육이 필요한 시점이 되었다. 예전에 함께 사역했던 여자 전도사님이 계셨는데 그분이 다른 교회에서 사역하시다가 지금은 쉬고 계셨다. 그분과 만나서 우리 교회 비전을 나누고 함께 해주시기를 부탁드렸다. 기도 해보겠다고 하셨고 몇 달 안 되어 우리와 함께 예배를 드리게 되었다. 어른들이 예배를 드릴 때 바로 그 옆 예배실에서 아이들도 함께 예배를 드리게 되었다. 교육 전도사님이 부임하신 후 교회는 조금 속도가 붙기 시작했다.

자연스레 회의도 하게 되었고 여러 가지 파트들도 신경을 써야 했다. 전도사님이 함께 도와주시고 참여하시는 모임들도 많아졌고 온라인과 SNS사역에도 동참하여 시너지 효과가 생겼다.

우리 교회가 감당해야 할 몇 가지 팀사역이 필요한 시점이었다. 필요한 사역에 맞는 팀들을 꾸리고 거기에 팀리더는 사역자 중에서 팀장은 평신도 리더 중에서 선출하여 세웠다. 카톡방으로 만들고 그 사역에 관심 있는 팀원들까지 함께 넣었다. 이후 각 팀별로 여러 가지 사역들이 꽃을 피우고 열매를 맺게 되었다. 지금은 팀사역이 많아져서 15개 정도 되는데 각 팀별로 명확히 해야 할 사역들이 존재한다. 그해 여름에는 부목사님 가정을 모셨고 그해 겨울에는 간사를 세웠다. 공동체 모임들도 지역별로 몇 개 더 생기게 되었다.

교회 이야기를 책에 담다.

3년차 여름엔 우리 공동체의 꿈과 비전을 책으로 출간했다. 그리고 그렇게 꿈꾸던 대로 3년차 가을에 카페를 인수하게 되었다. 숙대 후문 쪽에 있는 작은 카페를 인수하여 [몽루]라고 이름 짓고 운영하기 시작했다. 공동체가 카페를 운영하는 것은 개인보다 더 수월하고 여러 가지 장점을 가지고 있다. 우린 이미 오래전부터 준비한 게 있었기 때문에 즐겁게 운영해 나갈 수 있었다. 그리고 연말에는 일산에서도 카페를 인수할 수 있게 되었다. 덕이동에 카페를 인수하고 [커피상자]라는 이름을 짓고 운영하며 일산 상가 교회도 여기로 이전하게 되었다. 이제 정말로 카페 교회가 된 것이다. 이전 감사 예배를 드리며 우리 공동체 모두가 기쁨과 감사로 가득했다. 이미 카페 1호점을 통해 경험을 갖고 있었기에 2호점을 준비하고 진행하는 것은 더 빠르고 쉬웠다.

4년차가 시작되면서 교회의 여러 가지 사역팀들이 세상으로 플로잉

하는 방법을 모색하기 시작했다. 전문적인 사역들은 사업자 번호를 내고 실제적인 사역의 장으로 확장했다. 그리고 함께 교회 공동체를 이끌어 가기 시작했다. 카페 인수와 운영, 그리고 그 이후의 이야기를 묶어서 두 번째 책도 출간했다. 페이스북과 여러 매체를 통해서 우리 교회의 사역이 소개되기 시작했고 다양한 분들이 카페로 찾아와서 상담과 컨설팅을 하게 되었다. 현재는 7개의 공동체가 각 지역에서 예배드리고 있으며 15개의 사역팀이 함께 의미 있는 사역을 하고 있고 4개의 사업체와 NGO 가 운영되고 있다.

아웃리치로 시골 교회를 돕는 사역은 계속되고 있으며 올해는 말레이시아로 첫 번째 단기 선교를 가게 된다. 말레이시아에는 동기 선교사가 10년째 선교하고 있다. 얼마 전 답사를 다녀왔는데 현장에 가보니 미얀마에서 70만 명이 난민으로 넘어와 있었다. 동기 선교사가 미얀마 난민 자녀들을 위한 UN 난민 학교를 세 지역에 세우고 미얀마 청년들과 함께 사역 하고 있었다. 그것을 보며 마음 한곳이 뭉클했다. 우리도 그 사역에 도움을 주면 좋겠다는 생각이 들었다. 그래서 아직 개척 교회이지만 함께 힘을 모아 단기 선교를 가려고 한다. 가서 응원하고 도와주고 함께 기도해 주려고 한다. 현장에서 사역하시는 많은 선교사님들에게 힘이 되었으면 하는 바람도 있다. 단기 선교를 가는 것도 우리에겐 기적 같은 일이다.

새로운 교회 공동체를 통해서 많은 신학생들과 목회자들에게 도움이 되기를 바란다. 예전처럼 건물만 덩그러니 세우고 월세 내며 교인들이 찾아오기를 기다리는 시대는 지났다. 이제는 교인들에게 찾아가야 하고 건물이 아니라 공동체를 먼저 세우는 게 중요한 시대이다. 사람을 세우는 일이 중요하다. 예수님이 제자들을 세우는 일에 주력하셨던 일을 주목 해보면 좋겠다. 우리 교회도 아직 시작에 불과하다. 앞으로 갈 길이 멀지만 공동체와 함께 기도하며 나아가고 있다. 목회자로서 사실 함께 신앙생활하고 마음을 나눌 수 있는 공동체가 있다는 것은 참 든든한 일이다.

젊은 세대를 공략하라.

우리 교회는 젊은 세대를 포커스로 사역하고 있다. 교육 목사로 여러 교회에서 사역하다 보니 젊은 세대에 대한 깊은 관심과 안타까움을 가지게 되었다. 그래서 그들을 이해하고 도와주고 인도하는 목회를 하려고 노력하고 있다. 기존 교회에서 젊은 세대는 일주일에 한번 모임으로 충분히 신앙생활을 해 왔다. 그런데 이들이 성인이 되면서 어른 예배 시스템으로 들어가야 할 텐데 진입 장벽이 높다. 모임의 횟수도 그렇지만 여러 가지 상황들도 만만치 않다. 그래서 낙오하거나 쉬는 경우가 많은데 그런 젊은 세대를 붙잡고 쉽게 신앙생활을 할 수 있도록 도와주어야 한다. 그들을 이해하고 필요를 채워 주고 기도해 주는 목회자가 된다면 어떨까? 교회가 역동성을 가지고 그들의 달란트에 따라 섬길 수 있는 공간을 마련해 준다면 얼마나 좋을까?

요즘 젊은 세대는 교회를 떠나고 있다. 교회나 목회자는 사회적으로 부정적인 평가를 받고 있다. 세상에 쓰러지고 인터넷에 노출되었으며 스마트폰에 중독된 이 세대에게 교회가 복음을 가지고 접근해야 한다. 사실 교회라는 공간은 그들에게 부정적인 이미지가 강해서 전도하기가 쉽지 않다. 교회 문턱을 넘기도 어렵다. 이전처럼 교회로 찾아오라고 하는 식의 전도는 개인적이고 부정적인 그들에게 더 이상 통하지 않는 것처럼 보인다. 이제 그들이 어디에 머물고 어느 공간에 쉽게 찾아가는지를 분석해야 한다. 그러면서도 그 공간이 교회 공동체가 머물기에도 역시 좋아야 한다. 일주일 내내 텅텅 빈 공간을 보는 것 보다 더 많은 사람들이 자유롭게 왕래할 수 있는 살아 있는 공간으로 만들기를 원한다. 그래서 선택한 공간이 카페이다.

카페에서는 서로 마주보고 앉게 된다. 누군가는 말을 하고 누군가는 자연스럽게 듣게 되는 것이다. 카페는 음악이 들리고 조명이 있고 편안함과 쉼이 있다. 그런 공간이라면 누구라도 마음 문이 쉽게 열리게 된다. 그곳에 예배를 담을 수는 없을까? 공동체가 함께 찬양하고 기도할 수는 없을까? 너무 원색적인 느낌을 지우고 심플하고 간소하게 그들의 삶에 접근한다면 어떨까? 교회의 새로운 전도 전략이 세워져야 할 부분이다.

봉사의 기회를 만들어라.

젊은이들에게 맞는 봉사 활동을 행사로 기획했다. 아웃리치와 단기 선교 같은 행사가 그들에게 필요하고 함께 참여할 만한 행사이다. 교회 내부적인 소모성 행사에서 벗어나 실제적인 후원과 돕는 행사를 기획하는 게 중요하다.

힐링캠프는 1박2일 행사로 진행된다. 교인들이 오랜만에 함께 모이는 자리이기도 하고 귀한 교제를 나누는 시간이기도 하다. 야외에서 함께 맛있는 음식도 먹고 이야기도 나누며 즐거운 시간을 갖는다. 주일 예배 때만 만나는 정도로는 친밀한 공동체가 되기가 어렵다. 힐링캠프를 통하여 서로 친숙해져서 한 가족처럼 함께 기도하며 신앙 생활하는 좋은 기회가 된다. 자연스럽게 서로 섬기게 되고 즐겁고 여유 있는 시간을 보내며 좋은 추억을 갖게 된다.

그리고 성경 한 단원을 선택하여 통독하며 강해하고 서로 은혜 받은 말씀을 나누게 된다. 말씀을 깊게 볼 수 있고 다른 교인들의 생각도 들어보며 은혜 받을 수 있는 좋은 시간이다. 몸과 영혼에 힐링을 주는 그런 시간이 되기를 소망하며 캠프를 진행하고 있다.

아웃리치는 시골 교회를 방문하여 청소, 도배, 벽화 등 여러 가지 모습으로 봉사를 한다. 시골 교회에서 목회하시는 목회자를 응원하고 함께 기도 해주며 실제적인 섬김 사역을 하는 시간이다. 지금까지 삽시 제일 교회, 풍정 교회, 주교 은혜 교회, 재정 교회, 청라 제일 교회를 섬겼다. 항상 우리가 섬기러 가지만 도리어 더 큰 섬김을 대접 받고 돌아오게 된다. 하나님의 사랑과 은혜는 나눌수록, 섬길수록 더 커지는 것 같다.

시골 교회는 할아버지, 할머니들에게 복음을 전할 수 있는 마지막 기회이며 건강한 신앙생활을 하시게 도와드리는 귀한 사역의 장소이다. 시골 교회와 사역자들을 위해서 함께 섬기고 도와줄 수 있는 의미 있는 봉사가 되기를 바란다.

"우리 교회도 힘든데 어떻게 다른 교회를 도와줄 수 있을까?"라고 생각할 수 있다. 하지만 지금도 도와줄 수 없다면 나중에 큰 교회가 되어도 도와주기 어렵다고 생각한다. 지금의 여건에 맞게 계획하여 도울 수 있다면 그것으로 충분히 의미가 있는 일이라 생각한다. 아웃리치는 시골 교회에서 이름도 빛도 없이 사역하시는 목회자들을 응원하고 섬길 수 있는 의미 있는 봉사 활동이다. 다함께 재능과 뜻을 모아 섬기는 것을 너무나 기쁘게 생각하며 즐겁게 감당하고 있다.

아웃리치는 매년 계속해서 진행하고 있다. 시골 교회를 장기적이며 지속적으로 후원하고 돕는 사역을 감당하고 있다. 벌써 일곱 번이나 아웃리치 행사를 진행하였다.

단기 선교는 선교지를 방문하여 선교사님들을 후원하고 돕게 된다. 지금은 해외 아동을 후원하고 있지만 나중에는 동남아시아에 있는 여러 나라들을 섬기는 교회가 되고자 한다. 우리보다 더 어려운 나라에 직접 찾아가서 복음을 전하는 교회가 되기를 소망하고 있다.

현지 나라에 적응하고 그들의 상황에 맞도록 복음을 증거하고 선한 영향력을 흘려보내는 사역이 필요하다. 현지 한인들에게도 함께 응원하는 시간이 되고 젊은이들에게는 귀한 비전을 품게 되는 시간이 될 것이다.

말레이시아 단기 선교는 현지에 미얀마 난민 70만 명과 원주민을 대상으로 하는 선교이다. H 선교사님과 함께 5개 UN 난민 학교와 원주민 마을 선교를 중심으로 진행하고 있다. 말레이시아 선교지는 장기적으로 계속해서 사역을 진행하려고 하며 그 땅에 카페 교회를 세우기 위한 비전을 품고 기도하고 있다.

02 교회가 세워지는 이야기

핵심 가치 : 교회 방향성과 결정의 기준이 된다.

① Easy (쉬움) : "쉽게 설명할 수 있는가?"

: 복음은 누구에게나 쉽게 전달되어야 한다. 말씀도 이해하기 쉬워야 한다. 종교적인 언어로 가득한 어려운 교회가 아니라 누구나 쉽게 이해하고 참여하도록 쉬운 교회가 되어야 한다.

– 교회의 시스템을 쉽게 이해하고 말씀과 나눔의 시간이 어렵지 않아야 한다. 누구에게나 쉬운 복음을 들고 찾아가야 하며 쉽고 편한 공동체가 되어야 한다.

② Simple (단순함) : "군더더기 없이 단순한가?"

: 교회의 모든 시스템은 심플해야 한다. 복잡한 설명과 이해가 필요한 구조가 아니라 누가 보더라도 단순하게 운영되어야 한다.

– 복잡한 주보와 PPT를 없애고 페이스북과 SNS를 활용하여 단순한 구조로 진행하고 있다. 15개 사역팀도 심플한 구조로 카톡방에서 회의하며 활동하고 있다.

③ Joyful (즐거움) : "재미있게 하는가?"

: 신앙생활 하는 것이 즐거워야 한다. 비전을 향해 가슴 뛰는 열정이

있어야 한다. 예배와 나눔으로 은혜를 받고 봉사와 후원에 기쁨으로 참여해야 한다.

– 젊은 세대와 함께 열정을 가지고 비즈니스 미션을 진행 중이다. 즐거운 마음으로 함께 도전하며 달란트를 남기고 있다. 신앙생활도 주님과 동행하는 모험 같은 즐거움이 있어야 한다.

진정한 교회는?

교회는 건물이 아니고 사람이라는 현실을 깨닫게 되었다. 사람들을 향한 목회가 되도록 신경을 써야 한다. 독불장군 식의 목회가 아니라 그들과 소통하며 필요를 인식하고 그에 따른 계획적인 목회가 필요하다. 교회는 교인들을 교회당 안에만 가두려고 해서는 안 된다. 그들을 세상으로 보내야 한다. 정말 교회가 해야 할 역할은 교인들을 세상의 빛과 소금으로 만드는 것이다. 건물과 다수의 모임에만 집착하기 보단 실제적인 나눔과 소통으로 교인들에게 건강한 신앙 의식을 갖게 해줘야 한다.

교회 건물은 평일에도 활용이 가능해야 한다. 죽은 건물처럼 주일에만 반짝하는 공간이라면 고민해 봐야 한다. 공간을 어떻게 활용하여 평일에도 많은 사람들이 사용할 수 있도록 할 것인지 고민해 봐야 한다. 모두가 카페를 할 필요는 없다. 다른 방법도 많다. 목회자의 관심과 달란트에 맞도록 공동체와 함께 상의해서 적당한 방법을 모색해야 한다. 공동체가 자발적으로 참여하면서 함께 만들어 간다면 무엇이든 못할게 없다.

설교의 중요성

목회자의 설교는 항상 일방적이다. 그렇다면 최소한 성도들의 이야기를 들어줄 수 있는 시간이 필요한 상황이다. 따로 시간을 갖기에는 피차 어렵다. 가능하다면 교회에 왔을 때 소통하는 시간을 만들어 주는 것이 좋다. 함께 이야기를 나누고 소통하는 것은 앞으로의 목회에 필수적인 요소가 될 것이다. 대형 교회처럼 영화 보는 형태로 끝내는 예배 모임이 아니라 참여하고 소통하는 목회가 되어야 한다. 그들의 필요를 채워 줄 수 있는 그리고 답답한 속내를 들어줄 수 있는 교회와 공동체가 되어야 한다.

현학적인 이야기만 늘어놓거나 정치와 개인적인 집안 이야기로 가득한 설교는 앞으로 더 이상 통하지 않을 것이다. 교인들의 삶과는 거리가 먼 이야기를 설교라고 포장하기 보다는 정말 성경에 대한 이야기를 쉽게 풀어 주고 그들의 삶에 적용할 수 있도록 설명해 주는 심플한 형태가 되어야 한다. 젊은 세대의 크리스천들은 성경에 대해서 듣기를 원한다. 예화 투성이 설교는 그들에게 동떨어진 세계의 이야기처럼 들릴 때가 많다. 그리고 어렵게 원고를 보며 설교하기 보단 눈을 보며 쉽게 전하는 설교가 더 효율적이다. 청중이 누군지에 따라서 그들에게 맞는 방식으로 설교하고 인도해야 한다.

섬기는 목회

부 교역자로 사역할 때 느꼈던 안타까움은 교회마다 제대로 된 소그룹 리더가 부족하다는 사실이다. 대부분은 하기 싫지만 어쩔 수 없이 소그룹 리더로 세워지는 경우가 많았다. 더구나 목회자는 바쁜 일정으로 인하여 소그룹 리더로 그 자리에 있기조차 어려울 때가 많다. 만일 목회자가 모든 소그룹에 리더로 존재 할 수 있다면 어떻게 될까? 교인들과 소통하며 상담과 멘토링을 충분히 해줄 수 있는 상황이 될 것이다. 이렇게 되면 교인들과 유대 관계가 생기고 주치의처럼 그들의 필요와 신앙의 여정에 대해서 깊이 있게 공감을 하게 될 것이다.

그래서 예배를 짧게 끝내고 이어서 교인들과 나눔을 하는 시간이 있다. 함께 그 자리에서 삶을 나누고 중보 기도를 부탁하곤 한다. 교인들의 삶에 대한 이야기도 듣고 그들의 기도 제목도 알게 되면서 피상적으로만 목회를 하는 게 아니라 실제적인 삶의 현장에서 목회를 하고 있다는 느낌을 받게 되었다. 교인들을 위해서 눈높이를 맞추고 그들의 목소리에 귀 기울여 줄 수 있는 목회가 필요한 시대라고 생각한다.

교인들이 다양한 직업군으로 인하여 예배 시간을 조율하기 힘든 시대가 되었다. 뿐만 아니라 로컬처치로 교인들에게 찾아오라고 강요하는 시대도 지났다. 이제는 좀 더 개인적으로 찾아가서 전할 수 있어야 한다. 사도바울처럼 세상 사람들에게 찾아가는 목회가 필요해진 시대이다. 섬김의 마음으로 얼마든지 두세 사람이 모인 곳에 찾아가서 함께 예배드리고 나눌 수 있는 그런 목회를 소망하고 있다.

비즈니스 목회

요즘 선교지에 가보면 많은 선교사님들이 비즈니스 미션에 대한 부분을 이야기 하고 있다. 예전과 다르게 경기 불황으로 인한 후원금 조달이 어려워지자 선교지에서 생존에 대한 부분이 대두되고 있는 것이다. 선교사로서 그 지역에서 오랫동안 자리를 유지할 수 있다면 그로 인해 결국 복음을 전하고 영향력을 미치며 예수님의 제자들을 길러 낼 수 있을 것이다. 그래서 비즈니스 미션에 대한 부분으로 관심이 집중되고 복음 전파와 선교를 위해서 사도바울의 텐트메이커 정신을 계승하는 것이다.

그런데 한국 교회에서 작은 개척 교회들의 현실도 별반 다르지 않다.

작은 교회들이 지역사회에서 오래도록 존재할 수 있는 대안과 방법이 필요하다. 그런 면에서 선교지와 비슷한 방법으로 비즈니스 목회, 비즈니스 교회라는 부분을 검토해야 할 시대가 되었다. 교회 공동체가 함께 생존의 목적을 위해 그리고 교회 공동체의 유지를 위해 비즈니스를 검토해야 한다.

기존 교회에서는 여선교회 바자회 형태로 존재했던 비즈니스를 이젠 구체적으로 이 시대에 맞고 교인들의 달란트에 맞도록 적용해야 한다. 비즈니스와 목회를 신성한 영역으로 구분하기 보다는 복음 전파와 선교, 그리고 공동체를 위한 수단으로 보아야 한다. 그렇게 생각하고 보면 교회는 할 일이 많아진다. 그런 면에서 카페를 포함하여 다양한 방법의 비즈니스를 교회 안으로 가져올 수 있다. 이 부분에 대해서 함께 교인들과 고민하고 방향성을 모색해 보는 것이 중요하며 앞으로 작은 교회들이 살아날 수 있는 새로운 대안이 아닐까 생각한다.

03 교회가 꿈꾸는 이야기

새로운 교회의 사명
: 우리 교회의 존재 목적이며 앞으로 함께 가야 할 방향성이다.

① 건강한 교회를 세워라!
: "내가 너로 큰 민족을 이루고 네게 복을 주어 네 이름을 창대하게 하리니 너는 복이 될지라."(창12:2)
– 건강한 교회를 세우고 잃어버린 영혼들을 건지는 사명을 가지고 있다. 목회에 대한 새로운 스타일과 방향성을 보여주고 또 하나의 길이 되는 교회가 되어야 한다. 주님의 은혜로 교회가 세워지고 그 은혜가 더 많은 교회들에게 흘러가도록 쓰임 받아야 한다.

② 다음 세대 젊은이들을 전도하라!

: "내가 너를 이방의 빛으로 삼아 너로 땅 끝까지 구원하게 하리라."

 (행13:47)

– 다음 세대 젊은이들을 전도하고 가르쳐 세상 속으로 보내는 사명을 가지고 있다. 다음 세대 속으로 들어가 그들과 접촉점을 가지고 예수님을 전해야 한다. 그들의 눈높이로 다가가야 한다.

새로운 교회의 비전

: 사명에 따른 실제적인 실천 방향이다. 공동체의 상황과 단계에 따라 적절한 비전과 방향이 설정된다.

① 지역별 공동체를 만들어라.

: 여러 지역에 공동체를 세우고 네트워크로 연결하여 비전을 향해 나아가며 함께 행사를 하고 중보기도하는 교회이다. 한 지역에 고정된 로컬 처치가 아니다. 건물 보다 사람이 더 중요하기 때문에 멤버십을 중심으로 교회 공동체를 세워 가고 있다. SNS를 활용하여 젊은 세대와 소통하는 교회이다.

–현재 서울, 인천, 일산, 사업체, 병원, 캠퍼스 등 7개의 모임이 진행되고 있으며 앞으로 국내 30개 지역 모임과 해외 10개의 나라별 모임이 세워지도록 기도하고 있다.

② 카페 교회를 세워라.

: 먼저 예배공동체를 세우고 카페를 인수 할 수 있을 때 카페교회를 세워야 한다. 로컬처치로서 지역주민들과 소통할 수 있는 카페, 캠퍼스 사역을 할 수 있는 카페, 젊은 세대와 소통할 수 있는 카페 등 다양한 방향성으로 준비해야 한다. 모두에게 열린 장소로 다가갈 수 있고 교회의 비전을 함께 공유할 수 있는 카페가 되기를 바란다. 교인들이 바리스타로

일하고 친구들이 손님으로 찾아오고 성경 공부도 편안하게 할 수 있는 그런 카페를 꿈꾸고 있다. 교회 건물을 일주일간 텅 빈 장소로 사용하기보다는 카페를 통해 일주일간 열린 장소로 활용하기 바란다.

- 새로운 카페 1호점 [몽루] 운영(서울모임), 새로운 카페 2호점 [커피상자] 운영(일산모임), 3호점(인천모임)은 준비 중이다. 앞으로 각 지역 모임별로 카페를 운영할 예정이다.

③ 캠퍼스 선교로 들어가라.

: 젊은 세대가 교회를 떠나는 상황에서 도리어 캠퍼스로 들어가 대학생들과 만나고 양육해야 한다. 결국 그들이 다음 세대에 선한 영향력을 주게 될 것이며 다음 세대를 이끌어가는 리더들로 성장해 갈 것이다. 등록금, 공부와 취업이라는 문제로 쉽지 않은 캠퍼스 생활을 위해 함께 예배하고 기도해 주는 공동체가 필요하다.

- 웨슬리 코칭클럽이라는 캠퍼스 선교 단체를 준비하고 있다. 학교별 동아리로 정착시켜 캠퍼스 현장에서 공감하는 예배로 진행될 예정이다. 앞으로 숙대, 이대, 서강대, 연대, 홍대, 인하대, 송도캠퍼스로 들어가길 기도한다.

④ 비즈니스 교회를 시작하라.

: 교회 공동체가 비즈니스를 통해 선교해야 한다. 여선교회에서 진행하는 바자회 정도의 소규모 비즈니스 뿐만 아니라 이제는 청년들의 일자리와 창업이라는 시대적인 키워드에 답할 수 있는 교회가 되어야 한다. 우리 교회는 사역팀들의 전문성에 맞게 사업을 진행하도록 적극 지지하고 있다. 비즈니스 목회, 비즈니스 교회로 지역사회에서 자리를 잡고 복음과 선교의 사명을 지속적으로 감당할 수 있는 교회가 되기를 소망한다.

- 카페, 출판사, 홈페이지/블로그 업체, 디자인 업체, NGO등을 운영하고 있고 앞으로 세탁소, 마트, 해외 직구, 로스팅등 다양한

비즈니스를 운영할 예정이다.

⑤ 대안학교로 차세대 리더를 준비하라.

: 다음세대를 새롭게 교육하고 그들에게 더 많은 방향성을 경험하고 비전을 품도록 교육해야 한다. 어릴때부터 주체적인 신앙을 갖도록 신앙교육이 필요하고 인성과 성품을 가르쳐서 민족과 열방을 품고 세계를 바라보는 차세대 리더로 키워내야 한다. 교회 공동체가 로컬 사역과 선교 사역을 감당하면서 동시에 다음세대를 양육하는 교육에도 투자해야 한다. 초등과정 대안학교를 준비하여 시작하려고 한다. 앞으로 다양한 대안학교의 방향성을 꿈꾸며 기도하고 있다. 모세와 여호수아 같은 차세대 리더들이 세워지기를 꿈꾸고 있다.

– 현재 초등과정 대안학교를 준비하고 있고 앞으로 학부모설명회를 진행하여 내년부터 시작하게 될 예정이다. 초등과정이 시작되면 자연스럽게 중등과정과 고등과정까지 진행될 것이다.

믿음으로 실행하라.

우리 교회 이야기에 도전을 받고 찾아와서 함께 이야기를 나누는 경우가 많은데 대부분의 반응은 참신하고 좋다는 반응이다. 하지만 그분들 중에 대다수가 실행에 옮기지 못하는 경우가 많다. 심지어 리셋 되는 경우도 많다. 어떤 대단한 준비를 완벽히 마친 후 개척 교회를 시작하면 참 좋겠지만 그렇게 준비가 되기까지는 참 오랜 시간이 필요하다. 결국 준비는 제대로 되기가 어렵고 개척도 못하고 끝나는 경우가 일반적이다.

준비도 중요하지만 준비만 하다가 시작도 못한다면 그것보단 시작하고 준비해 나가는 것도 방법이 될 수 있다. 아무리 여러 가지 이야기를 듣고 준비한다고 해도 실제 현장에서 경험으로 얻게 되는 수많은 상황들은 글로만 배워지는 게 아니다. 결국 부딪혀 봐야 무게감을 느낄 수 있고 부족함을 깨닫게 되고 머릿속의 이론이 다가 아니라는 것을 알게 된다. 그때부터가 바로 시작인 것이다. 믿음의 용기를 가지고 그냥 실행해 보면 어떨까? 시작하면 그 다음은 어떻게 인도해 주실까? 무슨 일이 생길까? 이런 질문들에 가슴이 뛰고 호기심이 생기는 열정이 생긴다면 주저하지 말고 다른 사람의 판단에 신경 쓰지 말고 도전해 보기를 바란다. 문제없이 시작하는 경우는 없다. 그리고 어렵게 시작해야 나중에 할 말도 많은 법이다. 믿음으로 나아가라. 도전하라.

"Why not change the world?"

Part 3

다음 세대와 소통하다

Chapter 06

"매콤달달 떡볶이가 通 했다"
[오떡이어]

최준식 목사 (파이어스톰미션, 오떡이어 대표)

홈페이지 : facebook.com/5tteog2o
카톡 ID : joons7
이메일 : joons7@hotmail.com
페이스북 : facebook.com/joonshikchoi

01 선교의 시작은 소통이다!

세계 최초의 분식점 교회의 목사로 알려졌다. 머리는 일반인들도 잘 하지 않는 노랑머리를 한 목사, 다음 세대 사역자이다. 지금의 모습은 과거 몇 년 전까지만 해도 상상 할 수 없었다. 분식점이나 구제 의류샵을 하는 교회와 목회는 목사가 되겠다고 생각했던 고등학교 1학년 때부터 2012년까지 인생 계획에 없었다. 그런데 지금은 전혀 다른 삶을 살고 있다. 남들이 가지 않는 행보를 걷고 있다. 오해도 받고 심지어 부모님조차도 아직 이런 모습을 힘들어 하신다. 그러나 그럼에도 불구하고 그렇게 자유로울 수 없다. 또한 하나님 나라 복음을 위해 무엇을 해야 하는지 분명히 알고 있다. 올 4월, 10여년을 함께 동역해 온 후배 전도사가 목사 안수를 위한 진급 절차를 밟게 하기 위해 담임에서 이임하고 물려주었다. 29살, 목회가 뭔지도 모르고 젊은 열정과 패기만 가지고 시작한 교회, 땀과 눈물과 생명이 스며 있는 첫 목회에 마침표를 찍었다. 지금은 소속된 교회도 없다. 그럼에도 불구하고 목사로서의 정체성과 소명은 어느 때보다 또렷하다.

개척 목회의 시작은 1999년이다. 5월에 결혼해서 7월에 창립 예배를 드렸다. 경기도 시흥시 정왕동 시화 신도시 49블럭 상업 지구 5층 상가의 5층 전체를 전세 얻어 시작했다. 개척 멤버는 아내와 나, 달랑 둘. 그런데 150석 예배당으로 시작했다. 그때는 개척이나 교회론에 관한 정보가 정말 없었다. 멋모르고 시작한 것이다. 그냥 교육 전도사 때처럼 열심히 하면 사람들이 모여서 금방 이 예배실을 다 채울 것만 같았다. 지금과 같은 새로운 방식은 생각도 못했고 오로지 그동안 보고 배운 대로 열심히 전도하고, 열심히 말씀 준비하고, 열심히 기도하면서 전통적인 목회를 했다.

개척자립 1%라는 현실은 '교회 개척은 어려워'란 말로 표현이 안 될 정도로 쓰라렸다. 개척하고 1년 동안 등록한 교인은 한명도 없었다. 전도를 지속적으로 나가는데도 1년에 12명 정도가 방문할 정도니 꿈에 그리던 교회 성장은 물 건너갔다. 예배당에 누구라도 들어와야 뭐라도 보여줄게 아닌가? 버티는 것 만해도 은혜였다. 아내는 피아노 앞에 있고 나는 강대상에 있다 보니 150좌석은 비어 있는데 마치 시베리아 벌판 같이 느껴졌다. 교인이 없다 보니 설교 준비를 어찌 해야 할지... 토요일 밤을 하얗게 지샌 날이 한 두 번이 아니다. 주일만 되면 눈은 벌겋게 충혈 되고 가끔 코피도 터지고...

별의 별 사람들이 많이 지나갔다. '지나갔다'는 표현을 일부러 썼는데 그 이유는 개척 교회는 사람들의 종착역이 아니라 정거장이었다. 잠시 쉬었다가, 잠시 머물렀다가 다시 갈 길을 가는... 사람 하나 귀한 개척 교회... 한 사람 들어오면 모든 것을 다 쏟아 붓게 된다. 그런데 얼마 후 떠나 버린다. 어떤 이들은 말도 없이 떠나고 어떤 사람은 욕을 하고 떠났다. 9번 도움을 받아도 1번 서운하게 느끼면 뒤도 안 돌아보고 간다. 개척 교회가 그래서 힘이 드는 거 같다. 에너지 분배가 안 되고 한 사람에게 올인을 했다가 생긴 허탈감... 그것이 반복되면 금방 탈진에 빠져 버린다. 아마 모든 개척 교회를 섬기는 목회자들이 느끼는 현실이라 생각된다.

해볼 수 있는 것은 다 해봤다. 금식도 자주하고, 강단에서 10개월 이상 잠을 자기도 했다. 한 겨울에 작은 전기장판을 틀어 놓고 오들오들 떨면서 기도하다 자고 자다가 기도하고... 기도와 말씀에 전무해야 하나님이 영혼을 맡기신다고 가르친 선배 목사님들에게 배운 대로 열심히 실천했다. 정말 좌절도 많았고 무기력의 늪에 수도 없이 빠졌다. 풀리지 않는 목회 때문에 스트레스 받고 건강도 나빠졌다. 2007년도에는 급성 심근경색이 와서 중환자실에 들어갔다 나온 일도 있었다. 도망가고 싶은 생각이 수도 없이 들었다. 그때마다 아내는 여기서 안 되면 다른 데서도 안 된다며 버티자고 격려해 주었다. 그렇게 시간이 흘렀고 어느덧 10년이 되니 자립 교회가 되었다. 소속된 시흥 남 지방에서 99년 이후로 상가에서 개척한 교회가 자립된 사례는 우리가 처음이다. 기적 같았다.

자립이 되면서 꿈을 꿨다. '우리도 땅하고 건물 좀 가져 보자. 애들과 교인들이 편안하게 눈치 안보고 쉬면서 기도도 하고 찬양도 하고 마음껏 뛰놀 수도 있고 바비큐 파티도 할 수 있는 그런 곳...'

우리는 공간이 필요했고 그 공간에서 특히 우리 아이들을 잘 키우고 싶었다. 그러다가 꿈이 이루어졌다. 우리가 상상한 그 땅과 건물을, 비록 빌려 쓰는 곳이지만 얻게 되었다. 그 장소가 오이도다. 지금은 육지지만, 예전엔 섬이었는데 여전히 섬으로 불리는 곳. 이 마을에 위치한 300여 평의 종교 용지에 한 번도 쓰지 않은 건평 120여 평의 교회 건물을 임대하여 2010년에 5월부터 28개월가량 쓰게 됐다. 정말 좋았다. 좁은 상가에만 있다가 아이들이 마당에서 마음껏 뛰어 놀 수 있었다. 바비큐 파티도 실컷 했다. 성경 학교 같은 어떤 행사를 하더라도 구애받지 않았고 지방 행사도 할 수 있었다. 미 자립 교회 목회자들에게는 부러움의 대상이 되었고, 선배 목사님들에게는 능력 있는 후배로 인정받게 되었다. 주일 11시 예배 때 부모와 함께 온 아이들 포함 70여명이 모였고 절기 때는 100여명이 참석했다. 더 이상 우리 불기둥 교회는 개척 교회가 아니었다.

1년이 흘렀다. 마음이 불편했다. 우리 교회를 오이도란 마을에 보내신 이유가 있을 텐데 사명 감당은커녕, 전혀 이 마을에서 섞이지 않고 게토화 되고 있는 것이다. 우리끼리는 좋고 우리는 즐겁다. 그러나 지역사회와는 소통이 제대로 되고 있지 않다. 교인들 중에는 자신들과 오이도 마을 사람들을 분리해서 생각하는 이들도 있었다. 교류는커녕 높은 성을 쌓고 있는 듯 했다. 그것이 고민이었다. 여러 가지 시도들을 해봤으나 기대에 못 미쳤고, 이것이 항상 마음에 부담으로 작용했다.

게다가 교인들 안에서 갈등이 일어났고 그 갈등은 내분으로 발전했다.

다들 우리 교회를 통해 은혜 받고 회복되고 훈련받은 사람들이다. 적게는 3년, 많게는 6년 이상 된 이들이다. 그런 이들이 교회가 싫다고 나가 버렸다. 설상가상으로 경제적인 어려움까지 겹쳐 임대료가 밀리기 시작하고 보증금을 까먹게 되는 상황에서 땅주인은 그 부지를 제 3자에게 팔아 버려 우린 거의 무일푼으로 나오게 됐다. 그러면 지금의 분식집이 현재 우리 사역의 중심지가 된 것은 어떤 연유인가? 사정은 이랬다.

오뚝이어

건물에서 나오기 4개월 전에 초등학교 후문 앞에 있는 분식점을 교회에서 인수하게 되었다. 본래 우리 교회 집사 부부가 부업으로 해보려고 인수했던 가게였는데 개인 사정상 할 수 없게 되어 3개월 만에 그만 두게 되었다. 계약 기간은 있고 인수하려는 사람은 없고, 매달 임대료는 꼬박꼬박 나가는 상황이다. 아내 집사가 혼잣말로 '누가 이 가게를 운영해서 월세만이라도 내줬으면'하는 말을 아내가 들었고, 바로 제안을 했다. "교회가 하겠다!"

본래 적자 운영되던 가게였다. 그러나 재정적 위험을 감수하더라도 지역 소통의 장이 우리에게는 절실했다. 분명 이곳에 보내신 이유가 이 마을의 영혼들을 섬기기 위함 일진대 소통조차 어려우니 어떻게 하면 가능할까 하던 차에 우리에게는 정말 좋은 기회다. 2012년 4월23일, 불기둥 교회의 오뚝이어 사역은 이렇게 시작 되었다.

예수님의 '씨 뿌리는 자의 비유'를 보면 씨앗은 복음(말씀)이요 농부는 성도요 밭은 사람들의 마음이다. 이 비유에 의하면 농부인 우리는 좋은 씨앗을 가지고 있다. 그런데 아직 제대로 뿌리지 못했다. 밭이 없는데 어디다 뿌릴 수 있겠는가? 그러니 열매도 기대할 수 없는 것이다. 뿌리려면 밭이 있어야 하는데, 그렇다면 그 밭을 사든지 얻든지 해야 한다. 즉, 마을 사람들을 만나고 소통하고 관계를 맺어야 복음을 전할 기회도 있는 것이다. **소통 없이 전도도 선교도 없다.**

일반적으로 교회들은 예배당 건물에 각종 프로그램이나 행사를 유치해서 지역 주민들을 초청한다. 이런 경우 교회에 대해 긍정적인 사람들은 참여를 하기도 하고 그러다가 그리스도인이 되기도 한다. 그러나 교회에 대해 부정적인 이미지를 갖거나 외국인 이주 노동자나 다문화 가정의 사람들은 행사에 참여하기가 쉽지 않다. **선교는 교회 건물 안에서 할 것이 아니라 교회 건물 밖으로 나와서, 거리로 나가서 해야 하는 것이 현실적이다.**

우리의 이런 시도는 적중했다. 오떡이어 사역은 당시 공동체의 내부적 어려움을 이겨내는 돌파구가 되었다. 그리고 이 사역을 통해서 우리는 매주 금요일마다 공식적으로 아이들에게 새빨간 복음을 전하기 시작했다. 쿠폰을 만들어서 아이들에게 나눠주고 전도사들이 복음을 전해 준다. 아이들은 전도사들을 이모라고 부른다. 이모에게 복음을 들은 아이들 쿠폰에 스티커를 한 개씩 붙여 준다. 그럼 이 아이들은 오떡이어로 들어와 스티커의 수에 따라 차등 지급되는 먹거리를 받는다. 이 쿠폰에 스티커를 11번 채우면 예쁜 선물을 주고 기념 촬영을 한다. 11번을 하는 이유는 통계적으로 복음을 11번 들으면 회심할 확률이 높다는 얘기를 들은 것을 착안해서이다.

이렇게 금요일마다 말씀 사역을 한지가 만 4년이 넘었다. 복음을 11번 이상 들은 아이들이 많다. 대여섯 번만 들어도 가르친 내용을 달달 외운다. 그래서 보다 심화된 내용들, 예를 들면 성경 인물, 성령의 열매, 전신갑주, 고린도전서 13장의 사랑을 교재로 만들어 아이들에게 말씀을 전하고 또 배운 것을 총 정리하는 퀴즈 타임도 가지면서 재미있게 운영하고 있다.

금요일 12시40분부터 4시까지 오떡이어 주변은 거룩한 말씀 잔치의 자리가 된다. 이렇게 매주 80-100명(초기에는 100-150여명)의 아이들이 복음을 듣는다. 바울이 두란노 서원에서 2년간 복음 전했을 때 그 지역 헬라인과 유대인들에게 전부 복음을 전하게 되어 에베소 도시에 부흥이 일어난 것처럼, 오이도에 있는 아이들 모두에게 한번이라도 복음을 전할 수 있기를 소망하면서 복음을 전하고 있다.

복음을 전하면서, 또 분식을 팔면서 오떡이어 이모들은 이름을 외운다. 그리고 볼 때마다 그 이름을 불러 준다. 이 아이들 중에는 주중에 집안일이나 교우 관계 때문에 속상하거나 힘든 일들을 상담하기도 한다. 공예를 배우러 오는 아이들도 있다. 더 깊은 말씀 훈련을 받는 아이들도 있다.

우리 마을은 경제적으로 어려운 이들이 많다. 그리고 한부모 가정, 문제 가정의 아이들이 많다. 그러다 보니 아이들이 정에 굶주려 있다. 우리는 이 아이들에게 한손엔 복음을 들고 한 손엔 떡볶이나 슬러시를 들고 사랑을 주고 있다. 본능적으로 아는 것일까? 자기를 좋아해 주는 것을 아는지 잘못된 말과 행동에 대해서 훈계를 하면 듣는다. 교정이 된다.

아빠 혼자 키우는 집 딸아이들이 있다. 딸에게 2차 성징이 나타나면서 아빠가 케어 하기 힘든 부분을 이모들과 아내가 해준다. 목욕탕도 데리고 가서 때를 씻겨 준다. 위생적 문제로 머릿니가 있는 아이들을 조용히 불러 처리해 준다. 나는 우리 오떡이어 식구들에게 이렇게 말했다. "엄마가 없는 아이들에게, 아빠가 없는 아이들에게 우리가 엄마가 아빠가 되어 줘야 된다. 그런데 우리가 아무리 잘해 준다 해도 엄마, 아빠가 될 순 없겠지. 하지만 이모, 삼촌은 되어 줄 수 있잖아? 우리 이 아이들에게 이모, 삼촌이 되어 주자!"

오떡이어를 시작한 지 4년이 넘은 지금, 우리 동네 아이들에게 오떡이어는

오아시스(목마르면 언제든지 와서 물을 마시고 간다)
공중 화장실(자기 집 화장실처럼 들랑날랑 하면서 사용한다)
양호실(구급약을 상비해 놓고 다치거나 아픈 아이들에게 응급처치를
해준다)
파출소나 법원(학교폭력 감시, 교우관계 갈등 중재 등)
놀이터
사랑방 같은 곳이 되었다. 부모들도 아이들이 오떡이어에 있다면 안심을 한다. 때론 좋은 일 하신다고 쌀을 보내 주거나 반찬을 갖다 주시는 분들, 격려해 주시기도 한다. 오떡이어가 지역사회에서 제대로 자리매김을 하고 있다는 생각이 드니 정말 감사하다.

플로잉#

외국인을 상대로 하는 구제 의류샵인 "플로잉#"(서로가 서로의 것을 흘려보내면 모두의 삶이 반올림 될 수 있다는 희망을 담고 있다)을 하게 된 것도 역시 복음 때문이다. 우리 마을은 외국인 이주 노동자들이 많이 산다. 또 다문화 가정도 많다. 오이도에 들어오기 전 한 번도 이들을 위한 사역에 대해서 생각해 본적이 없다. 그러나 지역 소통을 고민하면서 이들이 눈에 들어왔다. 그리고 교회가 뭔가 이들을 위해 해야 한다는 결론에 이르렀다. 그런데 경험도 없고 어떻게 할 줄도 모른다. 그래도 일단은 이들을 섬기려면 관계를 맺어야겠다는 생각을 했다. 어떤 방법으로 소통할 수 있을까 방법을 찾았다. 그래서 찾은 것이 "옷"이다.
경제적인 이유로 외국인들은 구제 의류를 많이 찾는다. 작은 마을 오이도에는 구제 의류점이 여러 개가 있는데 주요 고객들이 외국인들이다. 그런데 구제 의류가 대부분 여성 의류고 남성 의류는 적다. 싸지도 않다. 이들에게 값싸고 좋은 옷을 플로잉 받아서 저렴하게 제공하는 장을 열고

찾아오게 만들어서, 여기서 만나게 된 외국인들과 소통하고 관계를 맺다 보면 복음을 전할 기회가 생기겠다는 생각을 하게 되었다. 여기저기 부탁을 넣었다. 순식간에 옷들이 보내졌고, 그것을 모아 "플로잉#"을 열었다. 초반에는 매장 없이 천막을 펼쳐서 휴일이나 주말에 열었다. 보관할 곳이 없어 교회 승합차를 이용했다. 그러다 보니 많은 양의 옷을 진열하고 다시 승합차에 넣는 것이 큰일이었고, 게다가 장마철이 되면 습기로 인해 옷이 상하는 경우가 많았다. 다행히 2014년부터 매장이 생겨서 지금은 옷가게로서 꽤 구색을 갖췄고 현재 10개국의 단골손님들이 생겼다. 플로잉#을 통해 친구가 되어 베트남 주부 두 사람의 귀화 시험 합격을 도와주었고 한글을 배우고자 하는 외국인 친구들에게 가르치는 일을 하고 있고 또 스리랑카, 태국, 베트남, 중국인들 주부들을 대상으로 공예교실을 열어 가르치면서 밀착 교제 중이다. 신뢰가 깊이 쌓여 있는 상태라 서로 자기 나라 음식을 해 와서 나누고 한국 생활과 문화차이에서의 어려움도 이야기 하고 교회와 신앙에 대해서도 묻기도 한다. 한국인 친구로서 그들에게 차근차근 설명해 주면서 서서히 복음의 씨앗을 뿌리고 있는 중이다.

02 노랑머리 목사가 생각하는 교회

교회는 건물이 아니다.

우리 교회는 현재 따로 예배당 건물이 없다. 2012년 8월에 오이도에 들어와 임대로 사용한 땅과 건물에서 28개월만 에 나오게 되면서 장소를 구하지 못해 오떡이어서 예배모임을 가졌다. 그래서 분식점 교회라는 닉네임을 얻게 된 것이다. 청소년 아이들은 몇 달간 야외에서 모임을 갖기도 했다. 2014년 10월, 어느 회사 직원예배에 설교하러 갔다가 만난 사장님이 우리 사역을 위해 30평대 주택을 전세로 얻어주었다. 그때부터 지금까지 여기서 예배모임을 갖는다. 아이들과 이 공간의 이름을 지었다. "왁자지껄 우리집", 우리는 줄여서 "왁우집"이라고 부른다. 여전히 예배당 건물은 없다. 불편함이 많다. 그러나 교회로서의 사명을 감당하고 오이도에 보내신 주님의 뜻을 이루어 가고 있는듯하여 마음은 즐겁다. 우리 교회 아이들, 그리고 매주 금요일마다 전도를 받는 아이들 입에서도 "교회는 건물이 아니다. 사람이다. 모임이다"란 이야기가 나온다. 보통 교회 하면 빨간 벽돌에 십자가 종탑을 떠올리는데 우리 아이들은 사람들을 그린다. 교회 공동체의 삶이 교회의 본질을 아이들에게 보여주고 있음을 확인하는 순간이다. 교육을 하는 사람 입장에서 정말 기쁘지 않을 수 없다.

목회 똥지게론

목사가 되고 나서 나도 모르게 목사가 해야 할 일과 하지 말아야 할 일들에 대해서 스스로 정해 놓은 것이 많았다. '말씀과 기도 사역에 집중해야 할 목사가 떡볶이를 만들어도 되는 거야?' 오떡이어를 시작하면서 마음 한편에 이런 고민이 나를 괴롭혔다. 이런 목회 방식은 한 번도 생각하지 않았던 것이다. 그런데 얼마 지나지 않아 생각이 바뀌었다.

'목사가 존재하고 교회가 존재하는 것은 결국 복음이 아닌가? 똥지게가 복음이 전파되는데 도움이 된다면 져야 되는 것이 아닌가? 복음의 정신, 희년 정신을 이 땅에 실천하는데 있어서 불필요한 틀이 있다면 그것을 과감하게 깰 수 있어야 한다.' 이것이 '목회 똥지게론'이다. 복음을 전하는데 목사 타이틀이 거추장스럽다면 과감히 벗어던지자! 동네 마음씨 좋은 아저씨, 아줌마, 삼촌, 이모, 형, 동생을 복음 전할 대상들이 편하게 여긴다면 그 모습으로 다가가는 것이다. 목회 동지게론은 성육신적 사역에 대한 나름의 표현이다. 그렇게 해서 관계를 맺고 소통을 위해 접점을 만들면 그 다음부터 복음을 전할 기회도 오는 것이다. 교회 건물 차려놓고 사람들 올 때까지 기다리는 목회는 오늘 이 시대에는 안 통한다. 오지 않는다면 가든지, 아니면 오게 만들든지, 목사란 타이틀이 그들에게 가는데 불편하다면 편안한 신분으로 나를 바꾸거나, 또한 전통적인 교회 건물이 그들이 오는데 불편하다면 좀 더 편안하게 접근할 수 있는 공간으로 바꿔 놓는 것, 이것이 성육신적 목회가 아닐까? 전통적 틀에서 벗어나 오로지 목회와 교회의 본질이 무엇인지를 분명히 찾았다면 이를 위한 결단의 용기는 생각보다 쉽게 생길 것이다.

사역 개척의 시대

하나님은 목회자들에게 개별성을 주셨다. 따라서 타인의 목회는 참고는 될 수 있어도 비교의 대상은 아니다. 그런데 많은 이들이 남들 목회의 숫자 놀음을 보면서 열등감을 느끼고 불행에 빠진다. 나 역시 그랬다. 그러나 각자에게 주신 재능과 사명은 다르다. 주어진 환경과 선교 대상도 다르다. 이 사실을 분명히 인식한다면 천편일률적인 작금의 목회 방식은 달라져야 한다고 본다. 목회 현장과 나에게 주신 달란트에 몰입한다면 다양한 방식으로 창의적인 목회를 할 수 있지 않을까?

한국 사회에서 교회는 공공의 적이 되었다. 목사는 믿을 수 없는 사기꾼처럼 여기는 이들이 많다. 오히려 목사보다는 NGO단체 활동가를 더 신뢰한다고 한다. 교회는 점점 줄어들고 있고 어린이 청소년 청년들, 다음 세대는 교회에서 사라지고 있다. 5%로 안 되는 크리스천 청소년들, 이 아이들이 장년이 되어도 계속 크리스천으로 살아 갈 거라는 보장이 없다. 그렇다면 30년 뒤에 교회는 텅텅 빌 것이고 교회 안에서 만의 사역을 불가능하게 될 것이다. 지금은 교회 밖에서의 사역이 매우 절실한 상황이다. 그렇다면 자신의 달란트를 가지고 다양한 모습으로 세상 속으로 파고 들어가야 한다. 교회 밖에 있는 사람들을 만나고 그들에게 복음을 전해야 한다. 골1장 28절에서 바울은 목회의 본질을 이렇게 이야기 한다.

"우리가 그를 전파하여 각 사람을 권하고 모든 지혜로 각 사람을 가르침은 각 사람을 그리스도 안에서 완전한 자로 세우려 함이니"

목회는 예수가 복음임을 전파하는 것으로 시작하고, 받아들인 사람을 말씀으로 권면하고 가르쳐서 그리스도 안에서 완전한 자, 즉 제자로 세워가는 것이다. 권하고 가르치는 것은 교회 안의 사람들을 대상으로 한다. 전파의 대상은 교회 밖 사람들이다. 그런데 많은 목회자들이 교회 안 사람들을 대상으로 하는 것만을 목회라 생각하는 듯하다.

목회의 시작은 교회 밖 사람들에게 예수가 복음임을 전하는 것이다. 따라서 목사로 소명 받은 사람들은 교회 밖에 있는 사람들에게 가야 한다. 그들과 소통할 수 있는 문화의 옷을 입고, 또는 그들과 호흡을 같이 하는 직업으로 말이다. 목사 타이틀이 없어도 목사의 옷 대신 세상과 호흡할 수 있는 옷을 입자. 그 옷은 무궁무진하다. 한 번도 입지 않은 옷들도 많다. 익숙한 옷만 입으려고 할 것이 아니라 입어 보지 않은 옷을 입고 사역을 개척하는 것이 우리 시대에 절실하다.

나는 분식점 사장의 옷을 입었다. 그리고 그 옷으로 지역과 편안하게 소통하며 복음을 전한다. 아무도 가지 않았던 길, 그러나 그 길은 틀리지 않았다. 사역을 개척하자! 용기를 가지고 담대하게 말이다. 당신 안에 부르심의 소명만 분명하다면 당신이 걷는 것이 길이 될 것이다!

교회의 목적

초대교회에서부터 교회의 목적은 세상이었다. 아니, 예수님이 이 땅에 오신 이유도 세상이 목적이었다. 세상을 구원하고자 오신 것이고, 그 세상을 구하고자 예수의 십자가 희생이 있었다. 예수는 이 땅에 당신의 몸인 교회를 남겨 두셨다. 그 몸 된 교회가 할 일은 무엇인가? 역시 세상을 구원하는 것이다. 세상이 목적인 것이다. 교회는 세상을 위해 존재한다. 그런데 오늘날 교회는 교회가 목적이 되어 버렸다. 교회 성장 주의는 교회의 모은 에너지를 개 교회를 성장시키는데 사용하게 만든다.

부흥이란 말이 있다. 우리는 부흥이란 단어를 교회의 수적 성장이란 의미로 사용한다. 그러나 부흥이란 단어는 그런 의미가 아니다. 복음으로 구원받고, 치유되고, 소생이 일어나고, 변화가 일어나는 것을 부흥이라고 한다. **교회는 세상을 부흥시키는 주체이다. 그런데 부흥의 주체인 교회가 부흥의 목적이 되어 버렸다. 교회는 부흥의 대상이 아니다. 부흥의 주체이다. 세상을 부흥시킬 하나님의 도구이다. 그런데 그 사명을 놓치고 있다 보니 세상의 외면을 받는 게 아닐까? 목회는 교회를 키우는 것이 목적이 아니다. 지역 교회가 지역사회의 구원과 치유와 소생과 변화를 위해 얼마나 디아코니아 하느냐 여기에 주안점을 두어야 하는 것이다.**

교회를 키우기 위한 목회가 아닌, 세상을 변화시키기 위한 교회와 목회! 목회의 대상을 교회 안에만 둘 것이 아니라 지역으로 확대시키는 것, 이것이 우리에게 원하시는 주님의 뜻이 아닐까 생각한다. 현장에서 복음으로 살아가고 말씀이 진리임을 삶으로 증명해 내려는 몸부림, 미션을 어떻게 하면 더 잘 수행할 수 있을지에 대한 고민과 시도, 그리고 과감한 도전들이 우리 한국 교회에 가장 중요한 과제가 아닐까? 아무리 좋은 목표도 실천과 도전이 없다면 아무것도 변화되지 않는다.

선교의 베이스캠프 필요성

불기둥 교회는 개척 된지 10년 만에 자립이 되었다. 2009년 자립을 선언하고 모든 후원을 끊었다. 그리고 오이도에 들어와 다시 미자립 교회가 되었다. 처음 오떡이어 사역이 알려졌을 때 많은 분들이 학교 앞에 분식점이 있으니 장사가 잘 될 것이고 그렇다면 재정적인 부분이 많이 채워져서 도움이 되겠다고 봤다. 그러나 오떡이어를 시작하기 전 주인들이 분식점을 시작했다가 안 되서 내 논 가게였다. 학교 앞에 있다지만 전교생이 400명이 안되고 선교를 목적으로 시작했기 때문에 좋은 재료를 사용하려 했고 저렴하게 팔았기 때문에 가게를 여는 것 자체가 적자였다. 지금도 마찬가지다. 역시 천막에서 주말 장사하던 '플로잉#'도 크게 도움이 되지 않았다. 그러다 매장이 생기면서 2015년 여름 지나면서 '플로잉#'은 자체 운영이 가능해졌다.

사회적 기업을 해보라는 조언도 많이 들었다. 그러나 사회적 기업을 하는 순간 오떡이어 금요 전도는 할 수 없다. 오떡이어 사역에서 가장 중요한 것이 금요일 복음 전도다. 매주 80-100명의 아이들에게 복음을 전하고 말씀을 가르친다. 재정을 확충 한다는 이유로 포기할 수 없는 사역이다.

우리의 사역은 뿌리는 일이다. 복음의 씨앗을 비신자들에게 뿌리는 사역. 비신자들이 부담스럽게 느끼지 않고 편안하게 느끼는 모습으로 다가가 소통하고 관계를 맺으면서 기회가 주어질 때 복음을 전한다. 이런 교회를 소위 성육신적 교회라고 부른다.

작금의 한국 사회에 이런 성육신적 교회가 많이 늘어나야 한다. 한국 교회의 폭발적인 성장은 싫은 구한말부터 보이지 않는 곳에서 이름도 없이 빛도 없이 복음의 씨앗을 뿌린 선교사들과 신앙의 선조들이 있었기 때문이다. 그 뿌려진 씨로 맺어진 열매가 70-80년대 한국 교회 부흥기라 생각한다. 그때 거두는 것에 취하다 보니 뿌리는 것을 소홀히 하고 손을 놔 버린 것이다. 지금의 위기는 바로 이 때문이 아닐까? 따라서 지금이라도 씨앗을 뿌리는 교회가 필요하다. 특히 다음 세대들에게 복음을 전하는 사역이 너무 너무 중요하다. 그리고 이런 성육신적 교회는 현실적으로 자립이 불가능할 것이다. 계속 퍼 주는 사역이기 때문이다. 그렇다면 이런 선교의 최전방에 있는 교회들을 지원할 베이스캠프가 필요하다.

그것이 중대형 교회나 교단일 수 있고, 또는 비즈니스 선교(Business as Mission)를 꿈꾸는 기업들이 될 수도 있다. 개 교회주의에서 벗어나 범교단적으로 형제의식을 가지고 이런 성육신적 교회의 베이스캠프가 되는 교회와 단체가 늘어났으면 좋겠다.

03 오이도여! 일어나라!

우리 교회는 오이도 마을에서 오떡이어 분식점과 구제의류샵 '플로잉#'을 운영하면서 지역과 소통해 왔다. 오떡이어는 마을 어린이들의 공간으로, '플로잉#'은 마을에 사는 외국인들의 공간으로 자리를 잡았다. 우리 마을에는 청소년들이 갈 곳이 없다. 학교도 바깥으로 나가야 한다. 우리 어릴 때는 교회가 아지트였다. 아지트에서의 추억이 성인이 되는 과정 중에 자양분이 되었다. 그런데 지금 우리 아이들은 갈 곳이 없다. 아지트가 없다. 기껏해야 PC방 아니면 노래방이다. 우리 마을의 청소년들에게 편안하게 사용할 수 있는 사랑방 같은 공간을 만들어 주고 싶었다. 그래서 2013년 "아지트"란 공간을 마련했다. SNS를 통해 우리의 취지를 밝히고 도움을 청했는데 많은 분들이 후원을 해주셔서 마련되었다. 정말 기뻤다. 아무 때나 와서 놀기도 하고 기타 등 음악도 배우고 컵라면이나 과자를 비치해서 먹고 싶을 때 언제든지 먹고 수다 떨 수 있는 공간을 마련해 줘서 정말 좋았다. 그런데 그 기쁨도 잠시... 소음에 민감한 건물주 때문에 그 공간에서 아무것도 할 수 없었다. 결국 시험 때

도서관으로 운영되는 정도였다. 지금 그 건물은 '플로잉#' 매장이 되었다.

오이도는 문화 소외 지역이다. 청소년, 청년들이 갈 곳도 없다. 이들에게 문화를 제공하고 언제든지 편안하게 이용할 수 있는 공간을 제공하여 스스로 문화를 만들어 갈 수 있게 하고 싶었다. 그래서 생각한 것이 "청소년 문화 카페"이다. 이 카페는 청소년들만 이용할 수 있다. 우리 사회는 청소년들의 출입을 금하는 곳이 많다. 마땅히 갈 곳이 없는 현실이다. 우리는 이런 현실에서 역발상으로 청소년들만 올 수 있는 카페를 생각했다. 성인이 함께 동반해야 노래방이라도 이용할 수 있는데, 우리 카페는 성인이 오려면 청소년을 동반해야 한다.

여기에 온 아이들은 저렴한 가격으로 각종 음료를 마실 수 있고 청소년 전문 상담사와 연결하여 원하는 아이들은 무료로 상담을 받을 수 있다. 또한 정기적으로 각종 팀들을 불러 소규모 공연을 하여 문화를 제공하고 그 과정 중에 노래나 악기, 춤이나 연기 등 배우길 원하는 아이들이 학습할 수 있도록 연결해 주고 그 아이들이 공연을 할 수 있도록 돕는 일들을 하고자 한다. 지역 특성상 문제 가정이 많다 보니 무기력한 청소년들을 많이 본다. 이런 아이들 안에 있는 삶의 열정을 끌어올릴 수 있는 가장 최적의 방법은 문화적 접근이다. 특히 음악이다.

공간 마련을 위한 재정이 확보되기까지 기다리는 중이다. 그렇다고 마냥 기다릴 수만은 없어 지난 5월14일(토)부터 매주 토요일 저녁 시간에 오이도 뚝방 생명나무 아래에서 '오이도 희망 버스킹'을 시작했다. 문화 소외 지역인 마을 안에 젊은이 문화를 세워 가자는 취지로 기독교 색채를 다 빼고 우리 교회 청소년, 청년들과 비신자 청년들과 함께 시작했다. 반응은 예상보다 뛰어났다. 뚝방에서 거닐던 주민들과 외부 방문객들이 악기 세팅할 때부터 모여들었고 공연 내내 같이 했다. 어떤 이들은 본인들의 사연을 이야기하면서 아내에게, 돌아가신 어머니에게 노래를 바쳤다. 그 현장에 있던 모두의 마음에 감동과 행복을 깃들이기에 충분했다.

　버스킹을 시작할 때 많은 분들이 찬양을 할 거라 생각하셨고, 왜 찬양을 하지 않는지 의아해 했다. 구원의 본질은 자유와 해방이다. 이 자유와 해방은 영적 차원만이 아니라 정서적, 육체적, 사회적, 경제적 등 모든 차원에서의 자유와 해방이라고 믿는다. 그렇다면 교회는 지역사회의 모든 영역과 차원에서의 억압과 차별과 눌림과 매임 아래 있는 사람들을 자유케 하고 해방시켜야 할 책임이 있다. 그런 맥락에서 마을 청소년들이 무기력에서 자유케 되고 해방 될 방법을 찾아 제공하는 것도 교회의 사명이라 믿는다. 우리는 그 방법을 문화와 공간에서 찾았다. 그리고 그 취지에 동참하고자 한다면 비신자들과도 함께 할 것이고 그 과정 중에서 세속적인 가치에 반하는 하나님 나라의 가치가 분명 드러날 것이라 믿는다. 그곳에서 구별됨, 즉 거룩함이 드러날 것이고 그로인해 자연스럽게 복음은 전파될 것이다. 우리는 이런 방법과 방향으로 지역사회에서 그리스도의 몸 된 교회로서의 사명을 계속하여 감당해 나갈 것이다.

Chapter 07

"모든 세대의 꿈을 현실로 바꾸다"
[코칭]

윤정석 목사 (예수마음교회)

카카오 ID : paulyoon72
이메일 : paulyoon72@hanmail.net
페이스북 : facebook.com/jeongseok.yoon.9

01 코칭으로 새 그림을 그리다.

부담임 목사직을 사임하다.

약 3년간의 짧은 부담임 목사직을 마치고 교회를 사임하게 되었다. 부담임 목사 사역을 시작하기 전 이미 인천광역시 남동구 논현동에서 8년간의 개척교회 목회를 했었다. 2006년 4월 19일 중부연회에서 목사안수를 받고 중부연회 남동지방에서 새롭게 예일교회를 개척하고 본격적으로 목회를 하였다. 그곳에서 8년의 시간을 보냈다. 이번 사역을 마무리 하는 동안 40일 작정기도를 하며 그 당시를 떠올렸다. 교회에서 사임을 하고 나를 기다리는 건 새로운 교회의 개척이었다. 예전 목회의 기억을 떠올리며 그동안 잊고 있었던 개척교회 목회 열정과 스킬을 다시 되찾고 싶었다. 새롭게 교회를 개척하기 위해 보내야 했던 약 3개월간의 준비기간, 교회창립, 노방전도, 새로운 성도들과의 만남, 축구전도를 통한 교회학교 활동 등 개척교회하며 보냈던 8년의 시간이 주마등처럼 지나갔다.

이제 다시 시작이다. 목회자로 부르신 부르심을 다시 생각하며 각오를 다졌다. 항상 마음에 품으며 암송하는 말씀이 세 구절 있다. 그것은 마태복음 28장 19-20절, 사도행전 1장 8절, 빌립보서 4장 13절이다. 앞의 두 말씀은 예수님께서 나에게 주시는 명령과 유언으로 삼는다. '모든 족속으로 제자 삼고 땅 끝까지 복음을 증거하라.' 제자의 사명을 온전히 감당하라는 주님의 뜻으로 알고 이 말씀을 항상 마음에 새긴다. 그러나 세 가지 중에 가장 좋아하는 말씀은 '빌립보서 4장 13절'이다. "내게 능력주시는 자 안에서 내가 모든 것을 할 수 있느니라."(빌 4장 13절) 이 세 가지 말씀을 서로 연결하여 평소 이렇게 묵상한다. 모든 족속을 제자 삼는 일도, 땅 끝까지 복음을 증거하는 사명도 결국 내게 능력을 주시는 하나님 안에서 모두 할 수 있다. 40일 작정 기도를 하면서 이 말씀을 매일 되새겼고 드디어 2015년 11월 15일 부담임 목사로 사역하던 교회에서 사임하였다.

개척교회 목회를 다시 시작하다.

부담임 목사직을 사임한 후 얼마 되지 않아 새로운 목회지를 구하게 되었다. 동기회 회장 목사가 나의 사정을 알고 동기들에게 단체 문자를 보냈고 그 문자를 본 동기 여자목사가 내게 연락을 해왔다. 이미 한 차례 개척교회 장소를 알아보다가 잘 되지 않았던 터라 그 연락이 너무 반가웠다. 동기 목사는 군인인 남편을 따라 강원도 인제로 가게 됐다면서 자신이 사역하던 교회를 맡아 목회할 수 있겠냐며 내게 물었다. 그곳이 내가 맡아서 목회할 교회인지 하나님께 정성껏 기도하고 응답받은 후 다시 전화하겠다고 약속했다. 하나님께 간곡히 기도할 때 그 곳에서 목회하라는 음성을 들었다. 동기목사에게 다시 전화를 걸어 그곳으로 가겠다고 말했다. 여러 가지 준비 과정을 거친 끝에 교회를 사임한 지 약 한 달 후인 2015년 12월 20일 중부연회 고양지방 예수마음교회로 부임하게 되었다. 교회는 아파트와 빌라가 서로 어우러져 있는 행신동 지역에 위치해 있었다.

지하 30평 공간에 예배드릴 수 있는 시설이 갖추어져 있었고 양 옆과 뒤쪽 한 편에는 주로 어린이 책 위주로 구성된 책장이 비치되어 있었다. 먼저 사역하던 동기목사는 이곳에서 어린이들을 대상으로 독서방 프로그램을 진행하였다. 인근에는 신능초등학교가 위치해 있다. 동기목사는 독서지도를 통하여 어린이를 교회로 전도하려 했던 모양이다. 교회 중앙에는 아이들이 책을 읽을 수 있도록 책장과 의자가 놓여 있었고 전면이 노란색으로 페인트칠이 되어 있었으며 화사한 그림과 물품들이 교회 안 이곳저곳에 놓여 있었다. 사실 교회 자리는 구했지만 처음부터 다시 새롭게 시작해야 하는 상황이었다. 새로운 길을 가는 개척자의 마음으로 예수마음교회에서 개척교회 목회를 다시 시작하기로 마음먹었다. 하나님께서 늘 함께 하실 것을 굳게 믿으며 열정으로 목회하리라 다짐하고 또 다짐하였다.

코칭을 떠올리며 첫 발을 내딛다.

예수마음교회에 부임한 후 그 다음 날 바로 출근하였다. 앞으로 어떤 목회를 하면 좋을까 여러 모로 생각하고 또 생각했다. 처음 8년간의 개척교회 목회를 생각했다. 그 당시를 떠올려 보니 내 목회는 좋아하는 것이 주를 이루고 있었다. 좋아하는 것을 두 가지 말한다면 전도와 축구였다. 어려서부터 전도를 열심히 가르치고 실천하게 한 교회 덕분인지 몰라도 전도는 나에게 그리 낯설지 않았다. 예일교회에서 목회할 때 처음 1년 동안은 노방전도에 온 힘을 쏟았다. 그 수고를 하나님께서 기쁘게 여기셨는지 몇 명의 사람들을 우리 교회로 보내주셨다. 그 다음으로는 축구였다. 고등학교 졸업 이후부터 축구를 정말 좋아하게 되었다. 미처 생각지도 못한 두 축구대회에 참가하여 우승하게 되면서 축구가 제공하는 묘한 매력에 빠져 들었다. 축구를 좋아하는 어린이들이 많다는 사실도 그 때 알게 되었다. 그래서 축구로 전도를 했고 20명 가까이 되는 친구를 교회로 인도했다. 초등학교 3학년 때부터 고등학교 2학년 때까지 예일교회에서 함께 축구하며 복음을 함께 전하고 서로 나누었다.

새롭게 예수마음교회로 부임하고 나서 첫 목회지에서 스스로에게 했던 질문을 다시 물었다. 지금 내가 해야 하고 할 수 있는 일은 무엇인가? 사명선언서를 쓰듯 교회에서 말씀보고 기도하며 내 자신에게 물었다.

그럴 때마다 내 마음을 울리는 두 단어가 있었는데 그것은 놀랍게도 전도와 코칭이었다. 전도는 날마다 마음에 새기고 암송하는 말씀에도 나와 있는 것처럼 목사인 나에게 주어진 평생의 사명이자 사역이었다.

그 다음으로 코칭이다. 코칭은 사실 코칭 리더십으로도 부르며 리더십의 한 분야에 속한다. 감신대에서 7년 동안 '목회자 리더십'을 주제로 공부하였다. 새로운 목회주제로 코칭을 생각하는데 이 공부가 적지 않은 영향을 미쳤다. 코칭을 포함한 '리더십'은 평생 연구하고 실천해야 될 학문과 목회의 핵심 주제가 되었다. 감신대에 다닐 때 코칭전문기관에서 실시한 코칭훈련도 받았다. 기독교대한감리회 교육국이 미국 연합감리교회와 연합하여 개최한 국제 코칭훈련 세미나에도 참석하였다. 예수마음교회 목회 방향에 대하여 다각도로 고민하던 중에 장성배 교수님을 만나서 예수마음교회에서 추구해야 할 목회에 대하여 상담을 받았다. 결국 앞으로의 목회 방향은 코칭 목회로 하기로 결정했다.

코칭은 사람들이 목표와 꿈에 도달하는데 초점을 맞추며 변화를 일으키기 위해 함께 작업하며 서로 평등하게 대한다. 코칭은 사람이 변화하는데 관심한다.[22] 솔직하게 말하자면 코칭이 가지고 있는 이 특성이 마음에 들었다. 사람의 필요와 요구에 반응하고 그들이 원하는 목표를 이루어줄 수 있다는 것이 좋았다. 사람들을 만나고 대화하는 것을 좋아하는 나에게 있어서 코칭은 잘 맞는 옷과 같게 느껴졌다. 시원한 아이스 아메리카노 한 잔을 들고 긴 의자에 앉아 대화 나누면 시간 가는 줄 몰랐다. 대화 나누다가 상대방이 새로운 삶의 목표를 세웠다고 말할 때에는 묘한 희열까지 느꼈다. 좋아하고 잘 할 수 있는 일이라면 목회에 접목해도 되겠다고 생각했다. 코칭을 중심으로 목회하는 것에 대하여 아내와 이야기를 진지하게 주고받았다. 우리 부부는 예수마음교회가 코칭을 중심으로 활발하게 활동하는 교회가 될 수 있도록 하나님께 기도하며 준비하자고 서로 다짐하였다.

코칭 중심의 교회를 꿈꾸다.

예수마음교회에 부임한 지 6개월이 지난 지금 이 글을 쓰고 있다. 코칭을 중심으로 한 목회를 하겠다고 결심한 이후 교회 주변 지역에 복음을 전하고 교회도 알리며 코칭을 홍보하고 있다. 원래 코칭을 받는 대상이 매우 다양하지만 주된 대상을 어린이와 그들의 부모로 정하고 신능초등학교로 나가 전도하며 코칭을 알린다. 전도용 물티슈에 '코칭'을 알리는 문구를 만들고 학교 앞에서 전도하며 이를 나누어 준다. 코칭은 전화로도 가능하기 때문에 그 부분을 전도 물티슈에 분명히 명시하였다. 왜냐하면 직접적으로 만나 코칭을 받는 것을 부담스러워 하는 사람들도 있기 때문이다. 그동안 몇 차례에 걸쳐 공부했던 코칭 자료들과 새롭게 알게 된 코칭 관련 서적들을 준비하였고 이 자료와 책을 바탕으로 목회 전반에 코칭을 도입하고 바로 적용할 수 있는 원리와 방법을 연구하였다. 주변 지인들에게 그동안 코칭을 받은 내용을 이야기 하면서 함께 코칭 하자고 말하였다. 몇 명의 사람과 만나 코칭을 나눌 수 있는 시간을 가졌다. 사실 지금도 계속 코칭 훈련을 받고 있다. 국내 코칭 자격증을 취득하기 위하여 일정 시간 코칭 실습도 진행하고 있다. 내년 여름 기독교대한감리회 교육국에서 주최하는 국제 코칭 교육 2차 모임이 열린다. 약 1년간의 시간이 남아 있지만 미리 공부했던 부분을 다시 복습하면서 코칭 교육, 코칭 실습, 자격시험을 차근차근 준비하고 있다.

코칭은 사람들의 현재를 다루고 보다 바람직한 미래로 안내하며 사람들이 긍정적으로 변화할 수 있도록 돕는다.[23] 예수마음교회가 코칭을 통해서 이 역할을 감당하기를 바라며 실제적인 계획과 실천 로드맵을 준비 중이다. 다양한 코칭 프로그램을 예수마음교회에 도입하고 이를 교회 각 부서에 일관성 있게 적용할 수 있도록 계획을 세우고 있다. 교회 안팎의 사람들을 향한 코칭 프로그램을 준비하는 것은 예수마음교회를 새롭게 세우는 거대한 작업이라 여겨진다. 코칭을 통하여 사람들을 만나는 동안 그들이 우리 하나님을 만나게 되기를 소망한다. 코칭을 접하는 가운데 그들이 하나님의 자녀가 되고 예수님의 제자가 되는 기회를 얻게 되기를 또한 진심으로 바란다. 코칭은 모든 세대의 꿈을 현실로 바꾸는 정의를 지니고 있다. 그래서 꿈꾼다. 지금 코칭을 생각하며 꿈꾸고 또 꿈꾼다. 솔직하게 말하자면 꿈을 꾸며 목회 준비를 하고 있다. 도저히 꿈을 꿀 수 없는 시대임에도 불구에도 하나님은 요셉을 꿈꾸게 하셨다. 요셉이 꾼 그 꿈은 결국 그의 현실에서 온전히 실현되었다. 모든 것이 하나님의 역사였다. 중요한 것은 요셉이 꿈을 꾸었다는 사실이다. 그래서 나도 꿈을 꿀 것이다. 지금 꾸고 있는 이 꿈과 비전이 머지않은 장래에 하나님의 역사하심으로 현실에서 온전히 열매 맺게 되기를 진심으로 바라며 원대한 꿈을 꿔 본다.

02 포스트모던 교회론, 목회론

선교하는 교회

교회가 무엇인가? 나에게 교회가 무엇이어야 하는가 묻는다면, 나는 조금의 망설임도 없이 '교회는 선교하는 교회여야 한다'라고 말한다. 이 말은 2006년 중부연회에서 목사 안수를 받은 후 지금까지 계속 이어온 나의 교회론이다. 하나님께서 이 땅에 교회를 세우신 이유와 목적에 대하여 여러 가지 관점으로 대답할 수 있다. 하지만 교회가 선교를 최우선 목적에 두지 않고 이 사명을 감당하지 않는다면 교회는 교회로서의 존재 이유를 잃게 된다. 예수님은 '잃어버린 양을 구원하시기 위하여 이 땅에 오셨다'고 말씀하셨다. 예수님은 열 두 제자와 수많은 무리들에게 '모든 족속으로 제자를 삼으라'고 명령하셨다. 예수님은 부활하신 후 승천하시기 전, 모든 제자들과 무리들을 모아놓고 당신의 유언을 전하셨다. '땅 끝까지 예수님을 전하라'고 당부하셨다.

예수님을 그리스도로, 살아계신 하나님의 아들로 고백하는 이들과 이들이 모여 있는 곳이 바로 교회다. 그렇다면 교회가 무엇을 해야 하는가? 예수님의 말씀과 명령을 준행하는 것이 교회의 사명이라면, 교회는 당연히 전도하고 선교해야 한다. 선교가 무엇인가? 선교는 하나님께서 교회에게 주신 사명을 말한다. 모든 족속에게 가서 그들에게 복음을 전파하고 그들을 제자 삼는 일이다. 우리 예수마음교회가 '코칭'을 통하여 어린이, 학부모와 소통을 시도할 것이다. 그럼에도 불구하고 우리 교회의 본질적인 정체성은 '선교하는 교회'이다. 코칭 중심의 교회를 열어 그들의 필요와 요구를 채워주는 것도 알고 보면 바로 이 사명을 실천하는 과정의 한 부분이라 할 수 있다. 그들이 예수님을 믿고 제자가 될 수 있도록 예수마음교회는 선교하는 교회의 사명을 온전히 감당할 것이다.

새로운 교회 모델

코칭 중심의 교회는 성육신적 교회를 추구하는 하나의 새로운 교회 모델이다. 사실 코칭은 모든 세대와 깊이 있게 소통할 수 있는 중요하고도 좋은 접점이 된다. 코칭은 경청, 질문, 반응의 기술을 통하여 사람들이 목표와 꿈을 이룰 수 있도록 돕는 역할을 한다. 목회자가 코칭을 자신의 목회 영역 안에 제대로 적용할 수 있다면, 기존 성직자 중심의 교회에서 만인제사장인 평신도 중심의 교회로 변화할 수 있다.[24] 코칭은 사람들의 현재를 다루고 가르치기보다 스스로 배울 수 있도록 돕는다. 또한 상대방에게 동기를 부여하여 그들 스스로 바람직한 미래로 나아갈 수 있도록 돕는 기능을 수행한다.[25] 예수마음교회는 코칭을 통하여 교회 밖의 사람들을 섬길 수 있고 그들의 필요와 요구를 경청함으로 그들의 삶과 문화 안으로 들어갈 수 있다. 사람들은 코칭을 받는 가운데 현재 자신이 있는 시점에서 하나님이 원하시는 시점으로 옮겨 간다.[26] 사람들이 코칭을 접하고 예수마음교회에 들어온 이후에도 계속해서 코칭을 통하여 함께 교회를 이루고 하나님의 나라를 이루어간다. 예수마음교회 모든 부서와 프로그램 안에 코칭이 제대로 접목되면 다양한 모델의 예배와 나눔이 가능해진다. 그러므로 코칭을 통하여 성육신적 교회의 본질과 가치를 한국교회 현실에 실제로 적용한 교회가 바로 코칭 중심의 교회라고 생각한다.

코칭 중심의 교회를 위한 준비

코칭은 개인과 그룹, 모두에게 진행할 수 있다. 다시 말해서 코칭은 단한 사람을 대상으로 그의 삶을 다룰 수도, 그룹을 형성하고 공통된 주제를 중심으로 진행할 수도 있다. 코칭은 보통 상담, 컨설팅, 멘토링과 서로 비교된다. 상담은 주로 과거에 일어났던 문제와 감정을 다루며 심리학적 방식을 활용하여 문제의 원인을 파악하고 치유와 안정을 찾는데 주된 목적을 둔다. 컨설팅은 어떤 분야의 전문가가 상대방이 처한 상황을 분석하여 더 향상된 방향으로 나아가도록 정보와 전략을 제공한다. 멘토링은 스승이나 선임자가 자신의 인생에서 경험한 지혜, 지식을 제자나 후임자에게 전해준다. 이에 반해 코칭은 대상자가 스스로 자신의 가능성을 발견하고 목표와 꿈에 도달하도록 도움을 준다.[27] 코칭은 상담, 컨설팅, 멘토링에 비해 아직까지 한국사회에 잘 알려지지 않았다. 하지만 앞으로 인간의 현재적인 삶은 물론 다양한 세대와 많은 분야에서 매우 중요한 역할을 감당하게 될 것이다.

기독교 관점에서 본 코칭은 개인이나 집단이 그들의 현재 삶에서 하나님이 제시한 지점으로 이동할 수 있도록 안내하고 이끌어준다.[28] 교회가 사람들을 대상으로 코칭을 진행하려 한다면 어떤 장소이던지 상관없이 가능하다. 교회, 가정, 커피숍 뿐만 아니라 전화로도 코칭은 진행할 수 있다. 코칭의 전문분야는 대상자에 따라 다양하게 나뉜다. 코칭 분야는 학습 코칭, 과도기 코칭, 라이프 코칭, 부모 코칭, 비즈니스 코칭, 경력 관리 코칭, 관계 코칭, 교회 코칭, 기업 코칭, 이사회 코칭, 임원 코칭, 관리자 코칭, 리더십 코칭, 신입 코치 코칭, 소그룹 인도자 코칭, 결혼 코칭, 작가 코칭, 셀프 코칭 등 실로 다양하다.[29]

코칭의 분야가 매우 다양하고 넓기 때문에 다양한 세대와 분야를 아우를 수 있다. 교회 안에서 코칭을 활용하여 사역한다면, 다음과 같은 사역들이 진행될 수 있다. 그것은 목사 코칭, 성도 코칭, 변화 과정중의 회중 대상 코칭, 소그룹 리더 코칭, 구체적 문제에 대한 코칭, 교회 외곽 사역 코칭, 비전 만들기와 기독교 조직 코칭, 교회 전략 코칭, 리더십 개발 코칭, 교회 갈등 코칭, 사명 코칭, 영적 지도 코칭 등이다. 이외에도 교회 안팎의 또 다른 영역에서 코칭은 다양한 역할을 감당하게 된다. 교회 안팎에서 활용할 수 있는 코칭의 종류는 말 그대로 무궁무진하다.[30]

코칭의 이러한 다양한 분야와 역할에도 불구하고 예수마음교회는 먼저 어린이와 학생을 대상으로 한 학습 코칭, 그들의 부모를 중심으로 한 부모 코칭, 사람들의 균형을 찾아주기 위한 라이프 코칭 등 이 세 가지를 중심으로 진행할 계획이다. 예수마음교회가 주된 목회 시스템과 사역대상을 분명히 함으로 제대로 된 브랜딩 효과를 누릴 수 있다. 예수마음교회는 코칭을 통하여 어린들이 자기 주도적으로 공부하도록 이끌어 준다. 그들의 부모는 코칭을 통하여 가정, 교회, 사회에서 그들의 현재 삶을 직시하고 자신이 추구하는 꿈과 비전을 현실에서 이루어 나갈 수 있다. 이외에도 다양한 각 세대별 라이프 코칭을 통하여 그들 자신의 현재 삶을 바라보고 그들이 겪고 있는 과도기를 올바로 대처하며 삶의 균형을 잡을 수 있게 된다. 라이프 코칭 분야는 학습 코칭과 부모 코칭에 속하지 않는 다른 모든 세대에게 적용하여 코칭을 진행해 나갈 수 있다.

코칭 중심의 교회의 재정은 몇 가지 경우를 통하여 얻을 수 있다. 먼저 대상자들에게 돈을 받지 않고 무료로 코칭을 진행하는 경우이다. 이 경우에는 목회자가 교회와 사회를 대상으로 봉사와 섬김의 사명을 감당한다는 마음으로 코칭 사역을 감당해야 한다. 반대로 돈을 받고 코칭을 하는 유료 코칭의 경우이다. 이 상황에서는 목회자의 코칭은 일종의 비즈니스 성격을 띨 가능성이 매우 크다. 다시 말해 코칭은 하나의 사업이 된다. 코칭을 통해 얻고자 하는 것이 오직 비즈니스뿐이라면 교회가 추구하는 본질과 상충되는 부분도 발생한다. 만약 이 경우에 속하게 되면 한편으로는 코칭을 핵심 아이템으로 하는 영리 법인 회사를 세우고 본격적으로 비즈니스 사업을 할 수 있을 것이다. 다른 한편으로는 코칭을 받은 사람들이 내놓은 일정한 돈을 선교비와 교회 헌금으로 후원한다던지, 아니면 전혀 돈을 받지 않고 주변 교회와 기관에 후원과 지원을 받아 코칭 사역을 진행해 나갈 수 있다.

코칭 중심의 교회를 세우기 위해서는 먼저 목회자 당사자가 좋은 코치가 될 수 있도록 교육과 훈련을 받아야 한다. 먼저 국내외 유수의 코칭 전문기관에 가서 일정 기간 코칭 교육을 받는다. 코칭 자격 과정은 잘 살펴보면 정해진 일정 시간 동안 교육과 실습을 받지 않으면 코칭 자격시험을 볼 수 있는 기회가 주어지지 않는다. 그러므로 유능하고 좋은 코치가 되기 위해 반드시 정해진 시간동안 교육을 받고 실습을 실시해야 한다. 그 다음 자격시험을 치러서 합격하면 전문 자격증이 주어진다. 뿐만 아니라 코치로서 본격적으로 역할을 감당 할 수 있다.

하지만 전문코치 과정도 수준에 따라 코칭 교육비, 코칭 실습 시간,

시험, 코칭 자격 유지비를 달리 할 뿐만 아니라 그 가격도 매우 높다. '한국코치협회'를 검색해서 들어가 보면, 코치 자격 인증은 KAC(Korea Associate Coach), KPC(Korea Professional Coach), KSC(Korea Supervisor Coach) 순이었다. 교육과 실습 후에 시험을 보면 먼저 KAC 코치 자격을 받게 된다. 그런 다음 다시 일정 시간 교육과 실습을 진행한 후 정해진 시험에 통과하면 KPC 코치 자격을 받을 수 있다. 마지막으로 또다시 교육과 실습을 진행하고 자격시험에 통과하며 KSC 코치 자격을 받을 수 있다. 코치 자격 인증 과정을 알고 싶다면 '한국코치협회' 홈페이지를 살펴보면 자세히 알 수 있다.

이것과 함께 국제코치연맹(International Coach Federation, ICF)에서 진행하는 코치 인증 과정도 있다. 이 코칭 전문기관에서는 ACC(Associate Certified Coach), PCC(Professional Certified Coach), MCC(Master Certified Coach) 순으로 코치 자격 인증 과정을 진행한다. 사람들이 먼저 일정 기간 동안 코치 교육을 받고 코칭 실습과 자격시험을 보면 ACC 코치 자격부터 시작하여 MCC 코치 자격까지 받을 수 있다. 각 과정마다 정해져 있는 교육과 실습시간이 있고 각 단계마다 준비해야 할 부분이 많다. 교육받는 시간과 비용은 자격 이수 과정 단계가 점점 높아질 때마다 함께 따라 올라가게 된다. '국제코치연맹' 홈페이지를 살펴보면 이 모든 사항에 대하여 보다 자세하게 알 수 있다. 사람들이 코치가 되기 위하여 자격 과정을 치루는 동안 유능하고 좋은 코치가 될 수 있는 자질을 갖추게 된다고 생각한다. 코치로 열심히 사역하고 사명을 감당하기에 앞서 코치 자격 과정에 도전하여 코치로서의 자신을 점검하고 훈련하는 것이 다른 무엇보다 우선되어야 할 일이라 생각한다.

모든 과정을 필하고 시험에 합격하여 코치 자격을 얻게 되었다고 모든 것이 끝난 것은 아니다. 사실 이 때부터가 시작이다. 코칭 교육을 받는 과정가운데 전달된 코칭 교육 내용을 잘 정리하는 것이 무엇보다 우선되어야 한다. 그런 다음 핵심적인 코칭의 원리, 코칭 진행 방법, 목회에 도입할 코칭 프로그램을 체계적으로 구분하고 체계화하는 작업을 함께 진행해야 한다. 먼저 스스로에게 물어야 할 것이다. 왜 사람들이 코칭을 받으려 한다고 생각하는가? 그것은 코칭 받으려는 대상자에게 변화의 욕구가 있고 수없이 많은 변화의 잠재력과 목표가 있기 때문이다. 한마디로 그들은 변화하고 싶어 한다. 그렇다면, 코칭이 사람들을 어떻게 변화시킬 수 있는가? 바로 경청, 질문, 반응을 통해서 코칭은 목표한 바를 이룰 수 있다. 이 세 가지 단어는 코칭의 기술이다.31)

코치는 대상자가 하는 말을 잘 들어야 하고 그 들은 것을 바탕으로 잘 질문해야 하며 코칭 대상자가 질문에 대해 대답하는 것에 잘 반응해야 한다. 이 세 가지 기술을 잘 다루기 위해 코치 희망자들은 긴 시간동안 교육받고 실습하며 그동안 배운 것을 시험보고 심사위원 앞에서 시연하는 것이다. 코치가 대상자들에게 경청, 질문, 반응의 기술을 사용하여 코칭할 때, 세 가지 사항들에 대하여 주의해야 한다. 먼저 코치와 대상자가 코칭 할 때 그 순간에 일어나는 것을 잘 파악해야 한다. 그것을 가리켜 '즉시성'이라고 부른다. 그 다음으로 코치는 대상자와 함께 좋은 아이디어를 함께 만들어 낼 수 있도록 협력하는 것이 필요하며 이것을 가리켜 '브레인스토밍'이라 한다.

마지막으로 코치는 대상자가 자신의 문제와 사안들에 대하여 제일 좋은 아이디어를 끄집어 낼 수 있도록 도와야 하며 이것을 가리켜 일종의 '요청하기'라고 말한다.32) 코치는 경청, 질문, 반응의 기술을 사용하는 가운데 둘 사이에 일어나는 즉시성이 있음을 알아야 하고 좋은 아이디어가 나올 수 있도록 대상자와 브레인스토밍 해야 하며 마지막 최고의 아이디어를 대상자가 제시할 수 있도록 잘 요청해야 한다. 이것을 기반으로 세계 코칭 학계에서는 코칭 전문기관이나 코칭 전문가에 따라 주장하는 코칭 기술이 서로 다르다. 코칭 기술의 원리에는 11가지 코칭 기술, 15가지 코칭 기술, 5R 코칭 기술, 3F 경청 기술 등 매우 다양하다.[33] 이러한 다양한 코칭 기술 중에 자신이 생각하는바와 같은 주장을 나타내는 코칭 기술을 찾고 이를 자신의 구체적인 삶과 목회 현장에 적용하도록 한다.

코칭에 관한 이론적, 실제적 준비가 끝나고 코칭 기술이 체계적으로 준비되었다면 교회에 접목하여 코칭 중심의 교회가 되도록 만들어야 한다. 이것은 마치 필립 코틀러가 말한 것처럼 '보이지 않는 곳에 브랜드를 입히는' 작업일 것이다.[34] 코칭 중심의 교회는 곧 '코칭 하나로 설명될 수 있는 교회'라는 명제를 전제한다. 세상의 많은 기업들이 하나의 키워드로 설명되고 있는 것처럼 '코칭'은 곧 예수마음교회의 브랜드이자 키워드가 된다. 교회를 깊이 있게 분석하고 들어가면 복잡한 사상과 시스템이 있지만 단 한 단어로 설명되는 교회들도 있다. 제자훈련, 소그룹, 말씀 큐티, 전도 등 다양한 주제들이 교회의 이미지와 상징, 가치를 대변한다. 이것이 바로 브랜드인 것이다. 그런 의미에서 예수마음교회는 '코칭'이 핵심 키워드이며 브랜드인 교회이다.

목회자는 코치이며 코칭을 중심으로 목회한다. 코칭을 중심으로 설교하고 코칭을 활용하여 성경공부하며 코칭을 중심으로 심방한다. 코칭의 방법을 사용하여 성도들을 양육하고 코칭을 적용하여 성도들간 발생한 갈등을 해소하도록 노력한다. 소그룹 리더를 코칭으로 교육하고 전교인이 예수님의 제자이며 동시에 코치로 사명감당 할 수 있도록 해마다 세미나를 연다. 일대일 말씀 코칭 교육, 교회학교 코칭 여름행사, 부모 코칭 학교, 라이프 코칭 센터, 예수마음교회 코칭 연구소, 독서 코칭 모임, 24시간 코칭 상담 센터, 교사 코칭 강습회 등 코칭을 중심으로 구체화 할 수 있는 프로그램은 매우 많다. 뿐만 아니라 성도들을 훈련시켜 코치가 되게 하며 교회 밖의 사람들과 접점이 발생함으로 이를 기반으로 소통하면 새로운 변화가 일어날 수 있다. 이 외에도 '코칭'을 예배, 교육,

선교, 봉사에 접목하여 활성화 시키면 새로운 스타일들이 많이 등장하게
될 것으로 생각한다.[35)]

코칭 목회

21세기 한국사회에서 목회자들이 마음에 새길 단어가 있다면, 그것은
바로 소통이다. 지금은 다양성의 시대이다. 각 개인과 집단의 의견과
생각을 의미 있게 받아들여야 한다. 과거 어느 시대보다도 그들을 가치
있게 여겨야 한다. 그럼으로써 사람과 사람사이의 관계가 더욱 부각된다.
현 시대에는 사람과 사람, 집단과 집단 사이에 일어나는 소통이 정말
중요한 주제가 된다. 목회자가 해야 할 사명은 이분법적인 사고로 성과
속을 분리하는 것이 아니다. 예수님의 사랑으로 세상을 품고 교회 밖의
사람들과 대화를 시도하는 것이다. 그들의 이야기에 귀를 기울이고
그들의 생각과 감정을 경청해야 한다. 그들의 생각과 마음을 잘 살펴야
한다. 예수님의 사랑의 마음을 담아 그들의 상황과 문화 안으로 들어가야
간다. 세상 사람들의 삶을 함께 공유해야 한다.

우리가 그들과 소통하고 나누는 가운데 그들의 필요와 요구를 채우게
된다. 세상 사람들의 상처와 아픔을 치유한다. 그들의 문화와 상호 영향을
주고받는다. 그들의 문화를 변화시킨다. 하나님의 사랑과 은혜를 나누며
복음 되신 예수님을 전함으로 이 모든 것이 가능하게 된다. 세상 사람들이
예수님의 제자가 되어 우리와 함께 신앙의 길을 간다. 그들의 삶에
자리에서 주어진 상황에 맞는 공동체로서의 교회를 형성한다. 그리스도의
몸 된 지체로서 함께 예수님의 삶을 산다. 이 모든 것이 가능하게 된 것은
소통을 이루게 하는 코칭 목회가 있기 때문이다. 경청과 공감이 있고
질문과 대화가 있으며 서로 나누고 공유하는 코칭의 마음이 있기
때문이다. 서로의 삶을 함께 나누며 하나님의 뜻을 이뤄 나가는 마음과

따뜻함이 있기 때문이다. 그러므로 앞으로의 목회는 코칭 목회이어야 한다고 생각한다.

03 코칭, 세움, 나눔

예수마음교회는 코칭을 통하여 어린이들의 이야기를 경청하고 그들에게 눈높이를 맞추며 그들이 가정, 교회, 학교, 사회에서 하나님이 원하시는 전인적인 인간으로 세움 받을 수 있도록 사명을 감당한다. 어린이들은 예수마음교회에서 코칭을 받으며 교사들과 삶을 나누고 앞으로 이루고 싶은 꿈을 나누며 그 꿈을 구체적으로 이룰 수 있는 방법을 함께 모색한다. 포스트모던 시대, 다양성의 시대를 살아가는 어린이들이 각자에게 부여된 존재 가치를 발견하고 의미 있게 살아갈 수 있도록 인도한다.

예수마음교회는 어린이들이 코칭을 받는 가운데 예수 그리스도를 배우고 믿으며 모두의 주님으로 고백하도록 이끈다. 그들이 구원받은 어린이로 마음에 품어야 할 목표와 꿈을 세우도록 코칭 한다. 또한 그들이 구원받은 자녀로서 누려야 할 신앙의 기쁨이 있음을 알게 하여 그것을 몸소 깨닫고 참된 제자의 삶을 살아가도록 인도한다. 어린이들은 신앙 안에서 자신이 받은 코칭 교육을 세상에 나가 가족, 친구, 이웃들과 함께 나누며 스스로 자신들이 제자로 세움 받았다는 사실을 인식하면서 빛과 소금의 역할을 행한다.

예수마음교회는 어린이들이 코칭을 통하여 성경을 배움으로 그들의 삶, 가정, 학교, 일상에서 신앙의 뿌리가 내릴 수 있도록 역할을 수행한다. 어린이들의 삶 중심에 복음이 심어지고 온전히 뿌리 내림으로 자신이 속한 지역은 물론 땅 끝까지 복음을 증거하는 증인으로 세움을 받았다는 사실을 온전히 알도록 한다. 복음이신 예수님을 가족, 친구, 이웃들에게 전하고 주님의 사랑을 함께 나누며 서로 연대하고 온전히 사명 감당함으로 하나님의 나라를 함께 이루어간다.

예수마음교회가 코칭 중심의 교회 모델을 구성한 후 어린이들을 교회로 전도한다. 인근에 위치한 초등학교 어린이들을 학년 별로 개인 및 그룹 코칭 모임을 구성한다. 5개 이상의 코칭 그룹을 만든다. 각 그룹들에 속한 어린들이 학습 코칭 교육을 받고 학업 성적이 향상되도록 한다. 그들은 코칭 교육을 통하여 정서함양에 큰 도움을 받는다. 어린들이 행신동 지역에 어린이들을 위한 학습 코칭 교육이 있음을 소개하고 평소 공부에 많은 어려움을 겪는 어린이들에게 좋은 학습 코칭 교육의 장으로 이끈다.

성경을 체계적으로 공부하고자 원하는 이들에게 코칭 교육을 통한 배움의 기회를 제공한다. 매 주 수요일 오전 시간에 약 30명 이상으로 구성된 성도들이 함께 모여 코칭을 통하여 성경을 공부한다. 이 코칭 성경공부 모임은 기존 성도와 새로운 성도들이 함께 기독교 신앙에 뿌리를 내리도록 그들의 이야기를 경청하고 질문하며 그들의 배움에 반응한다. 코칭을 통하여 공부한 성경 내용들은 교회 페이스북 페이지를 통해 주위에 소개된다. 보다 많은 사람들이 함께 코칭 성경공부를 받는다. 하나님의 구원 역사가 코칭 성경공부를 통하여 전국으로 활발하게 퍼져 나간다.

예수마음교회가 행신동 지역 사회에 코칭을 기반으로 한 문화행사를 매년 2회 이상 정기적으로 연다. 기독교 코칭 문화 행사를 개최함으로 지역 주민들이 자연스럽게 코칭을 접하게 하고 복음을 들을 수 있는 기회를 제공한다. 그들이 문화행사에 참여하여 함께 기독교 코칭 문화와 일상의 삶을 나눈다. 코칭을 통하여 삶과 문화를 공유하고 복음을 받아들이는 가운데 그들이 자신을 기독교인으로 고백할 수 있도록 한다. 복음의 본질을 담은 기독교 문화가 코칭을 통하여 지역사회를 성숙하게 하고 삶의 존재 의미와 가치를 깨달을 수 있도록 돕는다. 세상이 보다 가치 있는 사회로 나아가는데 귀한 밑거름이 된다.

예수마음교회 안에 라이프 코칭을 중심으로 한 모임을 구성한다. 이 모임이 점차 행신동 전 지역으로 확대된다. 라이프 코칭을 받고 다양한 세대들이 과도기를 극복하고 주안에서 삶의 새로운 목표와 비전을 발견한다. 현재 자신의 삶에 균형이 맞추어짐으로 새로운 활력을 경험한다. 예수님과 복음에 관하여 열린 마음으로 받아들일 뿐만 아니라 자신의 어려움을 해결한 라이프 코칭 모임에 가족, 지인, 친구들을 초청한다. 이 모임에 함께 한 이들이 코칭을 통하여 서로의 삶을 공유하고 하나님에게 창조된 인간으로서의 존재 가치를 재발견하며 예수님의 제자로서의 삶을 함께 살아갈 수 있도록 주의 사랑을 나눈다.

Chapter 08

"아름다운 선율로 하나가 되다"
[전교인 오케스트라]

이정신 목사 (산곡제일교회)

홈페이지 : sgmc.modoo.at
카카오 ID : jngshin2149
이메일 : jngshin@hanmail.net

01 개척 교회 목회 11년 이야기

준비 없이 목회를 시작하다.

2003년에 신학대학원을 마치고 목회를 나가게 됐다. 개척할 용기가 나지 않았다. 그래서 선택한 것이 수련목회자 과정이었다. 수련목회자 과정은 나같이 개척할 준비가 되지 않는 예비 목회자가 개척을 배우는 시간으로 생각했다. 수련목회자 과정 3년을 마치고 목사 안수를 받기 위해 개척 교회에 부임해서 한 교회의 담임자가 되어보니 수련목회자로 사역하는 것과는 상황이 전혀 다르다는 것을 알았다. 나는 어릴 적 장래 희망대로 목사는 되었지만 여전히 준비되지 않은 목사였다는 것을 그제서야 깨달았다. 그리고 내가 목회에 대한 준비가 되지 못했던 이유가 어릴 적 목사가 되기로 결심하면서부터 목사가 되기까지의 전 과정에서 문제가 있었기 때문임을 알게 되었다.

내가 왜 목사가 되어야 하는지 깊이 생각하기에는 어린 나이였던 초등학교 들어가기 전부터 나는 목사가 돼야겠다고 생각 했다. 만약에 충분히 생각할 수 있는 나이에 목사가 되기로 결심했다면 내가 왜 목사가 되어야 하는지에 대해 진지하게 고민하는 시간을 분명 가졌을 것이다. 어릴 적 목사가 되기로 결심하고 고등학교 2학년이 될 때까지는 한 번도 목사가 되려는 생각에는 변함이 없었는데 고3이 되면서부터 하나님이 정말 계신가라는 고민을 하게 되었고 목사가 되는 것에 회의를 갖게 되었다. 그러나 정작 대학 입시를 앞둔 상황에서는 진로를 바꾸는 것이 어려웠기 때문에 하나님은 정말 계신가라는 고민을 일단 덮고 무작정 신학대학교에 입학하게 되었다.

그렇게 신학대학교에 입학해서는 신학과 신앙의 갈등을 심하게 겪게 되었는데, 결국 신학과 신앙의 갈등을 해결하지 못한 채 군에 입대하게 되었다. 나이가 어려서 신학하기 힘들다는 결론을 내리고 도망하듯 군 입대를 하게 된 것이었다. 군대 제대 후 복학하면서 부터 첫 교육 전도사 사역을 시작했는데 고민 없이 신학과 신앙을 서로 분리시켜 버렸다. 신학 공부는 학교에서만 하고 자라면서 교회에서 보고 배운 대로 전도사 사역을 감당하게 되었다. 마찬가지로 신학대학원을 졸업하고 수련목회자 과정을 거칠 때 까지 나중에 어떤 목회를 할 것인지 나만의 목회를 따로 준비할 시간을 갖지 못했다.

그렇게 신학교에 입학해서 목사 안수 받기까지 11년의 시간 동안 제대로 목회에 대한 고민을 전혀 하지 못한 체, 훗날 개척 교회에 나와서 뼈저리게 깨달은 사실은 한 교회를 담임하기 위해서는 그만한 목회 철학이 분명 있어야 한다는 것이었다. 자신의 목회 철학 없이 목회를 한다는 것은 나 스스로에게도 부끄러운 일이 아닐 수 없었다.

목회 철학의 부재를 확인하다.

개척 교회를 담임하면서 목회 철학의 부재는 여러 면에서 문제가 되기 시작했다. 개척 교회에 부임해서 제일 먼저 전도에 앞장서야 했지만 전도에 대한 열정이 생기지 않았다. 목회 철학의 부재가 전도에 대한 확신의 부재로 나타났던 것이다. 교육 전도사와 수련목회자로 사역하면서 전도를 안 해 본 것은 아니지만 그 때는 행사를 위한 전도에만 머물렀던 것 같다. 그렇지만 개척 교회의 전도는 행사를 위한 전도가 아니라 한 생명을 살리는 전도가 되어야 했다. 그렇다고 나에게 생명을 살리는 전도를 할 능력이 있었던 것도 아니었다. 이 문제는 개척 교회를 목회하는 목사로서 정말 치명적인 약점 이었다. 개척 교회 목사에게는 전도가 생명이다. 개척 교회에 부임하기 전에 전도로 무장이 되어 있어야 했지만 나의 개척 교회의 목회 시작은 그런 준비가 전혀 되어 있지 않았다.

나를 잘 아는 몇 분이 내가 개척 교회에 부임했다는 소식을 듣고 축하와 격려를 하기 위해 우리 교회를 방문하셨다. 이 분들은 나를 어릴 적부터 봐오셔서 나의 내성적인 성격을 걱정하셨다. 개척 교회일수록 더욱 적극적으로 전도해야 하는데 적극적으로 전도에 나서지 못하는 것이 나의 내성적인 성격 탓이라고 생각하셨을 것이다. 믿지 않는 사람들에게 교회 나오라고 강요하듯이 전도하지 못하는 것이 비단 성격 탓 만일까. 목회 철학이 정립되지 않으면 성격이 변해도 전도는 쉽지 않은 일 일것이다. 예수가 모든 사람에게 그리고 모든 문제의 답이라는 것을 설명해 줄 준비가 필요했다.

제자를 만들지 못하는 목사

그래도 개척 교회 담임 첫해 교회 표어를 "모든 족속으로 제자를 삼으라."로 정했다. 이는 예수님께서 부활 후 하늘로 승천하시면서 제자들에게 주신 말씀이다. 그런데 나는 정작 목사가 되었어도 제자를 삼을만한 준비가 안됐었다. 목사가 되었어도 제자를 어떻게 삼아야 하는지를 알지 못했다. 목사가 되기까지 한 번도 성경공부를 체계적으로 배워보지 못한 탓에 성경공부를 어떻게 가르쳐야 할지 알지 못했다. 내게는 따로 교인들을 가르칠 수 있는 성경 공부 교재도 없었다. 그렇게 나는 제자를 삼을 만한 준비가 안 되어있음을 새삼 깨달았다.

목사가 되어서야 알았다. 제자가 되어 본 사람만이 제자를 삼는 사람이 될 수 있다는 것을 말이다. 나는 목사가 되려고만 했지 한 번도 누구의 제자가 되어 보려고 하지 않았기에 누구의 제자가 되지를 못했다. 엘리사는 어떻게 스승 엘리야의 갑절의 능력을 받았는가. 열왕기하 2장에 엘리야가 길갈에서 벧엘로 올라갈 때, 엘리야는 엘리사를 떼어놓으려 했지만 엘리사는 스승을 따라갔다. 벧엘에서 여리고로 갈 때에도 스승 엘리야는 엘리사를 떼어 놓으려 했지만 엘리사는 여리고까지 따라갔다. 여리고에서 요단으로 가고자 할 때에도 엘리야는 엘리사를 떼어 놓을 수 없었다. 그리고 요단에서 엘리야는 엘리사에게 내가 네게 어떻게 할지를 구하라 했고 엘리사는 당신의 성령이 하시는 역사가 갑절이나 내게 있게 하소서 한다. 그리고 스승 엘리야가 하늘로 올라가고 엘리사가 요단 언덕에서 엘리야의 겉옷으로 물을 쳤을 때 엘리야가 했던 것처럼 물이 갈라지고 엘리사가 건너게 되었다.

나는 엘리사처럼 엘리야를 귀찮게 따라 다니며 배우는 제자가 아니었다. 엘리사는 자신을 억지로 떼어놓으려고 했던 스승 엘리야에게서 한시도 떠나지 않았다. 누군가의 제자가 되려면 이러한 자세가 필요하지 않을까. 하지만 나는 이런 제자의 자세를 가지지 못했었기에 그 누구의 제자도 되지 못했다.

수련목회자가 돼서도 담임 목사님을 통해 많은 것을 배웠지만 그분의 제자가 되지는 못했던 것 같다. 수련목회자 마지막 해인 3년째에는 주위의 목사님들이 내 머리가 곱슬인 것도 담임 목사님의 곱슬머리와 닮았고 내가 걷는 뒷모습까지 담임 목사님의 모습하고 똑같다 할 정도였다. 하지만 내가 수련목회자 과정을 마치고 개척 교회에 부임했을 때 내게는 엘리사와 같이 담임목사님의 갑절의 영력이 주어지는 일은 일어나지 않았다.

예수님은 '나를 따라오려거든 자기를 부인하고 자기 십자가를 지라'고 말씀 하셨다. 이것이 예수님의 제자가 되는 길이었다. 하지만 나는 예수님의 제자가 되기 위해 나를 부인하고 나의 십자가를 지지 않았다. 누군가의 제자가 되려고 나를 부인하고 십자가를 지는 과정을 겪지 못한 것이다. 누구의 제자도 되어 보지 못한 나는 제자를 삼을 준비가 되지 못한 목사였다. 큰 교회에서 행정을 담당하고 큰 교회에 등록된 교인들을 잘 관리하는 목사가 되었을지는 몰라도 모든 민족을 제자로 삼으라는 예수님의 지상명령을 수행할 목사는 되지 못했다.

어린이 전도를 시작하다.

목회 준비는 저절로 되는 줄 알았었는데 두 교회에서의 교육 전도사 사역과 수련목회자 사역에서 주로 교회학교 파트만을 경험하였기 때문인지 개척 교회를 시작할 때 장년에 대한 목회 준비가 전혀 되어 있기 않았다. 또한 결혼을 하지 않은 상태에서 개척을 시작했기 때문에 전도의 대상을 장년으로 정하는 것은 부담이 컸다. 다행히 교회 주변에 2개의 초등학교가 있어서 전도 대상을 초등학교 학생으로 삼았다. 매일 초등학교 정문에 나가서 만나는 학생들과 놀아주며 친해지기 시작 하면서부터 방과 후에 한두 명씩 교회에 나오는 학생들이 생겨나기 시작 했다.

전도한 아이들을 교회에 머물게 하기 위해서는 프로그램이 필요했다. 초등학생들에게 악기를 가르쳐서 찬양하게 하면 아이들에게도 좋고 교회에서도 아이들을 정착하게 하는데 도움이 되리라 생각했다. 그래서 교회에 나오는 아이들에게 바이올린을 가르쳐 주었다. 악기를 처음 접해 보는 아이들은 신기해하며 호기심을 가지고 악기를 배우게 되었다. 매일 학교 앞 전도와 방과 후 바이올린 지도를 통해서 10명 정도의 학생들이 꾸준히 교회를 다니게 되었다. 그리고 그 아이들이 어느 정도 바이올린 실력이 늘면서 찬송가를 연주할 수 있게 되었다. 아이들에게 찬송가를 가르쳐 주면서 주일 예배 때 특별찬양을 하자고 하니 아이들이 좋아했다. 악기지도에 찬송가를 접목하니 평일에 오던 아이들을 주일 예배로 연결하는 것이 자연스럽게 이루어졌다. 아이들은 그렇게 주일 예배 특송으로 시작해서 예배 전체 찬송가 반주를 하게 되었다. 찬송가로 예배 반주를 시작 하면서 악보 보는 실력과 바이올린 실력이 나아지기 시작했고 예배와 말씀을 통해 아이들의 신앙도 함께 성장하게 되었다.

교회의 비전을 발견하다.

악기를 통해서 전도가 되기 시작하고 찬송가를 가르쳐서 예배 반주자로 세우기 시작한 후, 아이들의 신앙이 함께 자라게 되는 것을 경험하면서 예배 찬양 사역자 100명을 세우자는 목회 비전을 가지게 되었다. 학생들을 전도해서 악기를 가르치고 그를 통해 하나님을 예배하고 찬양하는 사역자 100명을 세우는 것도 의미 있는 목회가 되리라 생각했다. 요즘 교회를 개척해서 100명을 전도하는 것은 참으로 쉽지 않다. 그러니 우리 교회가 100명을 전도해서 그들로 예배하며 찬양하는 교회로 세울 수 있다면 그것도 성공한 목회란 생각이 들었다. 목회 사역을 특성화 하여 이 일에 전념하는 것도 하나님이 분명 기뻐하시리라 생각했다.

하지만 교회에서 악기를 가르쳐서 예배 반주자로 세우는 일은 생각만큼 그리 쉽지 않았다. 교회 학생들 중에 악기를 배우기 싫어하는 학생들도 있었고 악기를 배우더라도 예배 반주자가 되기 싫어하는 학생들도 있었다. 그런 아이들에게 악기를 가르치려다 보니 다툼이 일어나기도 했다. 아이들은 왜 자기가 악기를 배워야 하냐고 물었다. 나는 그들에게 교회에서 악기를 배워야 하는 분명한 이유를 제시해야 했다. 악기를 배워야할 이유는 많이 있다. 악기를 배우면 두뇌 발달에 좋고 정서 발달에도 도움이 된다. 더 나아가 삶을 풍요롭게 할 수 있다. 그리고 무엇보다도 하나님이 우리의 찬양을 기뻐하신다. 하지만 아이들에겐 이보다 더 중요한 일들이 있었다. 공부도 해야 하고 친구와의 약속도 이들에겐 교회에서 악기를 배우는 것 보다 중요했다.

그래서 교회에서 악기를 배워야 하는 이유를 말씀을 통해서 정립하게 되었다. 성경의 인물 중에 악기를 잘 다룬 다윗을 살펴보았다. 다윗은 악기를 참 잘 다루었다. 사울이 악신이 들렸을 때 그를 위해 수금을 타는 악사가 필요했다. 다윗이 궁중 악사가 되어서 사울 앞에서 수금을 타면 악신이 떠나게 되었다. 그처럼 다윗은 악기를 참 잘 다루는 사람이다. 그런데 하나님의 목적은 다윗을 궁중 악사로 끝내지 않고 다윗을 왕으로 세우는데 있었다. 다윗이 악기를 잘 다루는 자였음에도 말이다. 이는 내가 교회 아이들에게 악기를 가르치는 일을 포기하지 않는 이유가 되었다. 악기를 배우기 싫어하는 아이들에게도 말이다. 이들이 악기를 통해서 하나님을 찬양하면 성령의 의해서 다윗과 같이 그 중심이 변화되어지리라 확신한다. 악기야 말로 하나님의 사람을 세우는 좋은 도구가 된다. 그렇게 우리 교회는 교회 학교 학생 100% 오케스트라 하는 특색 있는 교회가 되었다.

교회에서 아이들이 악기를 배운다고 모두 악기를 전공해서 연주자가 되는 것은 아니다. 하나님은 분명 우리 모두를 향한 목적과 뜻이 있다. 이러한 목적과 뜻을 이루는 일꾼이 되려면 준비가 되어야 한다. 다윗이 악기를 통해 왕이라는 하나님의 일꾼이 되었듯이 오늘날에도 악기는 하나님의 일꾼을 세우는 훌륭한 도구가 된다. 하나님은 다윗과 같이 찬양하는 자를 기뻐하신다. 하나님은 찬양하는 자를 하나님의 일꾼으로 삼으신다.

아이들에게 악기를 가르쳐서 그들을 예배 반주자로 세우는 것이 교회 비전의 1차 목표이다. 하지만 이들이 교회 안에 예배 찬양 사역자로만 머물게 되면 교회 오케스트라의 비전의 의미가 작아질 수밖에 없다. 그래서 교회 비전의 2차 목표는 그들이 결국 성령과 말씀으로 변화되고 하나님의 일꾼이 되게 하는데 있다. 오케스트라 사역은 이들이 교회 안에만 머물게 하지 않고 각자가 하나님의 사명을 받아 하나님의 일을 감당하기 위해 세상으로 나아가는 더 넓은 차원의 비전으로 확대된다.

우리 세대에 하나님의 일꾼을 세우는 일도 중요하지만 우리 다음 세대에 하나님 나라 일꾼을 준비시키는 일도 중요하다. 하나님의 일꾼을 만드는 길이 한 가지만 있는 것은 아니지만 우리는 오케스트라를 통해 하나님의 일꾼을 만드는 길을 제시하고 있다. 그동안 오케스트라를 통해 정말 많은 하나님의 일꾼이 세워져왔고 앞으로도 오케스트라 사역을 통해서 수많은 하나님의 일꾼이 세워질 것이다. 나는 더 많은 교회들이 이 오케스트라 사역에 동참하기를 희망한다.

교회 오케스트라를 말하다.

한국에서는 오케스트라 하기가 쉽지 않은 상황이다. 오케스트라가 전공자 중심으로 너무 치우치는 경향이 있다. 교회 오케스트라도 전공자가 자리를 차지하면 비전공자는 교회 안에서 설 자리를 잃고 마는 경우가 허다하다. 한국 교회 오케스트라의 분위기가 바뀌어야 한다. 교회 오케스트라는 누구나 할 수 있는 오케스트라가 되어야 한다. 전공자뿐만 아니라 비전공자도 마음껏 하나님을 찬양할 수 있어야 하고 전공자와 함께 연합하여 찬양하는 일이 자연스럽게 이루어질 수 있어야 한다.

그동안 우리나라에서는 음악을 잘하는 학생들이 대부분 음악을 전공하면서 음악은 음악을 전공한 사람들만의 몫이 되어 버렸다. 음악을 전공하지 않은 사람은 음악을 할 수 없는 그런 분위기를 만들어 버렸다. 그러다 보니 음악을 전공하는 사람들조차 누구를 위해 음악을 하는지 모를 정도로 난해한 연주를 하게 되고 청중의 호응을 받지 못하고 있다. 이러한 현실은 음악을 전공하는 사람들에게도 결코 좋은 일이 아니다. 결국 사회 전반의 오케스트라의 분위기를 바꿀 수 있어야 교회 아마추어 오케스트라도 더욱 확산이 될 수 있다. 그렇게 교회 오케스트라 확산을 통해서 더 많은 하나님의 일꾼이 배출되어야 한다.

우리 교회는 오케스트라 사역을 통해서 누구나 오케스트라 할 수 있는 교회를 만들고 있다. 그리고 더 많은 교회들이 누구나 오케스트라 할 수 있는 교회로 세워질 수 있도록 교회 연합 오케스트라도 운영하고 있다. 이들 교회들과 연합하여 해마다 음악 캠프 및 연주회를 열고 있다. 연주회에는 전공자들을 초청해서 함께 무대에 선다. 이를 통해 전공자와 비전공자가 함께 연주할 수 있는 분위기를 조성하고 이것이 더욱 확산되어지기를 또한 바라고 있다.

02 사람을 세우는 교회

한 영혼을 사랑하게 되다.

어렵게 개척을 해 본 선배 목사님들은 이런 말씀을 하신다. "개척 교회를 통해서 한 영혼이 얼마나 귀한지 알게 된다." 나 또한 개척 교회 11년을 통해 배운 것이 있다면 한 영혼이 정말 귀하다는 것이다. 어떻게 보면 이것이 개척 교회를 통해 배운 가장 큰 유익이다. 한 영혼이 천하보다 귀하다 했는데 정말 한 영혼이 천하보다 귀할 수 있을까? 내가 한 영혼을 천하보다 귀하게 여길 수 있을까? 이런 것을 배워가게 하는 것이 개척 교회 목회인 것 같다. 솔직히 나는 나보다 다른 사람을 낫게 여기라는 말씀도 온전히 실천하지 못해왔다.

내가 2006년 1월, 개척한지 1년 된 교회에 처음 부임했을 때 담임자가 바뀐 탓에 성도가 모두 떠나고 없는 상황이었다. 새벽부터 저녁까지 교회 문을 열어 놓아도 누구 한명 찾아오는 이가 없었다. 성도가 없는 교회에서 할 일을 찾던 중에 새벽예배 끝나고 교회 주변 청소를 하기 시작 했다. 1월의 새벽 날씨는 매우 추웠다. 영하 10도 이하로 떨어지는 기온에 손과 발이 꽁꽁 얼어붙었다. 일주일이 지난 어느 날 새벽 꽁꽁 얼어붙은 손과 발을 구르며 교회 주변 청소를 하는데 서러움이 복받쳤다. 내가 아무리 성도 한 명 없는 개척 교회 목사라 해도 명색이 대학을 나와 대학원까지 졸업했는데, '이렇게 청소나 하고 있나'라는 생각을 하니 내 자신이 한심했다. 그 때 주님의 음성이 들렸다.

"너는 무익한 종이니라."

그랬다. 내 할 일을 다 한 후에도 난 주님 앞에 무익한 종이여야 했다. 대학원을 졸업했어도 나는 주님 앞에 무익한 종이어야 했다. 그 시간 나는 주님 앞에 고백했다.

"주님, 저는 무익한 종입니다."

그 후로 나는 영적인 이름을 마음에 새기게 되었다. 성이 '이'요, 이름이 '무익한' 나는 '이무익한'이다. 이 일이 있고 나서 주위의 사람들이 달라져 보였다. 모든 사람이 나보다 귀하게 여겨졌다. 그리고 한 영혼이 천하보다 귀하다는 말씀이 믿어졌다.

목회란 무엇인가? 나에게 목회란 천하보다 귀한 한 영혼을 세우는 것이다. 우리 교회는 오케스트라 하는 교회이다. 학생들을 전도해서 악기를 가르치고 오케스트라를 통해 하나님을 찬양하게 한다. 이 일은 오랜 시간이 걸린다. 그리고 한 사람에게 집중하지 않으면 오케스트라에 참여할 정도로 악기를 가르치는 것은 쉽지 않은 일이다. 그 만큼 오케스트라 사역으로 사람을 세우는 일은 어렵다. 그러나 오케스트라를 통해서 천하보다 귀한 한 영혼에 관심을 주고, 한 영혼을 하나님의 사람으로 세울 수 있기에 나는 이 목회를 소중히 여긴다.

한 사람에게 악기를 가르치는 일이 생각만큼 쉬운 일이 아니니 오케스트라로 교회를 부흥시키는 것도 역시나 쉬운 일은 아니다. 그러니 교회 오케스트라를 통해서 교회가 크게 성장하기를 기대하기란 어려울 수도 있다. 그러나 오케스트라를 통해서 한 영혼을 하나님의 사람으로 세울 수 있다면 그것이 내 목회의 가장 큰 보람이다. 한 영혼이 천하보다 귀하다고 하시지 않았는가. 반면에 우리는 영혼이 몇 명이나 모여야 천하보다 귀하다고 하겠는가? 한 영혼이 천하보다 귀하다면 한 영혼만을 살려도 성공한 목회. 영혼이 천 명 정도 모여야 그들이 천하보다 귀하게 되고 천명 모이는 교회를 목회해야 성공한 목사가 되는 것이 결코 아니다. 한 영혼이 천하보다 귀하다는 것은 당연히 한 영혼만 있어도 그 한 영혼이 천하보다 귀하다는 것이다.

한 사람이 성전이 되다.

나는 이런 교회를 꿈꾼다. 성경은 한 사람이 성전이라고 말한다. 한 사람의 몸이 성령이 거하는 전이 된다. 이것이 한 영혼이 천하보다 귀한 근거라 생각한다. 하나님이 에덴동산에 거니실 때는 에덴동산이 하나님이 거하시는 거룩한 전과 같았다. 하나님이 성막에 거하실 때에는 성막이 하나님의 전이었고, 하나님이 성전에 거하실 때는 성전이 하나님의 전이 되었다. 하나님의 아들 예수님은 그런 성전을 헐라 하시고 사흘 만에 성전을 짓겠다고 하셨다. 또한 베드로의 고백 위에 교회를 세우겠다고 하셨다. 그리고 예수님이 부활하시고 성령이 우리 몸에 거하시므로 한 사람의 몸이 하나님의 전이 되었다.

또한 예수님은 두 세 사람이 모이는 곳에 나도 그들과 함께 하리라 하셨다. 예수님이 함께하는 두 세 사람이 모인 공동체, 예수님이 함께 하는 경험을 할 수 있는 두 세 사람이 모인 공동체가 진정한 교회이다. 그래서 예수님은 천국은 너희 가운데 있다고 하셨다. 예수님이 함께 하는 경험을 통해 우리는 천국을 경험하고 천국의 삶을 살 수 있다. 교회는 예수님의 이름으로 모이는 공동체이며 예수님의 임재를 경험하는 모임이다.

물론 건물로서의 성전도 여전히 존재한다. 우리 몸이 성령이 거하심으로 구별된 전이 되듯이 교회 건물도 세상의 건물과 구별된 성전이 된다. 구별된 거룩한 교회는 하나님의 은혜의 도구가 되어 진다. 교회 건물은 성도의 모임을 위해, 예배를 위해, 선교를 위해 구별될 때 하나님의 은혜가 흐르는 성전의 기능을 갖게 된다. 예수님도 성전을 헐라고 했지만 성전에 올라 성전을 정화하시면서 내 집은 만민이 기도하는 집이라 하시며 건물로서의 성전을 인정하셨다. 오늘도 많은 성도들은 세상에서 구별된 교회건물에 나와서 하나님께 기도하길 원하며 하나님과의 친밀한 교제를 누리길 원한다. 성도들을 성령으로 충만하게 하는 세상과 구별된 성전으로써의 교회가 필요한 이유이다. 교회 건물의 상징성은 여전히 많은 성도들에게 큰 영향을 미치고 있다.

그러나 믿지 않는 사람들에게 교회 건물이 미치는 영향은 확실히 예전보다 작아졌다. 오히려 성도 한 사람이 성전이 될 때 세상에 더 큰 영향을 미칠 수 있는 시대로 바뀌어 가고 있다. 교회 건물이 아닌 성도의 모임인 공동체가 오히려 세상에 선한 영향력을 더 많이 끼칠 수 있는 것이다. 교회 건물만을 성전으로 삼고 성도를 교회로 모으기에만 급급해 한다면 세상에 영향을 미칠 수 있는 한 사람을 성전으로 세우는 일과 세상에 선한 영향력을 끼치는 그런 공동체를 만드는 일에 소홀해 질 수 있다. 그렇기 때문에 우리는 이 땅에 건물로서의 성전 하나만 존재한다고 말할 수는 없다. 성경이 여러 모습의 성전을 말해주듯이 여러 모습의 성전을 인정하고, 연합하고 협력함으로, 성전을 통해 이 땅에 하나님의 영광을 드러내며 하나님의 나라를 세워가야 한다.

사람 욕심을 버리다.

한 사람이 성전 되고 두 세 사람이 모여도 예수님이 함께 하시지만 오늘날 교회로서의 사명을 감당하기 위해서는 지속가능한 자립형 공동체를 이루어야만 한다. 결국 교회의 자립은 교회에 모이는 교인들의 수와 교회 재정의 상황에 결정될 수밖에 없다. 그런데 나는 목회를 하면서 교회 자립과는 다른 엉뚱한 방향으로 인도하시는 하나님을 경험하였다. 미 자립 교회에 부임하면서 한동안 나는 아는 사람을 만나는 것이 오히려 부담스러웠다. 지인을 만나면 혹시 우리 교회에 와서 나를 도와주었으면 하는 생각이 내 안에 있었던 것이다. 상대에게 직접적으로 표현을 하지 않았지만 상대방도 그런 나의 생각을 읽게 되는지 나를 보는 것을 불편해 하는 것 같았다.

개척 교회를 자립 교회로 성장시킬 수 있는 가장 좋은 방법이 교회를 개척하기 전에 개척 멤버를 모아서 시작하는 것이라는 말을 주위에서 많이 들어왔다. 한명도 없는 개척 교회에 부임해서인지 나는 10명에서 20명 정도 성도를 모아서 개척하는 교회가 부러웠나 보다. 나도 그런 방법으로 개척 교회를 하고 싶어서 누가 나를 도와주러 오지 않나 생각했던 것이다. 처음에는 그것이 서로를 불편하게 하는 줄 알지 못했다. 내 안에 사람 욕심이 있었다는 것을 말이다. 개척 교회 목사가 되어서 한참이 지나서야 알게 되었다.

그러나 하나님은 사람 욕심을 버리도록 나를 이끄셨다. 하나님은 내가 누구를 만나든지 주님의 사랑으로 사랑해 주고 때로는 주님의 위로로 때로는 하나님의 뜻을 전해 줄 수 있는 그런 목사가 되길 원하셨다. 하나님은 다른 교회에 다니는 사람을 우리 교회로 오기를 바라는 사람 욕심 부리는 목사가 되길 원하지 않으셨다. 내 안에 이런 사람 욕심이 있다면 나는 하나님이 원하시는 목사가 될 수 없을 것이라 생각했다. 내 속에서 사람의 욕심이 완전히 사라질 수는 없었지만 하나님은 지금까지 내가 사람을 의지하려는 유혹을 이기도록 도와 주셨다.

돈 욕심을 버리다.

미자립 교회의 판단 기준은 교회의 전 년도 수입결산이다. 그 교회의 재정의 형편에 따라 미자립 교회로 분류 됐다는 것 하나 만으로도 미자립 교회가 재정적으로 얼마나 어려움을 당하고 있는지를 보여준다. 나도 개척 교회에 부임해서 11년 동안 미자립 교회에서 목회를 하고 있지만 주위에서 빛 안지고 교회를 유지만 해도 성공한 것이란다. 작은 교회는 재정에 있어서 늘 어려움을 겪는 것이 사실이다.

나도 빛 안지고 교회를 유지하기 위해 어떻게 해서든지 절약하려고 했고 미자립 상황에서 벗어나기 위해 교회를 빨리 부흥시키려는 마음도 있었다. 하지만 하나님은 사람 욕심을 버리길 원하셨기에, 교회를 유지하기 위해 사람을 의지하지 않고 기도하면서 내가 할 수 있는 한 최대한으로 절약하며 생활하려고 애를 썼다.

난방비를 절약하기 위해 추운 날씨에도 온풍기 사용을 자제했고, 혼자 있을 때에는 전열기를 사용하지 않았다. 웬만하면 교회 전등도 켜지 않았다. 자동차 기름 값도 아끼려고 대중교통을 이용하면서 자가용 사용을 자제하였다. 절약한 것이 효과가 있었다. 교회 관리비가 전 보다 눈에 띄게 줄어들었다. 하지만 나의 절약 정신은 스스로를 사소한 것에도 분노를 느끼게 만들어 버리고 말았다. 물질적 손실을 보게 되면 이내 마음이 심하게 요동쳤다. 큰 단위의 손실도 아니었다. 몇 백 원 아니 몇 십 원의 손해에 감정이 상하곤 했다. 자동차에 주유를 하기 위해서 기름 값이 싼 주유소를 찾아 들어가 자동차에 주유를 하고 나와 차를 몰고 가다가 좀 전에 넣은 기름 값보다 몇 십 원 더 싼 주유소가 나오면 속이 상했다. 절약하려고 하면 할수록 그런 감정이 오래 가는 것이었다.

이 뿐 아니라 나 혼자 절약하는 것은 좋은데 다른 사람들에게 절약을 요구할 때는 내 감정이 상하는 것보다 더 큰 문제가 발생하는 경우도 일어나게 되었다. 모든 사람이 나와 같지 않으니 말이다. 그들에게 나는 절약하는 목사라기보다는 인색한 목사로 보였을 것이다. 목사는 희생하고 손해를 감수하더라도 나누어주고 사랑해 줘야 하는 사람이다. 그런데 내 안의 돈에 대한 인색함이 그런 목사가 되는 것을 가로 막고 있었다. 하나님은 나를 나보다 더 잘 아시지 않은가. 하나님은 내 안에 돈 욕심이 있음을 아셨다. 절약하는 것은 좋지만 그 속에 돈 욕심이 있다는 것을 깨닫게 해 주셨다. 앞으로 절약과 인색함 사이에서 줄타기를 잘 해야 할 것 같다. 인색함 뒤에 숨어 있는 돈 욕심은 이제 내가 풀어야 할 또 다른 숙제가 되었다. 돈 욕심은 나에게 하나님 나라 갈 때까지 풀라고 내게 주신 숙제일지 모른다.

오호라 나는 곤고한 자라.

위의 두 경험으로 비춰 보면, 우리 교회는 평생 자립하기 어렵다는 생각이 들지 모른다. 사람 욕심과 돈 욕심을 버리고 어떻게 교회 자립이 되겠는가? 올해는 자녀 셋 중에서 둘이 초등학교에 입학했다. 우리 부부는 쌍둥이를 초등학교에 입학시키기 전부터 내심 걱정을 했다. 사교육비를 어떻게 충당해야 할지를 말이다. 아들 쌍둥이는 초등학교에 들어가면 당장이라도 태권도 학원에 다니는 줄 알고 있다. 교회 재정과 생활비를 놓고 자주 고민하는 나에게 아내는 자기가 직장에 다녀야 하지 않겠냐고 조심스럽게 물었다. 아내가 쌍둥이를 낳으면서 지금까지 직장에 다니지 않고 목회를 해 온 것도 하나님의 은혜이고 감사한 일이다. 그런데 아내가 직장에 나가는 것이 지금의 재정적 문제를 해결하는 가장 쉬운 방법이라는 생각이 들었다. 목사가 가장 쉬운 길로 가서야 되겠는가? 나는 아내에게 말했다. '우리 쉬운 길로 가지 말고 좁은 길로 가 봅시다.' 우리는 아내가 직장에 다닐 것을 포기하고 하나님의 은혜를 구하기로 했다.

한때 나는, 목사가 되어서 좋은 점이 무엇일까 생각해 본 적이 있었다.

그것은 '무엇을 먹을까 마실까 입을까'를 위해 성도들처럼 일하지 않아도 되는 것이라 생각했다. 예수님도 '무엇을 먹을까 입을까 마실까 염려하지 말라'고 하셨다. 그런데 솔직히 말하면 개척 교회 목회 11년 하면서 누구보다도 염려하며 살았다. 매 주 마이너스 되는 재정을 보며 긴장했고 걱정했다. 그렇게 염려하며 11년을 보냈다. 예수님이 염려하지 말라고 했는데 지금도 이 때문에 염려하고 있다. 11년 동안 재정 문제로 염려했지만 그동안 재정 때문에 크게 문제가 된 적은 없었다. 11년 동안 재정을 책임져 주신 주님을 경험했으면 이제 그만 염려해도 될텐데 나는 여전히 그 염려를 그치지 못한다.

과연 예수님은 누구에게 '무엇을 먹을까 입을까 마실까 염려하지 말라'고 하신 것일까? 지금까지 이 말씀을 가지고 설교하면서 성도들에게 염려하지 말라고 했는데, 실상 예수님은 성도들에게 이 말씀을 하신 것이 아니고 목사인 나에게 하시는 말씀인 것만 같다. 성도들은 무엇을 먹을지 입을지 마실지 염려할 필요가 없다. 그들은 염려대신 일을 하면 된다. 우리도 사모가 일을 하면 염려할 것이 없다. 우리도 일을 해야 하는 것인가 고민해 왔지만 예수님은 목사인 나에게 '무엇을 먹을까 입을까 마실까'를 위해 일하지 말고 하나님 나라를 위해 일하라고 말씀하고 계신다. 그러면 먹을 것, 입을 것, 마실 것은 채워주신다는 것이다. 확실히 지금까지 먹을 것, 입을 것, 마실 것은 채워주셨다. 그런데 지금은 그것만으로 살 수 있는 시대가 아니라는 것이 문제다. 그래서 우리는 지금도 염려한다. '무엇을 먹을까 입을까 마실까' 하는 염려 보다는 자녀의 사교육비와 다른 사람들과 비슷한 생활수준을 맞추기 위해서 염려한다.

오호라 나는 곤고한 자라. 이 미자립 교회의 재정의 문제에서 누가 나를 건져내랴. 그게 누구라도 미자립 교회 재정의 문제는 혼자 힘으로 풀기 어려운 숙제임에 틀림없다.

우리 교회는 먹고 입고 마시는 것으로 만족한다면 자립은 가능하다. 교회도 5년 전에 지방의 도움으로 월세 교회에서 전세 교회로 바뀌었다. 그나마 지방의 도움으로 이제 교회 재정에 따라 사역과 생활을 맞출 수 있을 정도가 되어졌다. 교회 재정이 많으면 많은 대로 적으면 적은대로 유지가 가능해졌다. 이제 나의 숙제는 사람 욕심과 돈 욕심을 버리고 하나님 나라를 위해 지속적으로 헌신하는 것이다. 하나님께서 나에게 맡겨준 예배 찬양 사역자 100명 세우는 비전을 이루기 위해 충성하는 일이다.

03 연합하는 교회를 꿈꾸며

내가 수련 목회 3년 임기를 마쳤을 무렵인 11년 전, 개척교회 자리는 그렇게 흔하지 않았다. 마침 개척 교회 자리가 있어서 가 보았더니 주변 100m 안에 6개의 교회가 있었다. 교회가 그렇게 많은데 그런 곳에 가서 목회를 해야 하나 고민하지 않을 수 없었다. 목사가 되기 위해선 자리만 있으면 가야만 하는 그런 상황이었다.

교회가 얼마나 많은 지 토요일에 학교 앞 전도를 나가면 여러 교회에서 교회학교 선생님들이 전도를 나온다. 나는 제일 늦게 학교 앞 전도에 합류한 교회 목사로 토요일에 전도를 나가면 여러 교회들의 맨 뒤에 자리를 잡아야 할 것 같았다. 수업이 끝나고 학생들이 교문을 나오면서 여러 교회들이 주는 전도지와 전도 용품들을 동시에 받아 나온다. 그들이 교문에 나와서 하는 말이 일요일이 되면 아주 바쁘다는 것이다. 일요일 아침이면 여러 교회에서 교회에 오라고 전화가 오는데 어느 교회에 가야 할지 모르겠다고 한다. 그러면서 자신들이 일요일에는 슈퍼스타라도 된 것처럼 마냥 즐거워한다.

나는 그런 학생들을 보면서 쓸쓸함을 감출 수 없었다. 교회의 전도도 학생들에게는 경쟁처럼 보였던 것이다. 교회의 경쟁 속에서 아이들의 순수한 영혼이 병들어가는 것이 보였다. 이것은 어린이 전도에서만 나타나는 현상이 아니다. 한국 교회는 이미 성장이 멈춘 지 오래되었다. 전체 교회 성장이 멈춘 상황에서 대부분 개 교회의 성장은 교인들의 수평이동으로 이루어진다. 때론 다른 교회에 다니는 교인을 잘 모셔 와야 교회가 성장하곤 한다. 다른 교회에 다니는 교인을 모셔오기 위해 교회는 더 많은 편의성을 제공한다. 교회의 전도가 복음을 전하는 것과 상관없이 교회의 프로그램과 더 넓은 주차장, 주일에 운행되는 대형 버스, 아늑한 카페와, 아이들을 위한 문화 교실 등을 자랑하는 것으로 대체 되었다.

교회들의 이러한 경쟁은 교인들을 슈퍼스타로 만들었다. 이제 교인들은 한 교회에 정착하지 않아도 된다. 교회 안에서 맘에 맞지 않는 일이 생기면 당장 다른 교회로 옮겨 갈 수도 있다. 어느 교회로 가든지 자신들이 환영을 받을 것도 잘 알고 있다. 분명 그런 그들의 영혼은 병들어 있을 것이다. 이제 교회 성장의 패러다임을 바꿔야 한다. 교회 건물의 크기나 교인의 수가 교회 성장의 척도가 되어서는 안 된다. 이제 교회는 성장이 아닌 건강한 교회를 지향해야 한다. 건강한 교회가 되기 위해서는 교회간의 경쟁을 멈추어야 한다. 교회의 경쟁을 멈추기 위해서는 개 교회 중심의 생각을 바꾸고 교회의 연합을 이루어야 한다. 그동안 교회는 개 교회 성장과 관련이 없는 교회 연합에 관심을 갖지 않았다. 이제는 교회 성장에만 초점을 맞추지 말고 건강한 교회를 위한 연합에도 동일한 관심을 가져야 한다. 교회들의 연합을 통해 건강한 교회의 모습이 회복되면 성도들도 성숙한 모습으로 거듭날 수 있을 것이다.

우리 교회는 오케스트라를 하면서 개 교회에 교회 오케스트라 세우는 일을 도우며 그 교회들과 꾸준히 연합을 하고 있다. 교회 오케스트라의 연합을 통해 교회 간에 교류가 활발히 진행 된다. 이러한 연합을 통해서 이루어지는 교회 간의 교류는 교인들의 믿음을 더욱 성숙시키고 배우는 계기가 된다. 연합과 교류를 통해 상대의 좋은 점을 본받으며 서로 보완해가며 믿음의 성장을 이루는 것을 보게 된다.

우리 교회는 더 많은 교회와의 연합을 원한다. 우리 교회는 작은 교회지만 얼마든지 교회 연합은 가능하다. 오케스트라를 하는 교회이기 때문이다. 악기만 들고 나가면 어느 교회와도 연합이 가능하다. 큰 교회와의 연합도 가능하다. 큰 교회와의 연합을 통해서 작은 교회 학생들에게 더 큰 무대를 경험하게 해 줄 수 있다. 자라나는 학생들에게 무대 경험은 매주 중요하다. 무대를 통해서 단시간에 성취감을 느낄 수 있으며 인생의 꿈과 도전정신을 갖게 해 준다.

앞으로 교회는 서로 경쟁하는 구조에서 연합하고 협력해서 상생의 길을 가야만 한다. 이러한 상생의 연합이 되기 위해서는 분명한 비전이 필요하다. 분명한 비전 없이 작은 교회와 큰 교회가 연합하다가는 작은 교회 성도들이 큰 교회에 흡수되어 버릴 수도 있다. 그렇기에 비전을 함께 공유할 수 있는 교회들끼리 연합하는 것이 좋다. 오케스트라를 하는 교회들은 얼마든지 교회 간에 연합할 수 있다. 교회가 크기는 연합에 아무런 문제가 되지 않는다. 이러한 교회 연합은 작은 교회도 건강한 교회로 세워지는데 도움이 된다.

교회 학교 학생 100% 오케스트라에 참여하는 교회가 되면서 이제 우리 교회는 다른 교회들이 오케스트라를 만들 수 있도록 도와주는 일을 하며 오케스트라를 통해서 더 많은 교회들과 연합하는 일을 하려한다. 이를 통해 우리는 서로 비전을 나누고 연합함으로 비전 가운데 역사하는 하나님의 큰 은혜를 분명히 체험하게 될 것이다.

Chapter 09

"오늘도 학교는 안녕하다."
[선교사가 세운 학교, 학교가 세운 교회]

박영배 목사 (이화교회)

홈페이지 : www.iewha.org
카카오 ID : ps0806
이메일 : ps0806-@hanmail.net

01 이화교회? 이화교회!

혹자는 내게 묻는다. "이화여고 교목이십니까?", "아닙니다.", "그럼 이화외고 교목이십니까?", "아닙니다.", "이화교회가 이화여고 안에 있다면서요?", "네. 그럼 교목이 아닌데 무슨 일을 합니까?"

이화여고는 130년 전에 선교사가 세운 학교다. 기독교 신앙을 바탕으로 삶의 가치를 세우고 창의적이고 통합적이며 전문적인 능력을 길러주고자 하는 교육 이념을 가진 학교이다. 그런데 학생들에게 자신의 종교를 적어보라 하면 기독교라고 적은 학생의 비율이 30%정도 밖에는 안 된다. 지금 중고등학교 학생들의 복음화율이 3-5% 대인 것에 비하면 높지만 실질적인 복음화율은 생각해 볼 여지가 충분히 있다. 만나서 이야기 하는 아이들 중에도 교회는 다니지만 복음의 기쁨과 감사를 누리는 학생들보다 교회에 다니는 이유가 다른 이유들인 많은 학생들을 본다. 그런 상황 속에서 교목실에 목사님들과 선생님들이 얼마나 열심히 사역 하시는지 모른다. 그런데 교육부의 방침 상 종교 차별 금지법에 의거하여 하나의 특정한 종교만을 강요하면 안 되는 상황이니 참으로 아이러니가 아닐 수 없다. 기독교 학교에서 기독교만을 강요하면 안 되는 상황에서 우리 다음세대들을 키워 나가야 하는 시대인 것이다.

그래서 우리는 마치 씨줄과 날줄과도 같이 동역(cowork)을 한다. 교목실에서 종교 수업과 채플을 주관하고 동아리 활동이나 모임들을 행할 때 교회는 아낌없는 기도와 지원을 한다. 할 수 있는 모든 것으로 함께 동역하며 힘을 다한다. 교목실 주관으로 신앙부흥회를 하고 세례를 받은 아이들과 복음을 듣고 결단한 학생들이 교회에 출석을 하고 이화교회에서 하는 매일 아침 기도회에 학생들이 등교하기 전에 말씀을 보고 기도하고 등교한다. 복음을 나누고 말씀 안에서 평안을 누리고 삶을 살아가도록 돕는다.

1명보다는 10명이 10명보다는 100명이 함께 복음을 전하는 일은 정말 중요하다. 더군다나 청소년 학생들에게 복음을 전하는 일은 너무 중요하다. 이 학생들이 아내가 되고 엄마가 되고 다음세대가 되기 때문이다.

우리나라 청소년 세대를 미전도 종족 선교라고 표현하기도 한다. 복음화율이 3% 미만일 때 미전도 종족이라고 보는데 현재 우리나라 청소년들의 복음화율이 대략 3% 대라고 한다. 지금 같은 추세라면 청소년들이 기성세대가 되는 20-30년 후에는 우리나라가 미전도 종족, 즉 선교대상국가로 분류 될지도 모르는 일이다. 그러기에 다음세대에 신앙을 유산으로 물려주고 바른 신앙을 가르치는 일은 너무나도 중요하다.

우리 이화 교회의 목표는 보통의 일반 교회와는 좀 다르다. 우리의 목표는 징검다리처럼, 모판처럼 **학교에 다니면서 신앙이 생긴 학생들이 더 넓은 세상에 나아가 예수님의 제자로 살아 갈 수 있는 영적인 힘과 말씀의 기준을 세워 주는 것이다.**

02 약한 이 힘 되고 어둠에 빛 되자

특별한 일정이 없는 한 나는 매일 영업(?)을 한다. 오후 4시 10분이 지나면 학생들이 하나 둘씩 교회 옆 배꽃 나눔터에 모여든다. 그 곳에 오는 때부터 그냥 오는 학생들은 없다. '까르르 까르르' '하하 호호' '후다닥~' 들어오는 모습을 보고 놀란 때가 한두 번이 아니다.

배꽃 나눔터에 있는 그네를 타고 평상에 대(大)자로 눕고 피아노를 힘껏 치고, 하루 종일 칠판 앞에 고정 되었던 시선이 자유를 얻은 듯 하늘을 보고, 교정을 보고, 친구들의 마음을 본다. 그런 모습이 나는 참 좋다. 그녀(?)들도 참 좋으리라...

어느 정도 모이면 이젠 내가 등장 할 시간이다.

"애들아~ 안녕?" "안녕하세요, 목사님~" 어설프게 인사하는 학생, 얼굴을 아는지 반갑게 불러주는 학생, 그 반응에 힘을 얻어 내가 한 마디 거든다.

"수고들 했다. 힘들었지? 너희 당(糖) 떨어졌지? 먹어줘야 해, 단거 (danger) 자~"

"와~" 그게 뭐라고 사탕 하나에, 젤리 하나에, 초콜릿 하나에 아이들은 환호성이다.

그럼 장난기 가득한 목사는 한 술 더 뜬다.

"내가 누구?" "목!사!님! 목!사!님!"

그러곤 서로 한바탕 웃고 나서 먹으며 이야기꽃을 피운다. 수업 시간에 잤다는 둥, 너무 졸렸는데 쉬는 시간만 되면 정신이 든다는 둥 물어보지도 않은 이야기들을 한다. 격려하고 들어주다가 한 학생이 묻는다. "목사님은 여기서 뭐하세요?" 한 아이가 아무 질문이나 물으면 청소년기 소녀의 궁금증이 폭발한다. "이름은요?" "언제 목사님 되셨어요?" "아들은 있으세요?" "까르르~ 아들이 결혼 했겠다" "머리카락은 왜 그래요?" 그러다가 내가 만난 예수님을 이야기한다. 생명을 전한다. 복음을 전한다. 호기심 많은 아이들은 어느새 나의 말에 마음의 빗장을 열고 공감하며 입에서 사탕이 녹아드는 시간 내내 이야기꽃을 피운다.

그런 시간이 지나고 나서 이화 교회 카페테리아에 삼삼오오 아이들이 간식거리를 가지고 들어온다. "왜 석식 안 먹고?" 내가 물으면 수없이 많은 답이 쏟아진다.

"오늘은 학원가는 날이라 신청 안했어요."

"친구 생일이라 엽떡(엄청 매운 떡볶이)먹기로 했어요."

"가끔 하는 우리들만의 소심한 일탈(?)이에요.~~"

각양각색의 이유들을 이야기 한다. 자기들이 이야기 하고 자기들이 웃는다. 떡볶이가 얼마나 매운지 얼굴이 빨개지며 먹는 아이들이 안쓰러워서 사탕이나 초콜릿(요사이 나는 성경책보다 단거랑 더 친하다)을 주면 '감사합니다.'를 연발하며 자기들 끼리 또 "까르르 까르르~"엄지척! 하고 그 맵고 어려운 걸 다시 먹는다. "뭐 필요한 것 없어?" 내가 말이라도 거들면 봇물이 터진다.

"목사님~저 휴지 좀~""어 그래, 또 뭐 줄까?""물티슈요~"

나는 매점 아저씨 마냥 아이들이 필요해 하는 것들을 전해 주며 이야기 한다.

"우리 이화(梨花)는 말야, 그냥 먹기만 하면 않되, 누구든 어른이 지나 가시면 여쭤 보는 거야, 드실래요? 하고. 자, 목사님이 다시 들어갔다 나올 테니까 해보자?~"그리고 사무실로 다시 들어가면 내 뒤로 들려오는 아이들의 웃음소리가 참 좋다. '흐흠, 흠,' 헛기침을 하고 나오면 "목사님 안녕하세요! 같이 드실래요?""고맙구나. 그런데 어쩌지? 목사님이 매운 걸 먹으면 내일 못 볼지도 몰라~ 너희 맛있게 먹거라"

너스레를 떨고 나면 다른 팀들도 듣고 배워서 다들 한마디씩 거든다.

상상해 보시라. 온갖 간식거리 냄새와 학생들의 웃음소리, 그 사이를 지나가는 은빛 색깔!! 해는 뉘엿뉘엿 지고 여러 장의 기억을 남긴 이화 교회 카페테리아는 분위기가 사뭇 달라진다. 인터넷 강의를 듣는 학생, 수학 문제를 친구에게 물어보는 학생, 영어 단어와 씨름하는 학생, 하루가 누구보다도 고된지 소파에 그냥 몸을 던져 쉬는 학생, 가끔이지만 교회 예배당에서 기도하는 학생... 다른 모습들이지만 이 모두가 다 이화의 모습이리라. 이즈음 되면 나도 슬슬 영업(!)을 접는다.

우리 이화 교회가 올해로 36주년이 되었다. 36년 전인, '1980년 4월 27일' 이화 교회 창립예배를 드렸고 처음 드리게 된 이유가 이 작은 마음에 깊게 남았다. 이화 교회의 원로 목사님이신 이종용 목사님께서 이화 여고 교목 시절에 노천극장에서 복음을 전하시면서 믿음이 생긴 학생들에게 교회 출석을 권하자 학생의 답변이 자신은 원하지만 부모님이 교회 출석을 절대 못하게 하신다고 했단다. 그 이유가 교회에 다니는 사람들로 부터 상처를 입었기 때문임을 알고 이종용 목사님께서 이런 사정의 학생들이 많이 있어서 그들이 주일에 학교에 와서 공부하고 또 예배드릴 수 있으면 좋겠다는 의견을 당시 정희경 교장선생님께 말씀드리고 법인의 허락을 받아서 교회가 시작됐다는 것이다.

시간이 흐르면서 1986년 이화 창립 100주년을 앞두고 이화 교회는 또 다른 의미를 가지게 되었다. 미국 북감리 회의 선교사인 스크랜턴 여사에 의해서 이화학당이 시작되고 그 학교가 100년이 가까워지니 학교에서 교회를 창립한 셈이다. 생각만 해도 기가 막힌 하나님의 은혜다. 선교사들이 세운 학교에서 100년이 지난 후 다시 교회를 세운다니! 그래서 이화 창립 100주년 기념교회란 말을 할 수 있다는 말씀을 듣고는 가슴이 뛰었다. 130년 전 초기 선교사들이 걸었을 이 땅에, 초대 신앙인들이 복음을 들고 수 없이 다니고 걸었을 이곳에, 교회에 사랑의 빚을 진 학교가 특별한 목적을 가지고 교회를 세웠다는 큰 의미에 심장이 벌렁거렸다.

이화가 이 땅에 터를 잡고 모진 풍파와 어려움 속에 진리의 빛을 지켜온지도 130년이 되었다. 처음부터 이곳이 거룩한 곳이라 불려질 수 있을 거라 생각한 이들은 거의 없었을 것이다. 초기 선교사의 기도문을 보면 지금의 이 모습과 소리는 그저 하나님의 은혜인 것이다.

〈보이지 않는 조선의 마음〉
"주여! 지금은 아무것도 보이지 않습니다. 주님 메마르고 가난한 땅 나무 한 그루 시원하게 자라 오르지 못하고 있는 땅에 저희들을 옮겨와

심으셨습니다. 어떻게 그 넓고 넓은 태평양을 건너왔는지 그 사실이 기적입니다. 주께서 붙잡아 뚝 떨어뜨려 놓으신 듯 한 이곳 지금은 아무것도 보이지 않습니다. 보이는 것은 고집스럽게 얼룩진 어둠뿐입니다. 어둠과 가난과 인습에 묶여 있는 조선 사람뿐입니다. 그들은 왜 묶여 있는지도, 고통이라는 것도 모르고 있습니다. 고통을 고통인 줄 모르는 자에게 고통을 벗겨주겠다고 하면 의심부터 하고 화부터 냅니다. 조선남자들의 속셈이 보이지 않습니다. 이 나라 조정의 내심도 보이질 않습니다. 가마를 타고 다니는 여자들을 영영 볼 기회가 없으면 어쩌나 합니다. 조선의 마음이 보이지 않습니다. 그리고 저희가 해야 할 일이 보이지 않습니다. 그러나 주님, 순종하겠습니다. 겸손하게 순종할 때 주께서 일을 시작하시고 그 하시는 일을 우리의 영적인 눈이 볼 수 있는 날이 있을 줄 믿나이다."

"'믿음은 바라는 것들의 실상이요 보지 못하는 것들의 증거니..' 라고 하신 말씀을 따라 조선의 믿음의 앞날을 볼 수 있게 될 것을 믿습니다. 지금은 우리가 황무지 위에 맨손으로 서 있는 것 같사오나 지금은 우리가 서양귀신 '양귀자' 라고 손가락질 받고 있사오나 저희들이 우리 영혼과 하나인 것을 깨닫고 하늘나라의 한 백성, 한 자녀임을 알고 눈물로 기뻐할 날이 있음을 믿나이다. 지금은 예배드릴 예배당도 없고 학교도 없고 그저 경계의 의심과 멸시와 천대함이 가득한 곳이지만 이곳이 머지않아 은총의 땅이 되리라는 것을 믿습니다.

주여! 오직 제 믿음을 붙잡아 주소서."

지금부터 130년 전 결단한 한 사람이 없었다면, 자기를 희생하고 헌신하려는 이가 없었다면 하나님의 마음을 바라보고 예수님의 마음을 바라본 이가 없었다면, 지금 같은 이화 동산은 없었을 것이다. 복음의 빛을 환히 밝히는 그래서 '약한 이 힘 되고 어둠에 빛 되라' 말할 우리 이화가 이 나라, 이 민족, 이 역사, 이 땅에 가능했을까? 우리가 듣게 된 복된 소식, 하나님을 아버지로 고백하게 된 믿음, 나를 사랑하셔서 나를 위해 죽으신 하나님의 아들을 믿는 믿음 안에 살던, 자기를 돌보지 않고 아낌없이 헌신한 스크랜튼 여사를 비롯한 믿음의 선진들 때문이었음을 가슴 속 깊은 곳에서부터 고백 하게 된다. 그렇게 많은 이들의 피 값으로 전해져 이 땅에 거룩한 곳이라 불리는 믿음의 학교, 이화가 자리 잡았던 것이다.

예수님이 이 땅에 마지막 남기신 말씀을 마태는 이렇게 말해주고 있다. "하늘과 땅의 모든 권세를 내게 주셨으니 그러므로 너희는 가서 모든 족속으로 제자를 삼아 아버지와 아들과 성령의 이름으로 세례를 주고 내가 너희에게 분부한 모든 것을 가르쳐 지키게 하라 볼지어다. 내가 세상 끝 날까지 너희와 항상 함께 있으리라 하시니라"(마 28:18-20)

예수님은 이 땅에서 미리 바라 보신 것이 있었다. 모든 족속이 다 예수님의 제자가 되는 것을 바라 보셨다. 제자들이 다 나가서 복음을 증거 하는 모습을 바라보셨다. 예수님의 바라보심은 우리의 사명이다. 하늘을 바라보셨던 예수님처럼 우리의 바라봄은 분명해 진다. 하나님 나라를 얻는 사람은 세상도 얻는다. 그러나 하나님 나라를 잃은 사람은 세상도 다 잃는다. 하늘의 것을 먼저 구하면 땅의 것은 덤으로 주신다.

"하늘을 겨냥하라. 그러면 땅은 덤으로 얻게 될 것이다. 땅을 겨냥하라. 그러면 어느 것도 얻지 못할 것이다." 어디선가 본 글귀가 가슴에 남는다.

수목이 무성하면 재목이 많다고 한다. 130년 이화의 울창한 수목은 약한 이의 힘 되고 어둠에 빛 되며 이끌고 북돋아 지금에 이르렀다. 하나님의 은혜다. 누가 봐도 역사의 중심에 민족의 흐름에 면면히 흐르는 시대의 등불이다. 그러기에 하나님의 은혜다. 그런데 그 은혜를 당연히 여기지 않고 감사함으로 헌신한 이들이 있다. 순교자의 심정으로 학교를 위해 교회를 위해 하나님 나라를 위해 그리고 그 하나님 나라의 재목들을 위해 빛도 없이 이름도 없이 아낌없이 주는 나무처럼 그렇게 섬겨 오신

이들이 있다. 부족한 내가 어떻게 이어가야 할까...

두렵기까지 하다. 이 귀한 일이 이 엄청난 일이 어찌 내 힘으로 될까? 그러기에 오늘도 사무실 기도 방석에 무릎을 꿇는다. 하나님의 도우심을 구하고 예수님의 능력을 구하며 성령님의 인도하심을 구한다. 기도하고 기대하며 기다리기로 하였다. 그리하면 모든 지각에 뛰어나신 하나님께서 부으시리라!

훗날 나의 후임 목사님이 지금의 이 마음보다 못하게는 하지 않으리라 다짐을 해 본다. 오늘도 하나님을 기쁘시게 하는 교회가 되고 주님의 뒤를 따르는 이화 교회가 되기를 원한다. 배꽃 나눔터에 다시금 학생들의 재잘거림이 다시 들린다. 그래서 나는 오늘도 영업(!)을 준비한다.

03 하나님의 작은 피리

한 가족이 차를 타고 소풍을 갔다. 다섯 살 아들이 아빠에게 물었다.

"아빠, 자동차 바퀴는 어떻게 돌아가는 거야?"

잠시 생각을 하더니 아빠는 자신이 아는 대로 설명했다.

"연료가 연소하면서 발생하는 열에너지를 기계에너지로 바꿔 자동차가 움직이는 데 필요한 동력을 얻는데, 열에너지를 기계 에너지로, 기계 에너지가 위치에너지로 바뀌는 거야. 후륜자동차의 경우 클러치-변속기-추진축-차동기-엑셀축-후차륜 순서로 동력을 전달해 자동차를 움직인단다."

아들이 고개를 갸우뚱하더니 엄마에게 물었다.

"엄마, 자동차 바퀴는 어떻게 돌아가는 거야?"

그러자 엄마는 즉시 단 한마디로 대답했다.

"응, 빙글빙글!"

(인터넷 예화 중)

덕수초등학교 3-4학년 때로 기억된다. 종교교회에서 아이들과 술래잡기를 하면 나는 친구들이 절대로 찾을 수가 없었다. 이유는 내가 숨는 장소가 특별했기 때문이다. 화장실을 가던 그 길 어딘가에 있던, 코너를 돌아갔던 기억마저 흐려진 그 곳, 바로 담임 목사님 사무실이다. 그때 내가 다니던 종교교회는 고(故) 나원용 목사님이 시무 하셨다. 무슨 담대함 이였는지 지금도 모르겠다. "목사님! 아이들이 저 찾으면 없다고 해 주세요!!" 부탁도 아닌 통보(?)를 하고 나 목사님 책상 밑으로 숨어든다. 얼마 후 나와 비슷한(?) 그런 녀석이 담임 목사님 사무실 문을 벌컥 열고 말한다. "목사님, 여기 영배 있죠?" 그러면 목사님께서는 구수한 충청도 사투리로 딱 한 마디 하셨다. "영배 없는~디?"

그때부터 내게 고(故) 나원용 목사님은 가까이 하기엔 먼 담임목사님이 아니라 통(通)하는 목사님이 되신 것 같다. 그 이후 감리교신학대학교 이사장님이 되셔도 서울 연회 감독님이 되셔도 그냥 내겐 어려서부터 통(通)한 목사님 이셨다.

지난 5월 10일에서 12일 사이 이화 여고 신앙 부흥회를 인도했다. 1,200여명이 넘는 아이들에게 복음을 전하는 일은 매우 귀한 일이다. 중요한 일이다. 쉬운 일이 아닐 뿐더러 가벼운 일도 아니다. 거룩한 부담감이 내게 있었다. 그래서 하나님께 기도했다. "하나님 도와주소서. 학생들과 소통하게 해주시고 제가 말씀과 은혜와 축복의 통로가 되게 하소서..." 간절히 기도했다. 중보자들에게도 기도 부탁을 했다. 성령님이 도우셨다. 학생들이 잘 따라 왔다. 말씀을 듣고 같이 기도하고 찬양도 함께 하며 은혜를 나누었다. 셋째 날 세례식을 베풀 때에는 내가 다 감격스러웠다.

예수님이 이 땅에 오심은 하나님께서 우리와 통(通)하고 싶으심을 나타내는 것이다. 서로의 소통은 같은 눈높이에서 시작된다. 그 시작은 물이 높은 곳에서 낮은 곳으로 흐르듯, 위에서 아래로, 높은 이에서 낮은 이로, 배운 이에서 그렇지 않은 이로 향함을 말한다. 유식함을 한껏 드러내도 알아듣지 못하면 '소귀에 경 읽기(牛耳讀經)' 인 것이다. 소통은 알아들을 수 있는 말로부터 시작이 된다. 내가 개그맨은 아니지만 중심을 놓치지 않으면서 힘을 다해 재미있게 말씀을 전하려고 했던 이유가 다 이 때문이다. 진정한 거룩함은 높은 하늘 보좌에 앉아 계시다가 천둥 번개를 치심이 아니라 낮고 낮은 이 땅으로 오신 그 '신 존재 증명'(神存在證明)에 있지 않을까?

태초에 하나님과 함께 계셨던 말씀이신 그분이 이 땅에 육신을 입고 오시지 않았는가? 이유는 한가지다. 소통하고 싶으신 거다. 연결이 되어 끊어지고 싶지 않으셨던 것이다. 그래서 하나밖에 없는 독생자를 십자가에 달려 죽기까지 우리를 사랑하신 것이다.

"목표가 190cm 높이에 있고, 키가 160cm라면 목표에 닿을 수 있겠는가? 없겠는가? 할 수 있다. 우리에겐 팔이 있기 때문이다. 살면서 놓친 것, 그냥 지나친 것, 포기한 것들의 대부분은 팔을 뻗지 않아 인연을 맺지 못한 것들이다. 키가 능력이라면 팔은 간절함이다."

(정철의 "한 글자"중에서)

지금에 와서 생각 해 보니 하나님께서는 내가 이화(梨花)와 소통하기를 원하셨다. 작은 힘에 하나님의 은혜를 덧붙이기를 원하셨다. 그래서 이화(梨花)에서의 사역이 시작되었다.

나와 이화(梨花)와의 인연은 그리 오래 되지 않았다. 5-6년 전쯤인가, 반별 모임에 와서 두 번 보고 작년(2015년)에 말씀을 전하러 온 것이 인연의 전부이다. 불과 반년 전만해도 나는 사역 하던 N교회에서 은퇴까지 할 줄 알았다.

전에 사역하던 N교회는 39년의 역사를 가지고 있으며 서울 중랑구에 있는 교회이다. 2004년 5월에 부임 했다. 5월 첫째 주 11시 예배에 20

여명 정도의 성도들이 모여 예배를 드렸다. 다들 직분자들(집사, 권사, 장로)이었지만 오랫동안 교회를 힘을 다해 지켜온 그런 상황이었다. 심방할 가정도 많지 않았고 젊은 목사로써 함께 사역할 청년들도 많지 않았다. 두 달 정도는 새벽에 엎드려서 울기만 한 것 같다. 왜 그리 눈물이 났는지 서운해서(?) 울고 억울해서(?) 울고 그랬다. 한 할머니 권사님은 "젊은 목사님이 무슨 잘못을 했간디 여기까지 왔수?"라고 할 정도로 예수님께서 이루어 주신 승리의 기쁨을 누리지 못하고 있었다.

그래서 처음 시작한 것이 일대일 제자 양육이었다. 일 년이 지나고 이년이 지나면서 조금씩 성도들이 변하기 시작했고 성도들에게 예수님의 사람을 세우고 하나님의 나라를 확장 하는 것이 우리 교회의 목표임을 분명히 이야기 하며 알려주었다. 성도들에게 소망을 주고 사명을 회복시키기 위해 교회의 주인이 예수님이심을 전하며 믿음이 없는 사람들에게 예수님의 이름으로 복음을 전하고 예수님을 믿는 사람들은 세상을 향해 나가도록 믿음으로 세워 나가기에 집중했다. 예배와 제자훈련과 양육, 그리고 매년 정기적인 사역들을 통하여 회복의 역사를 경험하게 되었다.

담임 목사가 되고도 3년을 추우나 더우나 사무실에서 간이침대를 깔고 자야 할 정도로 상황은 여의치 않았다. 그러다가 2010년 2월 교회 앞에 작은 아파트 하나를 사택으로 마련할 수 있게 되었다. 그때 그 좁은 사택에서 성도들과 감격으로 예배하던 기억을 잊을 수가 없다. 2012년에는 하나님께서 선교사님 가정을 파송하고 기도로 후원하며 물질로 도울 수 있도록 해주셨다. 게다가 2013년에는 성전을 확장 할 수 있도록 하셨고 성도들은 믿음으로 그 귀한 일을 감당하도록 하셨다. 그래서 세분의 부교역자들과 함께 사역하고 선교사님 가정들을 후원하며 예산의 10%를 선교비로 지원하는 건강한 교회임을 자부하며 사역을 할 수 있었다. 늘어나는 재미도 있었고 익숙하고 편하기도 했다. 그런데 하나님의 생각은 나의 생각과 다르셨다. 나는 좋았고 편했고 감사했는데 하나님의 인도하심은 다른 곳에 있었던 것 같다.

이화(梨花)에서 설교를 하고 간 후 제안을 받았다. 청소년 사역에 관심도 있으시고 청소년과 청년들 사역에 많은 활동을 하고 계시니 이화교회에서의 사역을 기도해 보라는 것이다. 그래서 나는 아주 간단하게 '네' 하고 대답을 했다. 왜냐면 기도를 안 할 생각이었기 때문이다. 그 때 당시 나의 목회는 한마디로 딱(!)이었다. 부족함도 모자람도 아쉬움도 없었기에 다른 여지를 갖고 싶지 않았다. 그런데, 시간이 지나갈수록 마음은 편하지 않았다. 자꾸 신경이 가고 안 되겠다 싶었다. 그래서 기도를 시작했다. 답이 금방 안 왔다. 아니 내가 하나님의 뜻을 구한다고 하면서 내 스스로 합리화하고 있는 것이 보였다. 그래서 금식기도를 했다. 작정 금식기도를 마치고도 확신이 없었다.

그런데 지금 생각 해 보니 금식기도가 화근(?)이었다. 그 후 둘째 아이가 하는 합창단 연말 마무리 예배에 아내와 함께 참석 했다가 순종의 무릎을 꿇었다. 목사님께서 설교 중 잠깐 인용하신 말씀(신31:19), 그 말씀이 내 마음을 후벼 팠다. 눈물샘이 터졌다. 아내가 옆에 있음에도 불구하고 예배하는 한 시간 내내 흐느껴 울었다. 아버지의 마음이 보였다. 예수님의 음성이 들렸다. 분명했다. 내가 핑계치 못하도록 하나님은 다방면으로 사인을 주신 것들이 일일이 다 생각나게 하셨다. 회개했다. 순종했고 무릎을 꿇었다. 솔직히 우리 알고 있지 않은가? 양은 목자의 음성이 들리지 않는가? 아들은 아버지의 음성이 들린다. 분명히 들린다. 그래서 이화로 사역을 옮길 수 있는 결단이 가능했다. N교회에 처음 갔을 때도 그런 비슷한 상황이었다. 그런데 이상하게도 힘이 난다. 가슴이 설렌다. 학생들을 만나고 복음을 전하고 설교를 할 것이다. 내가 사용되고 있음이 너무 확실했고 그래서 지금까지도 감사하다.

웅덩이가 작아도
흙 가라앉히면
하늘 살고
구름 살고
별 살고

마당이 좁아도
나무 키워놓으면
새가 오고
매미 오고
바람이 오고

내가 좋아하는 시다. 처음에는 길이도 짧고 단어도 쉽고 그래서 가볍게 읽었다. 그런데 그 여운이 계속 마음을 두드렸다. 몇 단어가 마음에 남았다. "살고"와 "오고"라는 단어이다. 보통 우리들은 크기와 넓이에 마음을 두는데 시인은 알고 있었던 것 같다. 크던지 작던지 그게 중요한 것이 아니라 그 안에 누가 살고 있는지, 누가 오는지 말이다.

내 작은 마음에 죄의 찌끼들이 사라져야 예수님 살고, 성령님 살고, 믿음의 동지들이 살 수 있음을 고백한다. 내 마음 작아도 말씀의 뿌리 내려 줄기 가지 솟아 자라야 은혜 오고, 열매 오고, 하나님 나라 오는 것임을 고백한다. 크고 작은 것이 문제가 아니다. 많고 적음이 문제가 아니다.

피리를 불어도 춤추지 않고, 울어도 가슴을 치지 않는 세대를 향한 예수님의 안타까운 마음을 드러내신 비유를 우리는 알고 있다. 우리의 마음이 나의 심장이 주님의 심장과 같이 뛰었으면 좋겠다. **예수님이 기뻐하시는 일에 나도 한없이 기쁘고 예수님께서 속상해 하시는 일에는**

나도 한 없이 마음 아파 견딜 수 없었으면 좋겠다. 그래서 예수님이
연주하시는 데로 소리나는 하나님의 작은 피리였으면 좋겠다.
　"그가 너로 말미암아 기쁨을 이기지 못하시며 너를 잠잠히 사랑하시며
너로 말미암아 즐거이 부르며 기뻐하시리라 하리라."(습 3:17)

04 햇불이여 영원하라

서로 다른 기억에 아쉬움도, 미안함도 아련한 눈빛으로 녹아든다.
주름을 막을 수는 없으나 소녀의 눈빛은 여전한 듯하다.
이보다 더 좋을 수가 있을까?

50년을 훌쩍 거슬러 오른 찐한 포옹, 놀람, 서로 쥔 손의 떨림이
눈물 한 방울을 부른다.
얼굴을 보고, 멀리서 오는 걸음을 보고 불렀을 이름을
가슴에 단 이름표를 보고 기억을 끄집어낸다.
시간의 흐름이 주는 고약한 선물이리라.

이보다 더 좋을 수가 있을까?
그 젊은 꽃봉오리들이 함께 피웠을 그때가 가슴에 담겨 50년을 키웠으니...
"어머, 안녕하세요, 선생님! 저 아무개입니다.""으응?"
어느새 백발이 되신 선생님 앞에 선 떨리는 제자의 목소리에 거친 손을 내민다.
그러다가 희미한 한줄기 기억이라도 잡히면 서로가 놀란다.

부여잡은 손이 맞댄 얼굴이 "어머, 애, 너 그대로구나..."
서로가 멋쩍은 말이 아무 흠도 안 되는 그런 자리, 재상봉의 자리

이 날에 핀 웃음꽃이여,

영원히 가거라.

다락 모서리에 몰래 넣어둔 꿀단지 마냥 든든하여라.

아주 훗날 흰옷 입고 하늘에서 만날 때 이 웃음꽃 기억하리라, 주님 안에서.

2016년 5월 25일(수) 66회 재상봉 모임을 보며

이화(梨花)의 5월은 바쁘다. 창립을 기념하여 정말 일정들이 많다. 졸업생들이 만나고(이것을 재상봉이라고 한다) 재학생과 졸업생들이 같이 모여 예배하고 그간 준비한 것들을 발표하고 참 좋다. 그 중 대표적인 것이 재상봉이라 칭하는 졸업생들의 동기 모임이며 매년 하는 횃불 예배이다.

일 년에 몇 번 안 되는 세상에 이화(梨花)의 교문이 열리는 날, 횃불 예배가 있는 날이다. 어른도 아이도 친구도 부모도 어색한 걸음을 호기심에 찬 눈빛으로 걷는다. 본부단이 입장하며 횃불 예배는 시작한다. 아니 그전에 학생 대표 두 명이 횃불을 들고 예배를 맡으신 목사님들과 교장선생님, 교감선생님 여러 선생님들과 학생들이 초에 불을 켜서 들고 행진하여 노천극장에 들어온다.

초를 들고 들어온 학생들이 앞에서부터 뒷사람, 옆 사람에게 불을 나눠서 서로의 초를 밝히는 모습은 마치 작은 불꽃하나가 큰 불을 일으킴이 무엇인지 보여준다. 장관이다! 서로에게 불을 전해 모두의 초에 불이 붙고 십자가에 불이 붙으면 절정으로 치닫는다. '나'와 '우리'를 축복하며 기도하는데 타들어가며 떨리는 촛불이 나인 듯하다. 교가를 부를 때에는 나는 이화 졸업생도 아닌데 교가가 입에서 흘러 나왔다.

'아아 이화 이화 아름다운 이름~ 함께 노래하자~'

'아아 이화 이화 만만세 만만세 우리 이화~ '

졸업생, 이화(梨花)의 지인, 3학년, 2학년, 1학년 재학생들을 순서대로 호명하며 박수 쳐주고 응원해주는 마지막 순서까지 마치고 촛불을 소등한다. 양 쪽 끝에서부터 본인의 초의 불을 끄는 시간이 온다. 다 끄고 가운데 이화합창단만 불을 밝히고 마지막 찬송을 하며 마지막 기도를 하고 올해는 특별히 창립 130년을 기념하는 '이화 130'이라는 초가 남았다. 스커트를 펄럭이며 뛰어 다니는 학생들, 추억 할 것들과 추억하고 싶은 것들을 위하여 노천 바위를 따사로이 느끼며 앉아 있는 이들, 모두를 축복하고 싶다.

> *"너는 담장 너머로 뻗은 나무 가지에 푸른 열매처럼 하나님의 귀한 축복이 삶에 가득히 넘쳐날 거야 너는 어떤 시련이 와도 능히 이겨낼 강한 팔이 있어 전능하신 하나님께서 너와 언제나 함께하시니 너는 하나님의 사람 아름다운 하나님의 사람 나는 널 위해 기도하며 네 길을 축복할거야 너는 하나님의 선물 사랑스런 하나님의 열매 주의 품에 꽃 피운 나무가 되어줘"(야곱의 축복)*

"이화(梨花)야~ 130년을 견뎌오고 지켜온 이화(梨花)야, 생일을 축하한다. 그리고 고맙다. 변하지 않고 있어줘서 고맙다." 2016년 5월27일(금) 횃불 예배를 드리고 나서 이 횃불이 주님 오실 때 까지 이어지기를 기도한다.

이화에 온지도 석 달이 지났다. 기분에는 여러 해가 지난 것만 같다. 낯설음도 어색함도 이젠 익숙해 질 법도 한데 인간의 익숙함이라는 것이 얼마나 많은 부분을 붙잡고 있는지 실감하고 있다. 어렸을 적 동네 공터에서 동무들과 뛰어 다니면서 놀 때 항상 하늘을 가르며 들리는 소리가 있었다. 술래가 바뀌거나 새로운 게임을 할 때 술래는

하나에서부터 열까지 수를 세어야 했다. (시간을 벌어주는 것이죠)

일, 이, 삼, 사, 오, 육, 칠, 팔, 구, 십...

이걸 빨리 세려고 어린 마음에 "이오~십" 그랬다(2X5=10). 초등학교 시절 운동회에서 100미터 달리기 할 때 '준비~ 땅' 했던 것처럼 새로움을 준비하는 긴장감이 있고 기대감도 있는 그런 것 말이다. 이오~ 십, 이 소리가 들리면 싸우다가도, 울다가도, 뭘 먹다가도 모든 것이 정리가 되었고 질서가 잡혔다. 그러곤 다시 시작 되었다.

석 달을 지나며 이화의 식구들과 함께 주님께서 "이오~십" 그러시는 것을 느꼈다. "이오십"은 끝이 아니라 시작이다. 나는 이제 이화교회 가족들과 이화의 학생들과 함께 웃고, 함께 울 것이다. 같은 말씀으로 한 곳을 볼 것이며 그 끝에는 하나님과 나의 존재의 이유이신 길과 진리와 생명이신 예수님이 계실 것이다. 지금까지 받은 사랑으로 그렇게 할 것이다. 우리의 작은 몸부림 하나에 예수님의 제자가 세워지고 하나님의 나라와 지경이 넓어져 땅 끝까지 복음이 우리를 통하여 전해지기를 바랄뿐이다.

처음 이화 교회로 사역지를 옮겨 왔다는 이야기를 하면 사람들은 의아해 하며 묻는다. "왜? 아니 왜?" 그 다음 질문이 좀 그렇다. N교회에 무슨 문제가 있었냐고 묻는다. 장로님들과 싸웠냐고 묻는다. 한 술 더 떠서 "무슨 일인지는 모르지만 속상해도 좀 참지 그랬냐."고, 서울에 그만한 목회자리가 어디 있냐고, 내게 핀잔을 주는 분도 계셨다.

문제도 없었고 싸우지도 않았다. 오히려 문제가 있으면 더욱 그 자리에서 하나님과 해결해야 하는 것 아닌가? 나를 능하게 하신 하나님께서 충성하지도 않는 나를 충성되이 여기셔서 내게 맡기셨으면 죽든 살든 그 자리에서 해결해야 하지 않는가 말이다. 사람은 자고로 넘어진 자리에서 일어나는 법이다.

나는 모태 신앙이 아니다. 집안에 내가 1호 목회자이다. 신학교를 가고 사역을 하고 교회를 세워나가고 사역지를 옮기고, 이 모든 일의 주인이 예수님임을 고백한다. 목회자가 우(牛)시장에 메어 놓은 소도 아니고 취미로 하는 것도 아니기에 값 더 쳐 준다고 가고 재미없다고 마는 그런 건 아니지 않은가 말이다.

　N교회의 성도들과 헤어져 오는 일이 너무 힘들었다. 아니 너무 아팠다. 성도들도 너무 아파했다. 지금도 여전히 그 아픔이 남아 있다. 그럼에도 나도 N교회 성도들도 견디고 버틸 수 있는 것은 예수님이 우리의 머리되심을 알고 믿기 때문이리라. 지난 서울 연회에서 N교회 장로님들과 평신도 대표들을 보고 서로 부둥켜안고 울었다. 반가워서 울었고, 고마워서 울었고, 좋아서 울었다. 지난 12년간의 목회 열매였고 내 삶의 선물이었다.

　나는 이제 이곳 이화에서 학생들과 복음을 나눌 것이다. 학교 안에 있으나 학교와 별도로 복음을 전할 수 있는 우리 이화 교회가 참 감사하다. 하나님의 계획하심과 인도하심이 분명하니 더욱 기쁘다. 혹자는 내게 물었던 것이다. 왜? 이화로 옮겼느냐고, 도대체 왜? 나는 그 질문에 다시 되묻고 싶다. 질문을 바꾸면 어떻겠냐고 말이다. '왜?'가 아니라 '어떻게?' 라고 물어 준다면 하고 싶은 말들이 참 많다.

　이화교회는 일반교회와는 다르다. 앞서 밝힌 대로 하나님께서 세우신 목적이 분명하며 일반 로컬처치와는 다르다. 그 본연의 목적을 잃지 않고 학생들에게 복음을 전하고 그 학생들에게 믿음의 징검다리가 되어주고 싶은 것이다. 그래서 그 학생들이 자라고 성장해서 다음세대를 감당하는 믿음의 걸음을 걸어가게 하는 것, 하나님을 기쁘시게 하는 그런 세대를 세우는 것, 그것이 이화에서의 나의 존재 의무이다. 그들과 나는 함께 이화라는 울타리에 잠깐 머물겠으나 하나님 나라를 꿈꾸는 일을 함께 함에 기뻐할 것이다.

이화가 있는 이곳 정동의 길은 그냥 길이 아니다. 초기 선교사들과 믿음의 선조들이 수없이 걸었을 그곳에 나는 지금 서 있다. 그곳에는 여전히 다음 세대들이 복음을 듣고자 기다리고 있다. 무더위가 한 번에 훌쩍 오는가 싶더니 장맛비가 물안개를 피우듯 쏟아져 내린다. 130년 전 이곳에 장맛비를 대하던 선교사들도 그랬으리라. 눈에 보이지 않던 것을 보던 그런 눈으로, 귀에 들리지 않던 소리를 듣는 그런 귀로, 꿈꾸었으리라. 보이지 않던 학교를 보고, 들리지 않던 교회의 종소리를 믿음으로 들었으리라.

삼포 세대를 시작으로 오포 세대를 넘어 이제는 절벽 세대라고 하는 우리 다음 세대들, 우리는 다음 세대라고 이야기 하지만 이미 다른 세대가 되어버린 다음 세대들, 같은 세상에서 다른 삶을 살고 있는 우리 다음 세대들, 그 청소년 속에서 나는 바라보고 꿈을 꾼다. 역사의 고난을 견뎌내며 믿음의 길을 열어준 내일의 지도자들을 바라본다.

역사의 분기점에서 하나님의 기뻐하시는 길을 택하고 물꼬를 텃던 여성 지도자들을 꿈꾼다. 그래서 벽을 타고 들어오는 이화 아이들의 재잘거림이 싫지 않다. 아니, 그 아이들의 재잘거림이 마치 예수님께서 내게 말씀 하시는 것 같다. '그래서 여기, 이화다. 그래서 바로 이화교회다. 그래서 내가 너와 함께 하는 거다…'

어제 목요 찬양 모임(매주 점심시간에 자유롭게 모이는 찬양 모임)에서 어느 분이 그러셨다. 전체 이화 학생 십분의 일 가량의 학생들이 와서 찬양한다고 말이다. 인원이 이렇게 된지 얼마 안 되었는데 너무 감사하다고, 꿈꾸고 기도했던 일이 이루어진다고 말씀하신다.

그래서 나도 꿈을 꾼다. 매일 아침 수업이 시작하기 전 마중물과도 같은 학생들이 찾아와 기도하는 그 기도회에 이화 여고의 십분의 일 가량의 학생들이, 이화 학교와 선생님들, 돕는 기사님 여사님들, 언니 동생들을 위해 기도한다면 하나님께서 다른 세대가 되어버린 우리들의 다음 세대를 그 어떤 세대보다도 든든한 세대로 만드시리라는 꿈을 꾼다.

그래서 나는 기도 한다. 아침 기도회에도 우리 이화 교회에도 그와 같은 역사가 이루어지기를 기도한다. 우리가 기도하면 하나님께서 이루신다. 우리가 할 수 없는 일을, 갈 수 없는 길을 기도하면 하나님께서 이루어 주시고 앞서 가주신다.

그래서 나는 오늘도 주께서 이루시리라 믿고 그 날을 꿈꾸며 기도한다.

Chapter 10

"교회가 우리의 아지트에요!"
[청소년 놀이터]

전웅제 목사 (하늘샘 교회)

카카오 ID : HeavenlySpring
이메일 : 428want@hanmail.net
페이스북 : facebook.com/chriswoongje.jun

01 뜻밖의 부르심

군 제대 후인 2005년, 신학생이나 전도사가 아닌 한 청년으로 영어 예배를 찾아들어간 만나 교회에서, 이듬해 어린이 영어 예배와 성인 영어 예배 간사로, 그리고 청소년부 파트 전도사와 수련목회자로 만나 교회에서의 7년간의 사역을 마무리 하고 있을 때다.

"네? 의정부요?"

김병삼 담임목사님께 갑작스런 이야기를 들었던 날은, 2011년 11월 둘째 토요일 아침이었다.

당시 목사 안수를 받기 위해서는 반드시 단독목회를 거쳐야만 하는 교단법이 있었는데, 수련목회를 마치고 곧장 갈 수 있는 목회 자리를 찾기는 결코 쉽지 않았다. 그야말로, 여기저기를 '뒤져'댔다. 감리교회 게시판, 아는 선후배들을 통한 수소문, 심지어는 웹상에 퍼져있는 작은 교회, 개척 교회 정보가 올라오는 카페도 가입할 지경이었다. 한참을 찾아보았지만, 내가 생각한 지역과 조건이 맞아떨어지는 곳은 거의 없었다. 보이지 않는 안개가 낀 것처럼 답답한 마음을 안고, 금요 저녁 예배를 드리는 중에, 하염없이 눈물이 떨어졌다. 나 혼자라면 당연히 겪어도 될 일이다. 그러나 이제 막 태어나 돌이 지난 어린 딸과, 젊은 사모까지 나 때문에 고생을 해야 하는 이 불가항력적인 현실 앞에서 하나님이 원망스러웠다.

'도대체 어떻게 하라는 말씀입니까? 갈 곳도 없고, 돈도 없습니다. 저를 부르신 게 맞습니까?' 한참을 울며 기도하다, 먹먹한 가슴을 안고 고개를 드는데, 불이 꺼져 캄캄한 성전 중앙에 홀로 붉게 빛나는 십자가가 눈에 가득 들어왔다. 멍하니 바라보고 있는데, 문득 마음속에 이런 물음이 들려온다.

'내 교회를 세우면 안 되겠니?'

정신이 퍼뜩 들었다. 큰 교회에서 오래 사역하다 보니 당연한 듯 "개척 교회는 고생"이라는 공식이 머릿속에 자동으로 인식이 되어, "나는 절대로 개척은 하지 않겠다."고 여기고 있었기 때문이었다. 그런데 '내 교회'를 세우라니?

당황스러움에 다시 속으로 반문해보았다. '개척 교회...를 하란 말씀이신가..? 개척을..?' 요즘 시대에 개척이라니. 얼마나 어려운 일인가. 말들이야 쉽게 믿음만 있으면 된다고 하지만, 현실적인 장애물이 너무나도 많다. 우선, 교회를 위한 적합한 장소를 찾고, 건물주에게 교회로 사용하겠다고 설득해야하고, 허락을 받아 계약을 진행한다 하더라도, 보증금과 월세, 인테리어에 들어갈 비용을 계산해보아야 한다. 또 가족이 살 집도 구해봐야 할 터이니... 그간 넉넉지 않은 사례비를 받던 젊은 수련목회자가 이를 위해 목돈을 모아놓았을 리 없지 않겠는가. 실로 어마어마한 비용이 필요하다. 게다가 개척할 지방의 감리사에게도 허락을 받아야 한다. 게다가 한 동네 같은 빌딩에도 교회가 몇 개씩 들어와 있고, 골목골목마다 교회 간판들이 몇 개씩 걸려있는 그 틈바구니 사이로, 또 하나의 교회를 개척한다는 것은 사람들에게 경쟁적으로 복음을 전해야 한다는 말과 크게 다르지 않으니, '개척'이라는 것은 정말 이만저만 피로한 일이 아니다.

아무리 생각해보아도, 불가능하단 결론이다. 요즘 말로, 'No답'이다. 모아놓은 돈도 없고, 집도 어려운데다가 아버지가 감리교 목사도 아니다. 소위, 돈도 없고, 빽도 없는 신세인 것이다. 그래서 솔직히 고백하건데, 감히 개척 교회를 할 용기도 없고, 사명도 없기에, 스스로 결론을 내렸다. '절대 못한다.'라고. 그런데, 그날 이후, 계속해서 새로운 임지를 찾고 기도를 할 때 마다, 자꾸만 그날 밤의 물음이 생각이 나는 것이다.

'내 교회를 세우면 안 되겠니?'

애써 외면해보고, 다른 쪽으로 기도를 해보아도, 이내 동일한 물음이 머릿속에 더욱 가득해져서, 더 이상 기도를 이어갈 수가 없었다. 너무 괴롭고 불편했다. 여태껏 한 번도 생각해보지 않은 '개척 교회'에 대한 마음을, 왜 지금 주시나.. 시간이 얼마 남지도 않았는데.. 그렇게 혼자 끙끙거리며 기도하던 중에 결국, 항복하고 말았다. 순종하기로 결정을 내린 것이다.

그러자 일이 순식간에 진행되었다. 개척을 할 마음을 먹고 새로이 조성되는 광교 신도시를 염두에 두고 있었는데, 어느 날 담임목사님께서 불러서 만나 사임 이후 어떻게 할 것인지 물어보시기에, 광교에 개척을 하려고 기도중입니다 라고 말씀드렸다. 그러자, 목사님께서 의정부에 있는 작은 교회에 자리가 났으니 가보는 게 어떠냐고 물으시는 것이다. 적잖이 당황스러웠다. 의정부라니? 어려운 고민 끝에, 교회를 개척하기로 마음먹었는데, 내 생각과는 전혀 다른 방향이라니? 혼란스러웠다. 그러나 마음을 다잡고, 가족들과 다시 한 번 상의하며 기도한 끝에, 그래도 담임목사님께서 생각해주셨으니 하나님께서 더 좋은 길을 열어주실 것이라는 믿음을 가지고 순종하여 의정부행이 결정되었다. 나의 계획과 전혀 맞지 않는, 하나님께서 열어주신, 그야말로 '뜻밖의 부르심' 이었다.

02 새로운 만남

살을 에는 듯한 칼바람이 부는 의정부의 12월 4일, 하늘샘 교회에서 처음으로 드리는 예배는 조촐했다. 나와 사모, 어린 딸, 장인, 장모, 처제, 그리고 아버지 어머니 이렇게 8명에서 예배를 드렸다. 익숙한 만나교회의 예배를 드리다, 10평 정도인 작은 공간에서 적은 인원이 예배를 드리니, 낯설기도 한 반면, 소박해서 좋았다. 이렇게 조용한 예배를 드려본 적이 얼마만인지!

처음 12월부터 2월까지 3개월간은, 오직 새벽기도 훈련과 독서, 주일 예배에 집중하였다. 주로 교회에 혼자 나가있었는데, 어찌나 추운지 난로를 틀어놓고 있어도 코가 찡하고 온 몸이 얼얼했다. 그렇게 교회와 집을 오가는 중에 눈에 들어온 것은 아이들이었다. 교회 근처에 솔뫼 초등학교, 중학교가 있어서 그런지 동네에 아이들이 많다. 추운 겨울임에도, 딱히 놀 곳이 없어 놀이터에서 놀고, 문방구와 분식집에 있는 조그만 오락기 앞에 쭈그리고 앉아 게임하는 아이들을 보면서, 자연스럽게 '이 아이들을 전도해야겠다.' 는 마음이 생기기 시작했다. 그래서 무엇을 준비할까 고민하다 가장 먼저, 교회의 분위기를 좀 바꿔야겠다는 생각이 들어, 3월에 소소한 리모델링 공사를 했다. 가뜩이나 좁은 예배당을 차지하고 있는 낡고 오래된 장의자를 테이블과 개인 의자로 교체하고, 칙칙한 벽지와 조명을 환하고 새롭게 바꾸었다.

만나 교회에서 1년간 운영했던 JEBS(정철영어성경학교)를 크게 어필한 예쁜 전도지도 2천장을 맞추었다. 만나에서 가르쳤던 청년 제자들도 몇 명을 부르고, 지방 전도대의 도움도 받고, 어머니와 함께 등교시간 학교 앞에도 나가서 정말 열심히 전도했다. 전도지에 3월 말 JEBS 무료 설명회 날짜를 써놓고, 이제 기도하며 기다리는데, 자신이 있었다. 전도지 2천장이 다 나갔고, 검증된 JEBS라는 무료 영어성경공부가 학부모들의 큰 관심을 불러일으킬 것이라고 믿었기 때문에, 최소 10명은 올 것이라고 자신했다.

그러나 결과는 어땠을까? 너무나 실망이었다. 요즘 말로 "폭망" 이다. 최소한 너 댓 명은 올 줄 알았는데 아무도 오지 않았다. 그렇게 자신만만했던 스스로가 너무 창피했다. 너무나 허탈하고 망연자실했다. 그동안 하루도 빠짐없이 새벽기도를 했고, 금식도 하고, 전도도 했다. 무엇이 부족했을까? 무엇이 문제였을까? 하나님이 원망스러워졌다. 교인 하나 없는 곳에 보내셨으면, 사람을 보내주셔야 될 것 아닌가? 그동안 논 것도 아닌데, 어째서 이런 결과를 주신 건지.. 도대체 이해할 수 없었다.

때마침 고난주간이었다. 이튿날, 새벽에 나왔는데, 실망이 마음 가득 차 있으니, 기도가 될 리 없다. 한참 멍하니 무릎 꿇은 채 십자가 아래 엎드려 있다, 고개를 들어 물끄러미 십자가를 올려다보았다. 그 때, 마음에 성령님이 주시는 깨달음이 있었다.

'네가 그렇게 자신이 있더냐? 네가 가진 것으로 무엇이든지 할 자신이 있더냐? 그래서, 잘 되더냐?'

순간, 마음이 무너지며, 눈물이 폭포수처럼 흘렀다.

'아! 그랬구나! 내가 주님을 의지한 것이 아니라, 내 자신의 능력만 의지했구나!'

그리고는 한참 동안 자신의 교만함을 회개하였다. 내가 아니라, 주님이 하셔야 됨을 진정으로 고백하게 되었다. 그렇게 시간이 흘러, 6월이 되었다. 아직 단 한 명도 전도되지 않았지만 여름이 다가오는데, 이대로 그냥 있을 수는 없었다. 다시금 마음을 먹고, 기도로 준비하며 전도지를 새롭게 맞추었다. 달라진 것은 하나였다. "내"가 일하는 것이 아니라, "주님"이 일하시도록. "내 능력"이 아니라, "성령의 능력"을 의지하며 전도하기 시작했다. 2012년 6월 16일 토요일을 D-day로 잡고, 놀이터, 길거리, 문방구와 분식집에 삼삼오오 모여 있는 아이들에게 전도지를 나누며 토요일에 만나자며 전도하였다. 한 영혼을 보내주시는 성령님께 온전히 맡기며, 기도로 행사날짜를 기다렸고, 마침내 당일이 되었다.

반은 설레고, 반은 떨리는 마음으로 아침에 교회를 향했다. 그런데, 깜짝 놀랄 일이 일어났다! 오후 2시에 초등학생들이 30명이 넘게 몰려온 것이다! 다 같이 즐겁게 게임하고, 행운권을 뽑고, 메시지를 전한 후, 아이들에게 이제부터 평일에 교회 와서 마음껏 놀고 쉬라고 알려주었더니, 다들 눈이 동그래졌다. 또 오후 4시에는 전도지를 받고 스스로 연락을 한 예쁜 여고생 4명도 약속을 지키고 다녀갔다.

그 날부터, 매일 같이 아이들이 몰려들기 시작했다. 학교 마치고, 학원

안 가는 아이들, 갈 곳이 피씨방 밖에 없던 아이들, 돈이 없어 문방구와 분식집, 놀이터를 전전하던 아이들.. 하루에도 10명씩 와서 교회에서 놀다 가기 시작했다. 플레이스테이션, 닌텐도 Wii, 스타크래프트, 미니 당구, 다트, 젠가, 부루마블, 체스 등, 내가 할 수 있는 모든 게임들을 아이들에게 가르쳐주며, 즐겁게 매일 노니, 아이들이 떠나질 않았다. 새로운 친구들이 계속해서 찾아왔다. 교회에 오는 아이들이 신기해하며 깜짝 놀라는 것이 두 가지가 있는데, 하나는 **"목사가 너무 젊고 목사 같지 않다"**는 것이고, 또 하나는 **"교회에서 게임을 할 수 있다"**는 사실이다. 어린 아이들이지만, 이미 가지고 있던 교회에 대한 고정관념이 깨지기 시작한 것이다.

"교회 = 일요일에 재미없는 예배드리러 가는 곳 = 헌금 내라고 하는 곳 = 전화하는 곳", "목사 = 나이 많고 재미없고 설교하 는 아저씨"라는 생각이

"교회 = 언제든지 놀러 가도 되는 곳 = 게임 공짜로 하는 곳 = 재미있는 곳", "목사 = 동네 오빠, 또는 삼촌, 대학생 형 같은 재미있는 분 = 고민상담 = 같이 놀아줌"으로 바뀐 것이다. 그야말로, **인식의 변화**(Paradigm Shift)가 아이들에게 일어났다!

그렇게 고정적으로 찾아오는 초등학생들이 생기면서, 아이들이 주일 11시에 예배를 나오기 시작했고 7월에는 주일 오후 2시에 JEBS를 바탕으로 한 하늘샘 어린이 영어예배를 4명의 아이들과 시작했다. 그리고 9월에는 교회 뒤편에서 놀던 중학생 3명을 만나게 된다. 놀이터에서 딸과 놀아주고 있는데, 할 일 없이 빈둥대는 중학생들의 대화를 듣게 되었다. 배고픈데 돈이 없다 길래, 여기 뒤에 교회 목사라고 소개하고, 가서 이것저것 하며 놀아도 되고, 컵라면도 준다하니, 곧바로 쫓아왔다. 그런데 중학생들이 처음 본 교회의 풍경은 굉장히 충격적이었나 보다. 그도 그럴 것이, 좁은 예배당을 가득 채운 초등학생들이 저마다 시끄럽게 떠들며

게임을 하고, 먹고 놀고 있었으니 말이다. 이 모습을 본 중학생 친구 한명이 이렇게 물었다.

"아저씨 여기 어디에요?"

"교회라니까? 교회야!"

그렇게 하늘샘 교회에 중학생들도 합류하게 되었고, 10월 가을 소풍갈 때에, 초등생 13명, 중학생 3명, 어른 10명, 이렇게 26명이 함께 가는 놀라운 역사가 일어나게 되었다! 그리고 12월 성탄절에는, 목사가 되어 처음으로 청소년 6명에게 주님의 자녀로 세례를 주게 되는 감격과 은혜를 경험하였다. 아이들을 만나는 과정과 교회에 정착하는 모습을 보며, 이 모든 것이, 온전히 성령님의 역사임을 확신하였다. 내 힘으로 어떻게 한다고 되는 것이 아니라, 성령님이 보내주셔야만 되는 것이기에, 더욱 기도할 수밖에 없고, 더욱 성령님을 의지해야 함을 내 스스로 깨닫게 하기 위해서, 지난 전도 후, 단 한명도 오지 않도록 막으셨나 보다. 나에게 너무나 실망하였던 지난 고난 주간, 가장 나에게 힘을 준 말씀을 다시 한 번 떠올렸다.

갈라디아서 2:20

"내가 그리스도와 함께 십자가에 못 박혔나니 그런즉 이제는 내가 사는 것이 아니요 오직 내 안에 그리스도께서 사시는 것이라"

이제 분명해졌다. 내가 사는 것이 아니라, 내 안에 그리스도가 살게 해야 한다. 최근 CCC가 통계 낸 대한민국 청소년들의 복음화율이 3.8% 라고 한다. 선교를 나갈 때, 그들의 복음화율이 5% 미만이면 미전도 종족으로 규정한다는데, 대한민국 청소년들은 미전도 종족이 확실하다. 그렇다면, 나는 의정부 용현동으로 보냄을 받은 '청소년 선교사'가 되리라! 이들을 끝까지 품고 사랑하며 복음을 증거하리라! 내게 맡겨진 일은 교회 오는 아이들 한 사람 한 사람을 전심으로 돌보고 사랑해주는 것뿐이다. 하나님이 나를 이곳 의정부 용현동으로 부르신 이유, 바로 이곳에 있는 청소년들을 더욱 사랑하고 그들에게 예수 그리스도의 복음을 전하는 '청소년 선교사'로 살라는 뜻임이 확실하다.

03 또 다른 시작

아이들이 오기 시작하면서 입소문이 났다.

"하늘샘 교회에 가면 공짜로 게임하고, 와이파이 하고, 먹을 것을 준다"

2012년 전도를 계기로, 동네 아이들이 평일에 꾸준히 놀러왔고, 2013년 절정을 이루었다. 어른예배에 한 명 두 명 오던 아이들이 10명을 넘었고, 2시에 드리는 어린이 영어 예배도 15명까지 인원이 늘었다. 한 사람이 친구를 한 명 데려오면, 그 친구가 또 다른 친구를 데려오는, 자연스러운 관계 전도가 된 것이다. 정작 목사인 나는 교회에서 아이들과 노느라, 나가질 못했는데, 주님께서 계속해서 아이들을 보내주시니 얼마나 신기하고 감사한 일인지!

한편, 현실적인 걱정도 만만찮았다. 아이들이 많아질수록, 매일 같이 먹여야 하는 간식비도 만만치 않게 들어갔기 때문이다. 이곳저곳에서 보내주시는 후원 헌금으로 겨우겨우 월세와 생활비를 맞추고 있는데, 예상치 못한 간식비를 놓고 기도하는 수밖에 없었다. 그런데, 어느 날부터 정체모를(?) 택배 상자들이 교회에 도착하기 시작했다. 페이스북과 지인들을 통해 하늘샘의 소식을 접한 익명의 천사들이 조금이라도 돕고 싶다며 보내온 컵라면, 빵, 과자봉지였다. 택배상자를 열 때 마다 나와 아이들은 기쁨의 환호성을 질렀다. 뿐만 아니었다. '개척 교회는 돈이 없어 아무것도 못한다.'라는 생각에 발목이 잡혀, 정말 아무것도 못할까봐 오히려 아이들을 위해 소풍을 가고, 재밌게 놀 수 있는 행사를 더 준비하였는데, 재정은 당연히 하나도 없었다. 그러나 아이들을 우선적으로 생각하고 과감하게 진행하였을 때, 하나님께서는 생각지도 못한 손길과 사람을 통해서 어김없이 재정을 그 때 마다 채워주셨다. 정말, 날마다 먹이시고 입히시는 살아있는 하나님의 은혜를 경험케 되었고, 그렇게 하늘샘은 나날이 풍성하게 채워졌다. 지금도 여전히 재정은 불안하고 부족하지만, 5년 째 교회 월세를 밀린 적이 없고, 아이들에게 부족하게 먹인 적이 없다. 그 때 마다 채우시고 역사하시는 하나님의 은혜로 늘 채워주시니, 믿고 기도하며 일을 저지를 뿐이다.

그러나 빛이 강할수록 그림자도 짙듯이, 항상 좋은 일만 있는 것은 아니었다. 거리에서 만난 중학생들의 본성은 쉽게 고쳐지지 않았다. 방과 후에 교회 근처에서 흡연하는 것은 물론이고, 7-8명씩 무리를 지어 침을 뱉고 크게 소리를 지르며 교회 근처에서 돌아다니니, 주변에 있는 이웃들의 시선이 곱지 않은 것이 당연했다. 게다가 한 명씩 돌아가며 가출을 해서, 여름 내내 집나간 녀석들 잡으러 다니느라 온 동네와 시내를 뒤집고 다니기도 했다. 가출 청소년 쉼터는 물론이요, 어떤 아이는 물건에 잘못 손을 대서, 연락되지 않는 아이 부모 대신 경찰서도 들락거리고, 법원 재판에도 서보고 만나 교회 청소년부 전도사 시절과는 전혀 다른 현장에서의 사역을 경험하게 되었다. 그러다 보니, 이런 소문이 났다.

하늘샘교회는 "가출 청소년들이 다니는 교회" "문제아들이 모이는 문제 교회"라는 것이다. 다니던 아이의 부모가 찾아와서 아이를 데리고 가는가 하면, 동네 사람들이 나를 보며 수군거리기도 했고, 교회에 돌을 던지거나 방뇨를 해놓고, 어떤 이웃은 교회로 찾아와 애들 관리 똑바로 하라며 손가락질을 하고 심지어 멱살도 잡으며 욕하기도 했다. 그럴 때 마다, 제 잘못이라고 죄송하다고 고개를 숙이고, 아이들을 타이르고, 혼도 내보았지만, 반성도 잠시뿐, 아이들은 금방 원래대로 돌아가길 반복했다.

참 힘든 시간이었다. 쉽게 변하지 않는 아이들을 보며, 내가 과연 잘 하고 있는 것인가 이렇게 해도 되는 것인가 고민도 깊어져만 갔다. 자책하기도 하고 원망하기도 하며 나와 교회가 주변 사람들에게 욕을 먹을 때, 고린도후서를 읽는 중 사도 바울의 고백이 눈에 들어왔다.

고린도후서 6:4-5
"오직 모든 일에 하나님의 일꾼으로 자천하여 많이 견디는 것과 환난과 궁핍과 고난과 매 맞음과 갇힘과 난동과 수고로움과 자지 못함과 먹지 못함 가운데서도"

이 말씀을 통해 더욱 깨닫게 되었다.

'그렇구나! 하나님께서 나를 이곳에 보내신 이유가, 바로 이 아이들을 위함이구나! 나를 기다리는 것은 이웃의 칭찬과 인정이 아니라, 사도 바울이 겪었던 모든 고난과 환난이구나! 그렇다면, 내가 지금 십자가의 길을 제대로 가고 있는 게 맞구나!'

학교에서도 문제아로 낙인찍히고, 가정에서 부모들마저도 포기한 아이들이었지만, 그 아이들을 내쫓을 수 없었다. 더더욱 포기할 수 없었다. 계속해서 품어주고 사랑을 주고 기다리는 수밖에 없었다. 어느 날, 한 친구가 와서 말한다.

"목사님, 저희들 받아주셔서 감사해요. 다른 교회에선 담배 피는 거 걸리면 그 때부터 이상하게 쳐다보고, 학교처럼 문제아로 대하는데, 그래서 적응 못하고 교회가 싫었었는데, 목사님은 저희 이해해주시고, 품어주셔서 얼마나 감사하고 다행인지 몰라요."

교회가 어떤 곳인가? 어떤 곳이 되어야 하는가? 옷을 잘 차려입고, 모든 사람들이 행복하게 웃으며 은혜롭게 인사하고 교제하는 그런 곳인가? 예수님께서는 이렇게 말씀하셨지 않는가?

마태복음 *11:28*

"수고하고 무거운 짐 진 자들아 다 내게로 오라 내가 너희를 쉬게 하리라"

이 말씀과 같이, 누구나 아무 편견 없이, 조건 없이 찾아와 그리스도의 사랑 안에 거하는 곳이 교회가 되어야 하지 않는가? 교회 안에 청소년들은 갈수록 사라지고 줄고 있는데, 교회 바깥에는 소외된 아이들, 방황하는 아이들, 문제 있는 아이들이 너무나 많다. 교회가 더 품어주어야 하는데, 이상하게 교회의 문턱이 높아져서, 아이들을 구분하기 시작하고, 받아주지 않는다는 현실이 너무나 마음이 아팠다. 이전까지는 한 번도 이런 아이들을 대해보지 않았는데, 비로소 목사가 되고 나서야 '잃은 양 한 마리를 찾는 목자의 심정'이 어떤 것인지를 깨닫게 되었다. 그래서 더욱 결심하게 되었다. 비록 하늘샘 교회가 작고 연약하고, 때론 손가락질 당하고 욕을 먹는다고 할지라도, 이 아이들을 끝까지 품고 사랑해주는 것이야말로 하늘샘 교회의 사명이라는 생각이 내 안에 더욱 깊게 뿌리내리게 되었다.

좌충우돌하는 아이들과 지낸지 어느덧 2년이 흘러, 교회는 아이들로 꽉 차게 되었다. 좁은 예배당에 어른들과 아이들이 가득 차니 비좁아졌다. 교회를 좀 더 넓은 곳으로 이전하면 좋겠다는 생각은 했지만, 재정이 없으니 엄두도 못내는 것이 당연했다. 그런데, 재계약기간이 다가오자, 건물주에게서 청천벽력 같은 통보를 받게 되었다. 그만 나가줬으면 좋겠다는 것이다. 이유야 너무나 많다. 워낙에 거친 중학생들, 정신없는 초등학생들이 매일 2-30명씩 와서 노니 시끄럽고, 주변에 소문도 안 좋게 나고, 그래서 값이 떨어진다는 것이다. 전혀 생각지도 않고 있다가 받은 갑작스런 통보에 마음이 급해졌다. 사실, 이미 목사 안수는 받았고, 다른 교회에서 부목제의도 받았기에, 임지를 옮겨도 문제는 없었다. 그러나 내가 떠나고 난 후에, 후임자가 이 거친 아이들을 사랑으로 잘

보살펴줄 수 있을까? 내게는 선택권이 없었다. 어찌되던 간에, 아이들과 함께 교회를 지키는 수밖에. 내 마음을 결정한 후에는, 아이들의 의중을 물어보아야 했다. 그래서 아이들 전원에게 연락을 돌렸다.

'오늘 방과 후에 한 사람도 빠지지 말고 교회로 올 것. 교회의 미래에 대한 매우 중요한 결정을 해야 함'

비상당회를 연 것이다. 방과 후에, 아이들이 놀란 눈으로 "목사님 무슨 일이에요!?" 하며 스무 명쯤 되는 아이들이 교회로 들어왔다. 계약기간이 끝나는 12월에는 지금 건물에서 교회가 나가야 될 것 같다고 자초지종을 설명하자, 아이들이 웅성거린다. 이게 무슨 일이냐며 그러면 교회가 끝나는 거냐고 목사님 어디 가시는 거냐고 건물주를 찾아가겠다며 난리를 친다. 잠시 진정시키고, 이렇게 물어보았다.

"이제 나에게는 두 가지 선택이 있어. 하나는, 미안하지만 내가 교회를 떠나는 것이지. 다음 사람이 와서 교회를 맡을 수 있으면 다행이고, 만약 그럴 능력이 없다면, 어떻게 될지 잘 모르겠다. 그리고 또 하나는, 교회를 지키는 거야. 그런데 여기에는 조건이 하나 있어. 교회를 옮기게 되면 공사도 해야 하고, 여러 가지 어려움이 있을 건데, 너희들이 나와 끝까지 같이 가 줄 수 있겠니?"

그리고는 투표를 하였다. 어느 쪽을 원하는지. 결과는? 당연히 두 번째, 다 같이 함께하는 데에 만장일치로 통과되었다. 의리가 넘치는 아이들. 앞으로야 어찌될지는 모르지만, 교회의 큰 일 앞에서 그렇게 마음을 보여준 것만으로도 충분히 큰 위로와 힘이 되었다. 그 다음으로는 빨리 장소를 알아보아야 했다. 부동산을 뛰어다니며 알아보니, 다행히 지금 교회에서 3분 거리에 있는 비어있는 2층 상가를 소개받았고, 개척 교회의 사정을 잘 이해해주고 시세보다 저렴하게 배려해주신 건물주 덕에 계약하게 되었다.

그렇지만 다음이 문제였다. 우선, 보증금과 월세가 현재의 2배

이상이었다. 그리고 아무 것도 없어서 인테리어 공사를 완전히 새로 다해야 했다. 일단 계약을 했는데, 재정이 하나도 마련되지 않았으니 막막했다. 어떻게 해야 할까, 대출을 받아야 할까, 집 전세금을 빼야 될까? 홀로 새벽에 나와 기도하는 데, 무거운 중압감에 그저 하나님께 도와달라고 부르짖는 수밖에 없었다. 며칠을 기도해도 달리 뾰족한 수가 보이질 않아 크게 낙심하고 있는데, 하나님께서 물으신다.

'이 교회가 네 교회냐?'

'아닙니다. 주님의 교회입니다.'

'그런데 무얼 걱정하느냐? 내가 내 집을 세울 것이다. 네 교회가 아니라 내 교회다!'

마치 의정부를 오기로 결정하기 전, '내 교회를 세우면 안 되겠니' 하고 물어보셨던 것처럼, 하나님은 이번에도 새벽을 통해 분명하게 말씀해주셨다. 그렇다. 지난 2년간 하늘샘을 이끌어주시고 지켜주시지 않았는가? 아이라고는 딸 밖에 없었는데, 벌써 40명 가까이 되는 청소년들로 교회를 가득 채워주셨을 뿐 아니라, 때마다 보내주시는 간식들과 재정들로 굶주리지 않게 하신 분이 바로 하나님 아니신가! 살아계시고 역사하신 그 분이 이제 새로운 성전으로 담대히 나아가라고 하시니, 또 한 번 "아멘"으로 순종하는 수밖에! 내 교회가 아니라 "주님의 교회"이니, 필요한 재정도 주님께서 채워주실 줄로 믿는 수밖에!

마치 아브라함처럼, 여호수아처럼, 담대하게 믿음의 발걸음을 옮기는 순종으로 새로운 하늘샘으로의 이전 공사가 시작되었다. 만나교회 청소년부에서 동역했던 귀한 권사님께서 흔쾌히 인테리어를 맡아 도와주시기로 하였고, 최대한 인건비를 줄이기 위하여 아이들이 두 팔 걷어붙이고 나섰다. 한 달이 넘는 시간 동안, 초등학생부터 중학생까지, 남자여자 할 것 없이, 매일 방과 후에 와서 자재를 나르고, 페인트를 칠하고, 가구들을 나르며 공사를 도왔다. 또 교회 이전 소식을 들은 많은 분들이 이 소식을 듣고, 각지에서 사랑의 후원금과 헌물을 보내주셨다. 아무 재정도 없이 시작했는데, 이 모든 일들이 되는 과정을 통해서, "교회를 세우는 것은 사람이 아니라 하나님"이심을 강력하게 목격하게 되었다. 불가능한 일이 가능케 되었다. 어떻게 아이들 밖에 없는 교회가, 2년 만에, 두 배로 넓은 곳으로 이사를 가나며, 이런 일은 처음 봤다며, 주변의 이웃들이 모두 놀랐다. 가장 놀라운 것은, 필요한 모든 재정이 기적 같이 채워져서, 조금의 빚도 없이 공사를 마무리 할 수 있었다.

마침내, 2013년 12월 1일, 하늘샘 교회에 온지 꼭 2년이 되는 날, 새 성전으로 하나님께 봉헌하는 이전 감사 예배를 드리게 되었다. 아름답게 봉헌된 새 성전에서 하늘샘 아이들이 일렬로 서서, 오시는 손님들에게 인사하고, 예배 시간에 돕는 모습을 보며, 정말 하늘샘에서 이루어 가시는 놀라운 하나님의 역사의 손길들을 그 자리에 오신 모든 분들이 보며 하나님을 찬양하였다. 할렐루야!

04 하늘샘의 정수(精髓)

가끔 이런 질문을 받을 때가 있다.

"목사님은 목회철학이 어떻게 되세요?"

신학교 시절, 들었던 가장 충격적인 질문은 "2000년 전에 이스라엘에서 십자가에서 죽으신 예수가 어째서 너의 영혼의 구원자가 되느냐?" 라는 한 선배의 물음이었다. 모태신앙으로 단 한 번도 그런 생각을 해보길 않았기에, 이 질문은 영혼과 신앙의 본질을 뒤흔들어 놓을 정도로 강력한 충격을 주었다. 그 때부터 신학공부를 하면서, 교회에서 사역을 하면서, 끊임없이 생각했던 질문은 이것이다.

'나는 왜 이 길을 걸어가는가? 내가 믿는 예수님은 누구시며, 나는 어떤 예수님, 어떤 복음을 사람들에게 전할 것인가?'

누가 속 시원하게 가르쳐주면 좋으련만, 그 질문은 잘 풀리지도, 정리되지도 않았다. 계속 되는 공부와 고민 속에, 나름대로 대답을 찾은 말씀은 야고보서 2:17절이었다.

"이와 같이 행함이 없는 믿음은 그 자체가 죽은 것이라"

보이지 않는 주님을 믿는 것이 신앙이요 중요한 진리임이 틀림없지만, 그만큼 중요한 것은 믿음이 허공에서 흩어지는 의미 없는 소리처럼 되어서는 안 되고, 반드시 실제 삶에서 적용되어 실천적으로 나타나야 한다고 생각했다. 또 독일의 행동하는 신학자, 디트리히 본회퍼 의 책들을 공부하며 큰 영향을 받았고, 7년간의 만나 교회 사역을 통해 김병삼 목사님의 "교회가 이 땅의 소망입니다"라는 목회철학을 정말 잘 배울 수 있었다. 특히, 수련목 마지막 해에, 만나 교회에서 故 옥한흠 목사님의 제자양육 CAL 세미나를 음성으로 일주일간 들었는데, 바로 거기서 옥목사님이 들려주시는 말씀, "목사는 누구인가? 예수의 복음을 전하는 자는 광인(狂人)이 되어야 한다."는 말이 강하게 남았다. 복음과 십자가에 미친 자가 되지 않고서는, 한 사람도 제자를 만들 수 없다는 옥목사님의 외침이, 정신을 번쩍 들게 하였다. 이제 얼마 남지 않은 만나의 사역을 마치고, 목사가 되어 곧 세상이라는 광야로 나아가야 할 것인데, 지금 내가 가장 중요하게 준비해야 할 것이 바로 "나의 목회철학"임을 뼈저리게 느끼게 된 것이다.

이 목회철학 부분이 정말 진지하게 준비되어야 할 부분임에도 불구하고, 갓 목회현장에 나오는 젊은 목회자들이 많이들 간과하고 있는 부분이기도 하다. 현실적인 부분이 급하기에, 일단 임지를 구하고, 그 다음은 교회를 유지하고, 그리고 전도하기 바쁘기에, 내가 정말 어떤 목회철학을 가지고 교회를 일구어 갈 것인지에 대한 고민은 충분히 준비하지 못하고 결여된 채 나와 있는 모습을 많이 본다. 그래서 부족하지만, 내 나름대로 정리한 나의 목회철학이요, 하늘샘 교회의 목회철학을 간략하게 소개하고자 한다.

1) 하늘샘 교회의 사명선언문 :
세상 속에 부름 받은 하나님의 자녀들이
작은 예수가 되어
성령과 함께
세상 속 소금과 빛이 되는 공동체
2) 하늘샘 교회의 성구 :
내가 주는 물을 마시는 자는 영원히 목마르지 아니하리니
내가 주는 물은 그 속에서 영생하도록 솟아나는 샘물이 되리라
(요 4:14)
3) 하늘샘 교회의 표어 :
삶에 그리스도를 드러내라
4) 하늘샘 교회의 강령 :
What Would Jesus Do? 예수님이라면 어떻게 하실까?

[WWJD] 이 네 글자로, 하늘샘의 모든 목회철학을 한 마디로 정의할 수 있다. "행함이 없는 믿음은 죽은 것"(약2:17-18)이요 "세상의 소금과 빛이 되는 공동체"(마5:13-16)로서 "삶에 그리스도를 드러내기"(요 14:21) 위해서는, 반드시 일상의 삶과 생각 속에 늘 주님이 계셔야 할 것이다. 그렇기에, 심플한 이 문장만을 기억한다면, 누구를 만나 무슨 얘기를 하건, 무슨 일을 하건, 이 강령이 순간순간 해야 할 말과 행동을 결정할 때, 올바른 방향을 잡아줌으로써 나의 믿음이 행동으로 증명될 것이다.

05 교회, 삶이 되다

하늘샘의 소식을 들으신 분들은 궁금해 하시며 이런 질문을 한다.

"도대체 종잡을 수 없는 요즘 초등학생, 중학생들이 어떻게 그렇게 예배를 잘 드리느냐"

"무슨 특별한 전도나 교육 프로그램이 있느냐 어떻게 정착을 시켰냐."

여기에 대한 대답은 간단하다.

"교회가 일상이 되게 하면 됩니다."

대답은 간단하지만, 실제로 적용하기란 간단하지가 않다. 아무리 목회철학이 잘 준비되어 있다고 해도, 교회를 찾아오는 아이들에게 그것을 일일이 설명하고 알려주기란 불가능하다. 게다가, 하늘샘을 찾는 아이들은 여태껏 교회라고는 한 번도 가보지 않았거나, 기껏해야 전도축제니 성탄행사니 해서 선물 준다고 해서 한 두 번 가본 것이 전부인, 교회와 신앙이 전무한 아이들이 대부분이다. 이 아이들에게 어떻게 예수님의 복음과 사랑을 가르쳐 알게 할까? 어떻게 교회가 일상이 되게 할까? 단순히 먹을 것과 선물을 주며 아이들을 가까스로 교회에 데리고 와, 기초적인 신앙을 가르치겠다고 성경 공부반을 열어 붙잡아 놓는다고 될 일일까? PC방과 스마트폰에 중독된 요즘 아이들이, 고리타분하고 재미없는 성경과 교회에 관심을 가질 리가 없다. 개척 교회 목사가 되어 현장에 나와 보니, 열악하기 짝이 없는 상가교회에 청소년 스스로 온다는 것은 불가능에 불가능한 일이다. 나라고 해도 가지 않겠다. 뭐 하러 가겠는가? 게다가 이상한 교회의 이상하고 흉흉한 소식들이 날마다 올라오니 이미지마저 바닥을 치고 있는 상태지 않은가?

일단 한 번이라도 교회에 오게 해야 뭐라도 해볼 일이다. 그렇다면, 이제 초점은 어떻게 아이들을 교회로 오게 할 것인가로 좁혀진다. 교회를 다니지 않는 아이들에게 교회는 일단 재미가 없어도 너무 없다. 가도 할게 없고, 예배는 왜 드려야 하는지도 모른다. 성경은 읽어본 적도 없고, 겨우 하나님과 예수님에 대해 한두 번 들어봤을 뿐이다. 여기서 역발상이 필요하다. 만약, 그런 고정관념에 사로잡힌 교회가 아니라면? 언제 가더라도 마음껏 먹고 놀 수 있고, 누구의 눈치도 보지 않고, 쉴 수 있는 곳이라면?

어차피 평일에는 아무도 오지 않는다. 아니, 올 사람도 없다. 그런데 월세는 똑같이 나가지 않는가? 나 혼자 쓰고, 예배 시간에만 오픈한다는 것은 너무 아깝단 생각이 들었다. 그래서 하늘샘 교회를 평일에 아이들에게 오픈하기로 결정했다. 교회를 다녀야만 올 수 있는 곳이 아니라, 그야말로, 누구든지 와서 마음대로 놀다가 가도 아무 상관없고, 부담 없는 곳이 되도록 만들었다. 게임기와 만화책을 끼고 살았던 내 어린 시절의 기억을 되살려, 교회에 닌텐도 Wii와 플레이스테이션 게임기를 놓고, 중고 컴퓨터들을 구해서 아이들이 누구나 좋아하는 카트라이더, 메이플스토리, 스타 크래프트, 롤(lol), 오버워치 게임을 깔았다. 그리고 스마트폰도 마음껏 쓸 수 있도록, Wi-Fi 존도 만들었다. 혹시 기다리게 될 아이들이 지루하지 않도록, 배드민턴과 미니당구대, 체스와 부루마블, 젠가도 가져다 놓았다. 동네에 만화책방이 폐업을 한다는 소식을 듣고는, 한걸음에 달려가서, 만화책들과 DVD들을 거금을 들고 매입해왔다. '교회를 아이들의 놀이터, 쉼터로 만들자'는 생각으로, 아이들과의 접촉점을 만들었다.

그렇게 거리에서 만난 아이들이 처음 교회에 왔을 때, 눈이 휘둥그레져서 가장 먼저 하는 말이 무엇이냐면, "여기가 교회 맞아요?"이다. 그 다음 말은, "이게 다 공짜예요?"이다. 아이들이 돈 없이 놀 수 있는 곳은 놀이터와 거리 밖에 없고, PC방을 가려고 해도 최소 천원이 필요한데, 교회에서 이렇게 놀 수 있다는 것과, 무엇보다 공짜라는 사실이 놀라운 모양이다.

그런데 처음에는 아이들을 잘 몰라서 적잖이 당황했다. 늘 교회 안에서 자란 모태신앙 출신인 아이들을 대상으로 사역을 했었는데, 하늘샘에서 만난 아이들은 얼마나 거칠고 예의가 없는지! 그래도 어른이고 목사인 내 앞인데도 전혀 아랑곳하지 않고 심한 욕설과 장난은 물론이고, 목사라는 신분을 이용하여 영악한 아이들은 배고프다고 하루에 몇 백원씩, 몇 천원씩을 요구하며 삥(?)을 뜯기도 했다. 교회 안에서 즐겁게 게임을 하다가도, 잠시 한 눈을 팔면, 욕설이 오가며 치고받는 싸움이 벌어지기 일쑤였다. 일주일에 한번 월요일에 교회문을 닫게 되면, 몇 번씩이고 아이들로부터 전화가 걸려 와서 '지금 당장 교회 문을 열지 않으면 교회를 나오지 않겠다.'는 무서운(?) 협박 전화를 아이들에게 받아야 했다.

아이들이 왜 이렇게 거칠까? 아이들을 만나면서, 외형적으로 나타나는 말과 행동의 본질적인 원인이 어디에 있는지를 살피게 되었다. 사실, 이곳의 아이들은 주머니 사정이 넉넉하지 않다. 대부분 부모님들이 맞벌이를 나가신다. 그나마 부모님이 관리하는 아이들은 학원도 다니고, 용돈으로 PC방도 갈 수 있지만, 거리 전도에서 만나는 아이들은 그렇지 않았다. 일주일에 이천원, 많아야 오천원으로 방과 후 두세 시 부터 부모님이 돌아오실 밤 아홉시까지, 그 많은 시간을 배고픔과 무료함으로 때워야만 했다. 더 안타까운 것은, 가정이 온전치 못한 아이들이 참 많다는 것이다. 이혼, 별거, 사별, 동거, 재혼.. 갖가지 이유로 가정이 깨져있어 집에 들어가면 부모의 사랑을 받기보다는 욕설과 폭력에 그대로 노출되었다. 가정에서 사랑과 관심을 충분히 받지 못하고, 대신 상처만 받고 방치되는 아이들의 속사정을 알게 될수록 어째서 그렇게 거친지를 이해하게 되면서 마음이 참 아파왔다.

아이들을 이해하고 나서는 괜찮을 줄 알았는데, 다음 문제는 나에게 있었다. 한동안은 아이들이 많아져서 좋았지만 이내 회의가 들었다. 과연 아이들을 위해서 교회에 이렇게 게임과 놀 거리를 가져다 놓은 것이 잘 한 것인지 혼란스러웠다. 어떤 목사님들은 목회자가 전도하고 기도하고 말씀 공부에 힘써도 모자랄 판에 신성한 예배당에서 아이들에게 게임 가르치러 왔냐며, 곱지 않은 시선으로 바라봤고, 괜한 고생 뭐하러 사서하느냐는 비아냥거림을 들어야 했다. 특히 가장 힘 빠지게 만들었던 것은 "돈 안 되는 아이들한테 괜한 힘쓰지 말고, 어른들을 전도해서 정착시켜라"는 충고 아닌 충고였다. 매일 같이 아이들과 놀아주고 뒤치다꺼리를 하면서 이게 뭐하는 것인지, 앞으로 얼마나 이렇게 해야 할 것인지 생각하면 답답해졌다. 후회가 밀려오고, 슬럼프가 찾아왔다. 그만두고 싶은 생각이 들었다.

그러나 그럴 때 마다 목회철학으로 삼은 '삶에 그리스도를 드러내라' 와 'WWJD'가 초심을 일깨웠다. 그렇지! 주님을 사랑하기 때문에 내가 지금 이렇게 고생하려고 시작한 거지! 내 한 몸 피곤하고 고생이라도 아이들이 조금이라도 환영받고 사랑받는 느낌을 교회에서 받는다면, 그것만으로도 하나님께서 나를 이곳 하늘샘으로 부르신 이유가 충분하지 않겠는가! 아무도 없는 텅 빈 예배당에서 홀로 기도하며, 다시금 이겨내고 일어섰다. 그리고는 아이들을 무조건적인 사랑과 섬김의 눈으로 다시 바라보며, 계속해서 웃어주고, 이야기를 들어주고, 도움이 필요할 때 도와주었다. 아이들을 '끝까지 믿어주고, 끝까지 사랑해주기'로 단단히 마음먹었다.

그러자 부족한 내 모습을 통해서 성령님이 일하셨는지, 아이들이 조금씩 바뀌기 시작했다. 거친 야생마 같던 아이들의 눈빛이 부드러워지고 예의가 생기기 시작했다. 나를 "사장님"이라고 부르더니, 이제는 "목사님"으로 바뀌었다. 학교 마치면 집에 가지 않고, 곧장 교회로 와서 무슨 일이 있었는지를 종알종알 털어놓는다. 조금이라도 자기가 게임을 더하려고 툭탁거리던 녀석들이 기다리는 친구들에게 선뜻 자리를 양보한다. 어제 치고 받고 싸우더니, 오늘은 나가서 웃으며 배드민턴을 친다. 지난겨울 눈이 많이 온 날, 새벽에 나와보니 눈이 싹 치워져 있길래,

어찌 된 영문인가 했더니 한 아이가 밤새 교회 앞 눈을 쓸었다는 이야기를 주변 상가 어른들에게 듣게 되었다. 방학 때 장난스럽게 하나 둘 새벽기도에 나오더니, 그 중 한 녀석은 지금까지 꾸준히 함께 새벽제단을 쌓으며 자기도 커서 나와 같은 목사님이 되는 꿈이 생겼다고 자랑스럽게 이야기한다.

이러한 변화는 중학생들에게도 나타났다. 학교에서 담배 피다 걸리고, 폭력, 가출로 징계 받는 양아치 일진들이 나에게 속마음을 털어놓고 자신들의 상처들을 내보인다. 집에서도 학교에서도 인정받지 못하는 자신들을 품어주는 교회가 있어서 너무나 다행이라며, 이제는 이렇게 살고 싶지 않고 정말 달라질 것이라며 담배도 줄이고, 나쁜 짓들도 안하겠다고 시키지도 않은 약속을 스스로 한다. 자기 인생에서 가장 큰 축복은 바로 하늘샘 교회와 목사님을 만난 것이라며, 감사한다고, 사랑한다며 나를 꼭 껴안아 준다. 그리고 너나 할 것 없이 아이들은 새로운 친구들을 교회로 데려온다. 여기가 바로 우리 교회라며, 우리 목사님이라며, 너도 꼭 다니라고 알아서 전도를 하는 것이다.

가장 큰 변화는 이 아이들이 스스로 예배를 드리러 나온다는 것이다. 토요일이면 밤새 컴퓨터 게임하고 스마트폰으로 놀다가도 주일 예배 시간이 되면 알아서 일어나고, 지각을 하더라도 꼭 교회에 나오려고 노력을 한다. 다시한번 말하지만 아이들 중 누구도 부모님이 교회를 다니시거나 이렇게 꾸준히 교회를 다녀본 경험이 전혀 없다. 그러니 이 모든 일들이 정말 '기적 같은', 아니 '기적 그 자체'가 아니겠는가? 처음에는 쭈뼛쭈뼛 예배를 어색해하고 잘 집중하지 못하고 산만했지만 시간이 지나자 제법 사도신경도 외우고 성경도 찾아 읽으며 찬양도 곧잘 따라 부른다. 정말 감사한 것은, 2012년부터 매해 성탄절에 아이들에게 세례를 주었는데, 지난 4년 동안 교회에 등록하여 세례를 받은 아이들이 무려 27명이나 된다.

내가 우리 아이들에게 꼭 강조하는 것은 딱 한 가지뿐이다. "주일에 반드시 예배를 드리러 나와라" 예수님도 잘 모르고, 성경도 잘 모르고, 복음은 더더욱 모르는 아이들에게 가르칠 것은 '예배' 가 가장 확실하다. 예배를 통해서 하나님의 말씀을 듣고, 성경을 접하고, 찬양과 기도를 따라 하면서, 아이들이 성장하는 것을 확실히 느낀다. 처음에는 11시 어른 예배에 아이들도 함께 드리다가 예배당을 이전하면서 어른은 10:30분, 그리고 청소년은 12시, 어린이는 오후 2시로 나누었다. 각기 다른 시간에 드려지는 예배를 통해서, 어른들은 신앙을 점검하고, 청소년들은 특색 있는 예배를 통해 보다 재미있고 쉽게 하나님을 알아가며, 어린이는 영어를 배우며 예배한다. 뿐만 아니라 화요일 전교인 새벽기도와 수요 예배에도 아이들이 참석한다. 새벽 일찍 교복을 입고 교회에 나와 예배드리고 같이 간단한 식사를 하며 이야기도 하고 쉬고 놀다가 학교를 가고, 수요일에는 방과 후부터 쭉 교회에 있다가 저녁을 같이 먹고 자연스럽게 예배를 드린다.

이처럼, 교회는 아이들에게 일상, 삶이 되었다. 자연스럽게 교회에 녹아들어 집보다 편하게 쉬고 놀고 그리고 예배하며 아이들에게 부족한 부분을 예수님의 사랑으로 채워주었다. 그리고 그 사랑을 먹으며 믿음을 키우며 아이들은 자란다. 교회가 삶이 되는 것, 이것만큼이나 아름다운 기적이 있을까?

06 부르신 길을 따라나서다

2011년 한 명도 없던 아이들이, 지난 5년간 정착하기 시작하여 어느새 5-60명의 청소년으로 자리매김하며 성장하는 모습을 보는 것은 정말 큰 기쁨이고 감사한 일이다. 5학년이던 어린 친구는 덩치가 큰 중3이 되었고, 철없던 중1들은 어엿한 고2가 되어 알바를 하며 열심히 돈을 벌고, 또

자기의 꿈을 위해 열심히 공부를 하며 살아간다. 이들을 바라보며 새로운 고민이 생겨난다. '헬조선'이라 불리는 대한민국의 치열한 사회 속에서 하늘샘의 청소년들이 신앙을 잘 지킬 뿐 아니라, 세대를 변화시키고 시대를 이끌어갈 청년들로 성장하도록 어떻게 도울 수 있을까 하는 것이다. 교회가 과연 무엇을 해줄 수 있을까 하는 고민가운데 탄자니아에 선교사로 나가 계시는 멘토 목사님께서 이런 말씀을 해주셨다.

"한 번도 가보지 않을 길을 걸어가 봐. 지금껏 하늘샘 교회를 하나님의 손길에 맡겼던 것처럼, 앞으로의 길 또한 한 번도 가보지 않을 길을 걸어가게 될 거야. 그러니 우리의 할 일은 그 길을 열심히 걸으면 되는 거야. 믿음을 가지고."

그렇다. 예수님을 전혀 알지도 못하고, 교회는 거들떠보지도 않던 청소년들이 하늘샘 교회를 통해서 예수님의 사랑을 배우고 경험하며 변화되었다. 불우이웃과 노숙자들을 도우면서 자신들이 받은 사랑을 더욱 낮고 소외된 이웃들에게 전해야 한다는 것을 몸소 깨닫고 있다. 비록 지금은 작고 연약한 애벌레 같을지라도 언젠가 고운 날개를 펼치는 나비가 될 것이다. 청소년 시기에 뿌려진 복음의 씨앗이 싹을 틔워 줄기와 가지가 건강하게 자라나고 있기에, 반드시 좋은 열매를 맺을 것이다. 지금껏 인도해주신 하나님의 손길을 의지하여 새로운 길을 걸어가면 될 일이다. 그러면 자연스럽게 걸어가는 길에도 흔적이 남을 것이다. 바로 '예수님을 믿는 하늘샘 청소년들의 아름다운 흔적' 말이다. '예수님이라면 어떻게 하실까?'라는 목회철학처럼, 그들 삶의 곳곳에서 예수님의 사랑을 실천하고 드러내는 사람으로, 또한 하늘샘 교회 그 자신으로서 생명력 넘치게 살아가는 것을 목표로 두고 있다. 다음 6개의 글자가 하늘샘 교회의 목회의 방향이다.

1) F ollow 부르신 길을 따라나서다

2) O bey 순종함으로

3) L ove 사랑으로

4) L ive 살아내며

5) O neness 하나가 되어

6) W orship 하나님을 예배한다.

이를 위하여 하늘샘은 다음과 같은 지평을 넓혀갈 것이다.

1) 의정부 지역 위기 청소년 사역 : 의정부는 다른 지역에 비해 청년들의 강력 범죄가 상당히 빈번하게 일어나는 곳이다. 단순히 하늘샘 교회가 위치한 동네에만 머무를 것이 아니라, 현재 본인이 운영위원으로 협조하고 있는 경기북부 위기청소년 단체인 "십대지기"와 더욱 긴밀히 협조하여, 의정부 곳곳에서 도움을 필요로 하는 소외되고 불우한 청소년, 위기청소년들에게 가까이 다가가고자 한다.

2) 선교 사역 : 그동안 하늘샘 아이들과 수련회는 많이 했지만, 한 번도 선교는 가본 적이 없다. 2016년 8월에 필리핀 세부에 위치한 쓰레기 섬으로 가는 선교를 준비하고 있다. 한 번도 비행기를 타보지 못했던 아이들을 데리고 가서, 정말 그곳에서 열악하게 살아가고 있는 사람들의 세상을 보여주고, 미약하지만 예수님 사랑의 씨앗을 심고 올 계획을 준비하고 있는 과정에 있다. 개척 교회로서 부족한 재정을 감당하기에 너무나 힘이 들지만, 분명 이 일을 통해서 아이들 안에 정말 놀라운 일들이 일어나리라 믿는다. 또한 해외 뿐 아니라 국내에도 도움이 필요한 곳을 찾아가는 선교를 통해, 하늘샘 아이들은 더욱 넓고 큰 시야를 갖게 될 것이며, 2018년에는 하늘샘 교회 협력선교사님이 계신 아프리카 탄자니아에 갈 계획을 놓고 기도하고 있다.

개척 교회는 안된다고 말한다. 사람들이 개척 교회는 아무도 찾아오지 않는다고 말한다. 이제 개척의 시대는 끝났다고 말한다. 그러나 감히 아니라고 말하고 싶다. 하나님께 붙잡힌바 되어 그 자리에 나를 불러주신 소명을 깨닫고 그 뜻에 철저히 순종하며 믿음을 가지고 나아갈 때 분명히 열매를 맺게 하신다. 하늘샘 교회를 통해 보여주신 모든 과정들이 바로 그 증거이다. '안 되는 것'이 아니라 '안 하는 것'이다. 안수를 위해 '때우는 시간'이 아니라, '훈련의 시간'이다. 끝까지 하나님을 의지하면 반드시 승리할 것을 믿어야 한다. 매 순간 믿음으로 반응하며 인내로 시험과 유혹을 이기고 한 영혼을 사랑하는 목자의 심정으로 사람들을 대할 때에 보여주시고 열어주시는 하나님의 역사와 은혜가 분명히 있다.

목회철학, 교육방법, 프로그램, 물론 중요하다. 그러나 그것보다 중요한 것이 있다면, 내가 섬기는 교회의 성도를, 청소년을, 아이를 '예수님의 사랑으로 끝까지 믿어주고 끝까지 사랑하는 것'이 아닐까. '예수님이라면 어떻게 하실까?' 끝까지 져주라 그러실 것이다. 끝까지 참으라. 그러실 것이다. 희생하라 그러실 것이다. 어째서인가? "내가 예수님을 그리스도 구주로 삼기로 작정"하였고, "그 뒤를 따라 제자가 되기로 결심"하였기 때문이다.

얼마 되지 않지만, 짧은 개척목회를 통해 확실하게 경험하고 믿게 된 것은 이것이다. '하나님은 하나님을 찾고 일하는 자를 결코 그냥 두지 않으신다!' 이 믿음을 붙잡고, 섬기시는 교회와 삶의 자리에서 그리스도의 복음과 사랑을 드러내시기를 소망한다. 특별히, 갈수록 잃어버리고 사라져버리는 다음세대들을 정말 더 사랑해주시고, 그들을 위해 교회가 무엇이든 할 수 있는 용기를 내보시기를 간절히 부탁드리며 글을 마친다.

Part 4

사회와 소통하다

Chapter 11

"비전(魂) 창의(創) 소통(通) 이 셋 중에 제일은..." [사회적 기업]

박상규 목사 (감리교 사회적 경제센터 사무총장)

카카오 ID : businary
이메일 : skyup4887@daum.net
페이스북 : facebook.com/skyup153

01 나의 정체성 세우기

나는 누구인가?

얼마 전 한 대학에서 특강 요청 받고 경영대학원 대학원생들 앞에서 〈이제는 착한 마케팅과 사회적 경제기업이다!〉라는 제목으로 재미있게 수업을 마쳤다. 그 대학의 요청으로 개인 이력서와 프로필을 보내게 되었는데... 그 프로필 내용은 다음과 같다.

소셜 네트워커(Social Networker) 박상규 목사
연세대학교 문리대학에서 한국근현대사를 전공하고 ROTC 33기로 군복무 후, 감리교신학대학교 학부와 신학대학원(문화선교 전공)에서 신학을 공부하였다. 이후 ICNPM에서 모금전문가 CFRE과정, 커피교육협의회에서 바리스타과정, 한국 사회적 기업진흥원에서 사회적 기업 전문 강사과정, 그리고 한국 사이버 대학에서 사회복지사 2급 과정을 수료하고 현재 감리교 사회적 경제센터/W협동조합 사무총장, 사회혁신기업 (주)커피밀플러스 대표, (재) 선한목자재단 사업단 본부장, (주)아카데미라운지 필란드로피 이사, 연세대학교 MEDICI 사회적 경제협의회 대표, (사) 남북 보건의료 교육재단 운영위원, 효성 중앙감리교회 부목사로 재직하며 주로 '기독교 교육/문화산업'에 종사하며 글로벌시대 주역인 다음세대 인재양성에 집중하고 있다. 재능기부은행에서 프로보노, 성남YMCA 문화예술위원, 청현재이 캘리그라피 문화선교회 그리고 창조경제센터 멘토로 봉사 중이며 음악치료사인 아내 최수민 과의 사이에 4 남매(영수, 현영, 영서, 영후)를 두었다.

요즘 만나는 분들의 공통된 질문이 있다. "목사님은 도대체 몇 가지 일을 하고 있는 건가요?", "그 일들을 다 할 수나 있나요?", "너무

현실성이 없어 보이는데... 혹시 수박 겉핥기식의 사역이 아닌가요?" 등등 이 질문들 이후 스스로에게 묻고 답하는 시간을 계속해서 갖고 있던 차에 사역소개를 위한 출판 계획이 세워지게 되었고 거룩한 부담감이 들었음에도 불구하고 잘 됐다 싶었다. 감리교회 15년차 목회자의 그 동안 사역을 한번 되짚어 보고 억지(?)로 라도 '매듭 짖기'를 한번 할 수 있는 기회가 생겼으니... 이 또한 예기치 않은 하나님의 은혜! 이다.

나는 무엇을 하고 있나?

나는 처음부터 목회자가 될 계획은 없었던 사람이다. 감리교회 목사 가정에서 막내아들로 태어나, 계속 고향인 신촌에서 성장하였다. 평범했던 초등학교 시절과는 달리, 질풍노도의 시기인 청소년 시기를 워낙~ 심하게 겪다 보니 신촌의 앞 골목 보다는 뒷골목을 더 친숙하게 여기며 성장하였다. 형과 누나 그리고 매형까지도 감리교신학대학을 졸업하고 목회자와 교사가 되었으니, 나는 당연히 하고 싶던 역사를 전공한 후 방송 분야나 교육 분야에서 진로를 정해야겠다고 생각하고 있었다. 그런데 대학교 2학년 재학 중이던 1992년 9월 27일 주일저녁, 하늘이 무너지는 것 같은 형 박홍규 전도사의 순직(승합차 전복사고) 사건을 겪게 되었고 가족을 잃은 슬픔 속에서 경험한 하나님의 특별한 은혜와 믿음의 선배들과 가족들의 기도와 도우심으로 지금까지 목회자의 길을 걷고 있다. 그 스토리는 다음과 같다.

안양, 제2의 고향

첫 목회는 안양 석수동에서 시작했다. 군 전역 후, 감신 학부와 대학원을 졸업하고 교단 수련목회자 1기로 시험에 합격했지만, 선배가 목회하던 임지를 물려받아 담임자로 부임하게 되었다. 미자립 단독목회의 여건에도 불구하고 참 열심히 사역하던 생각이 난다. 모 교회인 '창천교회 문화 쉼터36)'에서 훈련 받은 대로 다음세대 교육과 문화를 중심으로 한 목회를 시작하였는데, 한 명도 없던 교회학교에 아이들이 한 명, 두 명씩 다니기 시작하여 20여명이 되었고 지역의 목사님들의 추천으로 안양시 청소년 정책과와 함께 '안양 문화 쉼터'를 만들어 평촌중앙공원에서 시민들과 함께 약 만 명이 모이는 지역행사를 성공리에 마친 추억은 지금도 기억이 난다. 이후 교회 이름을 '나 드림교회'로 바꾸며, 보다 효율적인 공간 활용을 위해 인테리어 공사를 직접 시행하고 임대조건을 월세에서 전세로 전환하는 등 첫 목회기간에는 선배 목사님들의 말씀처럼 '한 영혼의 소중함과 목회자의 영성과 전문성을 깊이 깨닫는 성찰의 시간'이었다.

3년간 안양감리교회 부목사로 섬기게 된 것은 큰 행운이었다. 감리교회 어른이시자 부흥사로 목원대 이사장으로 큰 리더십을 보여주신 백문현 감독님 밑에서 교육/청년/문화/교구 사역 등 목회 전반에 관해서 체계적으로 배우고 경험하게 되었다. 한 없이 자상하시고 넉넉한 사랑을 베풀어 주시다가도 부교역자들과 스태프들이 잘못한 경우 불같이 호통치시며 바로잡아주시던 모습은... 지금은 천국에 계셔서 한없이 뵙고 싶은 감독님만의 카리스마 리더십이셨다. 감리교회 조직상 한 지방의 담임목회자가 그 지방의 부교역자로 부임하는 일이 흔치 않았던, 안양에서의 사역 기간은 참 건강했다고 자평하게 된다. 그리고 지금도 평생회원으로 섬기고 있는 안양 YWCA를 비롯해서 문화체육센터, 카페 및 바리스타 교육, 유소년 비틴즈 축구단, 그리고 경로대학의 평신도 지도자들은 지금도 반갑게 만날 수 있는 좋은 동역자들 이다.

천당 밑 분당?

부모님의 권유로 유학준비를 하던 2005년에 문화사역을 본격적으로 시작하는 분당 만나교회 제안을 받고 청소년과 문화담당 부목사로 3년을 사역하게 된다. 특색 없던 청소년부 사역을 '마이블루'[37]로 시스템으로 새롭게 재편하여, 매년 4분기를 4개년 계획으로 '믿음/리더십/연합/역동'의 키워드로 헌신된 사역자, 교사들과 함께 다음세대 목회에 매진했던 기억이 새롭다. 특히 국제청소년 성취포상제를 감리교회 1호로 참여하였으며 미드 프리즌 브레이크, 영화 300을 패러디하여 기획한 여름수련회와 사역박람회 그리고 청소년들과 직접 뮤지컬을 만들어 예배드렸던 '문화 예배'는 소통과 공감의 좋은 사례가 되었으며, 이런 다양한 교회활동을 통해 시작되고 훈련된 DS찬양대, G&P성가대, TS 실내악, GDA 드라마, HN미디어팀, Y2Y워십 6개의 청소년 사역부서가 지금도 이어지고 있다고 하니 가슴 뿌듯한 소식이다.

성남 YMCA와 공동으로 주관하여 문화센터 강좌를 300여개 만들고 교회카페 파구스 초대 기획목사로 문화선교부 담당목사로 바쁘게 사역하던 2007년 5월 한 지인으로부터 '사회적 기업 육성법 제정' 소식을 전해 듣고 이를 교회사역과 연계하는 방법을 연구하게 된다. 국내 첫 번째 종교부지에 건축된 교회로서 실정법상의 많은 문제점이 노출되어 있었고 이를 해결하기 위하여 과천 정부청사, 여의도 국회, 그리고 한국 사회적 기업 진흥원 등 관련 기관들의 담당자들과 법령과 조례 등을 연구하며 우리나라 종교시설에 관한 법에 '세부 시행 규칙'이 없어 이에 관한 영리와 비영리의 해석 문제 더 나아가 종교기관 세금문제까지 문제가 된다는 것을 알게 되었다. 그러나 수차례 노력에도 불구하고 종교시설에 관한 '세부 시행 규칙' 마련은 성사되지 못했고 일부 기획위원들과의 마찰 등으로 인해, 교회에서 원치 않는 사임을 하게 되었다. 개인적으로 이때 받은 충격은 상상 이상이었다. "목사도 교회에서 잘리게 되는구나...", " 앞으로 가족들의 생계는 어떻게 유지해야 하는 것이지?", "기독교 사회적 기업은 시작부터 잘못된 길인가?" 등등 온갖 부정적인 생각들로 가득하여, 극단적인 선택을 하던 사람들의 심정을 처음으로 이해하게 되었는데, 천당 밑 분당으로 향했던 교만한 제 모습은 다 사라지고 난생 처음 지옥과 같은 실직자 생활을 경험하게 된다. 낯설기만 한 센터를 방문하여, 실업 급여를 신청하는 내 모습은 마치 인생의 실패자 같아서 자존심에 상처를 받게 되었고 교육이수 후에 월 100만원이 못되는 지원금으로 6식구의 생계를 해나가는 기간은 정말이지... 이제는 다 회복이 되어 '나를 더 단단하게 만드시기 위한 하나님의 특별한 훈련 과정'임을 깨달아 알게 되었으나... 돌이켜 보니 가족을 포함한 그 누구에게도 말 할 수 없는 고난의 시간이었음을 고백하게 된다. 그런데 그 연단의 과정 이후, 그 분의 특별한 계획 즉 커피밀과의 만남은 이미 준비되고 있었다.

커피밀 (Coffeemeal)

인생과 목회의 여정에서 가장 힘들었던 2008년 가을, 지금의 비즈니스 사역의 시작이 되었던 윤선주 목사님과의 운명적 만남을 방이동 커피밀에서 갖게 된다. 장신대 교수이며 '도시 공동체 연구소' 소장이신 성석환 목사님과 함께 인터뷰 형식으로 진행되었던 그 한 시간이, 그동안 문화사역 중심 기반에서 지금의 비즈니스 사역으로 확장되는 전환점이 될 줄은 전혀 예상치 못했던 일이다. 지금은 자연스럽게 호형 하게 된 윤 목사님의 격려로 그렇게 시작된 커피밀 초기 사역은 무너진 자존감 회복과 함께 사역의 열매로 차츰 맺어지기 시작하였는데 부산 엘레브센터 3호 계약 성사를 시작으로 12호 효성 중앙 커피밀부터 매년 10개 이상씩 교회, 지자체, 공기업 등 사회 공헌 카페로서 커피밀은 자리매김을 하게 되어 오늘날 40개의 매장과 120개의 거래처 그리고 커피제조 공장과 유통회사로 발전되어 오늘에까지 이르게 되었다.

"당신이 마시는 커피 한 잔이 어려운 이웃의 한 끼 식사가 됩니다!"의 모토를 가진 커피밀은 커피산지로부터 국내의 소비자에게 커피 한 잔이 공급되기까지 일련의 과정을 비즈니스와 선교로 연결시키고 다음의 5가지 핵심가치를 통해서 사역을 발전시켜 왔다.

첫째, 공정무역을 넘어 '상호 유익 무역(Mutuality Trade)'의 가치를 지향한다. 전 세계적으로 석유 다음으로 많은 물동량을 기록하고 있는 커피 생두는 다국적 기업들의 횡포로 인해 커피 생산자인 커피 농부들에게 돌아가는 수익은 적은 것으로 유명하다. 이 불공정 거래를 바꾸려는 노력이 공정무역인데, 커피밀은 공정무역을 넘어서 현지 커피 농부들과 직접 거래를 하는 '상호 유익 무역'을 추진하고 있다.

둘째, 이익과 사회적 가치를 함께 나누는 소셜 비즈니스(Social Business)의 가치를 지향한다. 오직 이익만을 추구하는 경제논리가 아닌 착한 상품을 기획 판매하여, 공정한 생산->착한 소비->사회적 가치 실현의 '소셜 비즈니스' 사이클을 실천하고 있다. 그 실례로 '기부 커피'를 런칭하여, 지역사회의 현안인 계양산 살리기 프로젝트에 참여하고 있고 지역아동센터의 발전을 위해 일일카페의 장으로 커피밀이 활용되고 있다.

셋째, 지역사회를 살리는 커뮤니티 빌딩(Community Building)의 가치를 지향한다. 최고의 사회목적 실현이 일자리 창출 및 창업에 있음을 깨닫고 노인, 경력단절여성, 다문화가정, 장애인, 청년실업자 등 소외계층 바리스타 교육과 일자리 창출에 열심을 내고 있다. 또한 카페의 수익금을 노인 무료급식, 지역 어린이 도서관 장서구입, 그리고 음악치료 등 문화컨텐츠 제작에 기부하여 지역사회의 호평을 얻고 있다.

넷째, 창조질서 보존을 위한 환경 친화적 사업(Eco-Friendly Biz)의 가치를 지향한다. 커피 생두의 특성상 다량의 농약이 사용되는 현실

속에서, 천혜의 자연환경과 화산재 토양 속에서 친환경 농법으로 재배된 100% 최상급 원두를 생산하는 인도네시아 수마트라 섬과 멕시코 치아파스 지역에서 들여온 생두를 커피밀이 개발한 독자적인 한국형 로스팅 방법에 의해 전량 주문 즉시 국내에서 로스팅하고 있다. 그러므로 이 원두를 사용하는 커피밀플러스의 모든 커피메뉴에서는 조화로운 맛과 최고의 바디감을 느낄 수 있다.

다섯째, 사랑을 나누는 윤리적 착한 소비(Good Buy)운동의 가치를 지향한다. 이미 사회에서는 착한 소비라는 개념이 확산되면서 공익을 지향하는 착한 마케팅이 활성화되고 있지만 본원적 경쟁력 없이 명분만을 내세우는 경우가 많아, 개인과 기업의 행동을 변화시키려는 착한 소비 혹은 착한 마케팅이 성공하기는 그리 쉽지 않다. 그래서 커피밀은 사회적 기업 및 협동조합의 착한 상품들을 준비, 이를 구매하려는 소비자들에게 충분한 공동 가치창출의 기회를 제공하도록 노력하고 있다.

커피밀 사역은 방배동에 소재한 백석예술대학 커피연구소와 업무협약을 통해서 두 차례, 바리스타 전공학생들과 함께 인도네시아 커피산지로 커피 교육 실습 및 비전 투어를 다녀왔으며, 윤선주 목사님께서 이사장으로 계시는 사회복지법인 선한목자재단 사업단과 협업을 통해 장애인 등 소외계층 바리스타 양성사업, 지자체 및 관공서 사내카페 사업, 컨텐츠 제작 및 보급사업 등 왕성한 대외협력을 활성화시켜 교회카페 1세대의 책임을 다 할뿐 아니라 갈수록 동종업종간 치열해 지는 경쟁구도 속에서 '카페 리뉴얼', '공공구매', 그리고 '협업을 통해 신규사업' 제안 등의 역할을 다할 것이다.

효성 중앙 교회, 1004마을을 가다.

효성 중앙 교회는 인천시 계양구 효성동의 첫 번째 교회이며, 내년에

60주년을 앞두고 있는 지역공동체를 강조하며 함께 성장해 온 교회이다. 첫 목회지 안양에서부터 가족처럼 지내며, 목회 멘토 중 한분이신 정연수 목사님께서 "성전건축 후 교회카페를 하려고 하는데, 와서 한번 해보지 않겠나?" 제안 주셨던 것이 동기부여가 되어 ㈜커피밀 12번째 가맹점으로 첫 출발을 했다. 인천에서도 변두리 지역의 첫 번째 카페 커피밀은 담임목사님의 목회방침과 20년 동안 진행돼온 1004마을축제, 노인복지/문화센터, 어린이 도서관 등 선교와 나눔 차원의 다양한 활동들이 밑거름이 되어 사회적 기업으로 전환을 모색하게 되었다.

교회의 결정에 의거, 본부인 ㈜커피밀의 전문컨설팅을 받고 사회적 기업 준비 팀이 진행한 법인설립이 2010년 10월 5일 완료되었으며 2011년 1월부터 12월까지 법인 사업자의 실적을 바탕으로 사회서비스형 사회적 기업 인증(인천형 예비 사회적 기업 2012.4.12 인증)에 성공하였다. 사회적 기업 인증이후 커피밀플러스는 지역주민들과 성도들에게 공간적 문화적 거리감을 없애고 서로 소통할 수 있는 '동네 사랑방' 같은 문화카페로 더욱 발전되어 갔다. 이때 만들어진 카페사역선언과 사명선언문은 다음과 같다.

"지역사회와 함께 부흥하는 효성 중앙 교회는 성경말씀(요 15:16)에 근거, 지역주민들과 성도들 사이의 공간적/문화적 거리감을 줄이고 서로 소통할 수 있는 '동네 사랑방' 같은 카페의 필요성을 깨닫게 되어, 어느 누구나 편하게 이용하실 수 있고 이곳에서 발생하는 모든 수익금은 지역사회와 국내외 어려운 이웃들을 위한 선교와 나눔을 위해 사용할 수 있는 '사회적 기업 커피밀플러스(커피밀 12호점) 사역'을 감당하고자 한다."

〈커피밀플러스 사명선언문〉

우리는 문화의 시대에 하나님 나라를 실현하기 위해 시작하는 효성중앙의 카페 문화선교사로서 다음의 선언을 다짐한다.

하나, 우리는 교회가 커피밀을 통하여 문화적/정서적으로 지역사회와의 막힌 담을 헐고 문화선교를 감당할 때, 책임 있는 문화선교사의 역할을 수행한다.

하나, 우리는 커피에 대한 전문성 확보에 노력하고 오시는 분들을 주님 맞이하듯 최선의 섬김 자세를 유지하여, 지역주민들과 성도들이 편안하고 즐겁게 이용할 수 있도록 돕는다.

하나, 우리는 정해진 봉사 활동과 모임시 개인활동은 자제하고 팀 사역을 위해 헌신하며, 복장은 단정히 하고 언행에는 늘 조심하여 타에 모범이 되도록 노력한다.

-2010년 7월 10일 카페 오픈 감사예배 中 박상규 문화목사-

1004마을축제는 20년 전 효성중앙교회에서 지역주민들과 한마당 기획을 하면서 시작하게 되어 올해 18회(2년간 미개최)째를 맞이한 대표적인 지역문화선교 모델이다. '1004마을'이라는 이름은 2007년도 세계에서 가장 긴 1천4m 김밥을 축제 때 만든 것이 계기가 되어 불려지게 되었는데, 당시에 장안에 화제가 되 기네스북에 등재되기도 하였다. 김밥 만들기 이외에도 지역에 명소가 된 풍산금속 담장 벽화그리기, 비빔밥 퍼포먼스, 교회 담장 허물기, 가족 T셔츠 만들기와 패션쇼, 자전거마을 만들기, 효성동 노래자랑, 인천 메탈베이블레이드 경연대회, 폐휴대폰 모으기, 1004합창단 공연, 기부천사 무지개 레이스, 살고 싶은 우리 동네 포토존, 더불어 살아가는 바자회, 일자리 창출을 위한 지역경제 활성화 세미나, 사회적 기업 박람회, 다문화가정 장기자랑 등 다양한 형태로 발전되어 왔으며 매년 바자회 수익은 전액 이웃돕기로 사용된다.

특히 이 모든 행사를 지자체 중심의 소모성 행사와는 달리 관할 행정당국의 예산지원 없이 교회가 지역주민들과 협력하여 스스로 진행하여 왔는데 최근에는 지역의 금융기관, 기업체, 그리고 이웃교회와 인근의 덕흥사까지 준비 위원회에 총 7명의 공동위원장을 위촉하고 주민자치 위원장을 비롯한 교회 장로님들이 자발적으로 준비위원을 맡아 1004마을축제를 이끌어 왔다. 작년에는 협동조합 '착한소비1004마을'을 설립하여 마을축제를 주관하고 있는데, 인천 마을 공동체 시범사업 선정, 2015 유네스코 지정 책의 도시 기념 인천시장상 수상, 착한가게 12곳과 책 읽는 마을 책꽂이 비치사업 등의 성과를 올리며 발전하고 있다.

W 스토리가 스펙을 이기는 그 날까지

지난 2011년 7월과 2014년 5월 감리회본부 사회평신도국 내에 설립된 '감리교 사회적 경제 센터'와 '감리교 W협동조합'은 다른 교단 내에는 아직 사례가 없는 자랑스러운 웨슬리 성화신앙 실천의 결과물이다. 지난 4년간, 본 센터-협동조합은 첫째, 감리교회 기반의 사회적 경제 기업(사회적 기업, 마을기업, 협동조합 등)들과 취약계층 기반 회사들의 창업 및 기업운영, 판로조성 등을 지원 둘째, 전국 148만 감리회인, 5,800여 감리교회들의 소비활동을 성경적 가치 및 사회적-선교적 차원으로 이끌어 내는 사역 셋째, 한국 지역사회 및 해외 선교지의 건강한 사회-경제 생태계를 조성을 돕는 일을 해왔다. 구체적으로는 사회적 경제 상담 및 컨설팅을 총268건 진행했으며, 감리교 착한소비 365운동[38](THE 착한소비 쇼핑몰 운영 중)을 시작하였고, 탈북민 지원을 위한 통일장터 바자회를 개최하고 국제개발협력을 위해 정기모임 실시 및 UN NGO 컨퍼런스에 참여 하였다.

최근 사회적 경제영역이 경제민주화로 불리우며 승자독식의 경쟁적 자본주의가 불러온 위기를 돌파하기 위한 대안적 경제로, 일반 국민에게 경제분야에서 희망을 주고 있다고 평가받고 있다면 '감리교 W협동조합'은 향후, 캐나다의 퀘벡, 이탈리아의 볼로냐, 스페인의 몬드라곤에 견줄만한 협동조합으로서 한국 교회가 중심이 되어 설립된 협동조합 연합회로서 전국 방방곡곡 온 세계로 네트워크 된 진정한 〈예수마을〉의 원대한 꿈을 오늘도 유쾌하게 꿔본다.

네사(NESA[39])는 교육, 사회적 기업가 정신, 그리고 적정기술 분야의 크리스천 교수, 사업가, 교사, 개발자, 연구원 등 각 분야 전문가들이 모인 네트워크다. '교육과 사회적 기업가 정신 그리고 적정기술을 통한 지속가능한 성장으로 글로벌 시민과 공동체가 회복되기를 희망'하는 비전을 품고 설립을 앞두고 있다. 이 모임은 향후 첫째, 청년/실버 등 세대별 창업 둘째, 탈북민 돕기 등 통일한국 사업 셋째, 국제개발협력 분야에서 발군의 실력을 갖춘 교수, 교사, 대기업 팀장, 사업가, 그리고 목사들이 함께 머리를 맞대고 '교육과 사회적 기업가정신 그리고 적정기술을 통한 지속가능한 성장으로 글로벌 시민과 공동체가 회복'되기를 희망 하고 있다.

02 새로운 시대에 필요한 교회론

지금은 공유가치의 시대

우리사회에서는 착한 소비라는 개념이 확산되면서, 공익을 지향하는 착한 마케팅이 점차 활성화되고 있다. 그러나 본원적 경쟁력 없이 명분만을 내세워 개인과 기업의 행동을 변화시키려는 착한 소비 혹은 착한 마케팅이 성공하기는 쉽지 않다. 특히 지속적이고 장기적인 착한 소비 운동이 가능하기 위해서는 상품을 판매하려는 단체와 이를 구매하려는 소비자 모두 충분한 공동의 가치를 얻을 수 있는 구조가 만들어져야 하기 때문이다.

교회는 지역공동체와 떨어져 생각할 수 없다. 오히려 책임 있는 지역공동체의 일원으로서 그 사명이 크다고 할 수 있다. 인천광역시 계양구만 해도 20여개의 사회적 기업, 마을기업, 협동조합이 있다. 이 사회적 경제 기업들이 매년 교회에서 주최하는 '1004마을축제'때 착한 제품들을 홍보하고 판매할 수 있도록 착한 바자회를 정례화 하여 시행하고 있다. 아직은 그 판매금액이 크지는 않지만, 판로개척과 홍보에 어려움을 겪고 있는 현장의 사회적 경제 기업들에게는 착한 바자회를 열어준 그 자체만으로도 응원이 되고 격려가 되고 있다. 장애인, 노숙자, 다문화, 노인 등 소외계층들이 열심히 노력하여 정성껏 만든 착한 제품들을 교회가 먼저 소비해주는 것, 교회가 실천할 수 있는 착한 소비 운동의 첫 단계가 된다.

협동조합은 공동의 소유와 민주적 방식으로 관리되는 기업을 통해 공통의 경제, 사회 및 문화적 욕구와 열망을 달성하고자 자발적으로 조직된 사람들의 자율적인 조직이며 기업이다. 매년 우리나라는 60만 명이 창업을 하고 58만 명이 폐업을 한다고 하니 심각한 상황이다. 이런 상황에서 대안으로 떠오르는 것이 협동조합이다. 협동조합이 주목 받는 것은 지속가능한 삶에 대한 필요성 때문이다. 세계적으로 눈부신 기술진보로 인해 생활은 더욱 편리해지고 소득수준은 높아졌지만 양극화와 소득불균형 등으로 인해 빈부격차가 심화되고 사회갈등 요인은 점차 증폭되고 있다. 이 문제를 해결하기 위한 시도로 협동조합 운동이 점차 확대되고 있는데, 유명 해외 협동조합으로는 썬키스트, FC 바르셀로나, AP통신, 그리고 스페인의 몬드라곤의 예를 많이 이야기하고 있다.

한국 사람들은 협동조합에 대해 아직 크게 인식하지 못하고 있지만 사실 협동조합은 우리 생활 속에 있다. 농협, 수협은 농업과 수산업에 관련된 협동조합이고 한국 우유시장의 1위업체인 '서울우유' 역시 협동조합이다. 주요 대학에는 생활협동조합이 조직 되어있고 생산자와 소비자를 연결하는 '한살림', '아이쿱' 같은 협동조합도 있다. 협동조합 기본법이 만들어 지면서 이제 다양한 부분에서 협동조합이 붐이 일어날 수 있는 분위기가 조성이 되었다. 5명 이상의 조합원이 공동 출자해 대체에너지, 돌봄, 건축 등 다양한 분야에서 협동조합을 만들 수 있는 여건이 마련된 셈이다. 지역공동체 안에서 반드시 필요한 공동 육아, 공동 교육, 의료협동조합, 문화예술 협동조합 등에 교회가 관심을 가져야 하는 이유가 바로 여기에 있다.

2012년은 유엔이 정한 '세계 협동조합의 해'였으며, 한국은 2011년 12월 〈협동조합기본법〉을 제정하며 한국형 협동조합 시대의 개막을 알렸다. 협동조합은 과거처럼 성장만 하면 고용이 창출되던 시대는 지나갔음을 선언하고 중소기업과 지방, 사회복지서비스 등 그동안 주목하지 못했던 쪽에서 일자리를 만들어내는 일들을 해야만 한다.

웨슬리의 성화사상과 선교하는 통전적 교회론

18세기 영국 사회의 변화를 이끌어낸 존 웨슬리의 성화사상은 웨슬리 신학의 핵심이며, 필자의 사역 전반에 관한 이론적 근거이다. 김홍기 박사는 이 웨슬리의 성화사상은 "개인적일 뿐 아니라 사회적이며, 생활의 성결(Holiness of life) 곧 성육신적 요소로 세속에서 분리된 성별의 힘을 갖고 세속을 찾아가는 성육신적 참여에 해당하기에 사랑의 적극적 행위를 세상 속에 실천해 빛과 소금이 되는 것"이라고 설명하며, 웨슬리는 사랑의 실천(works of mercy), 즉 고아와 과부, 장애인과 가난한 사람을 섬길 것을 속회와 설교에서 강조였고 그의 산상수훈의 '빛과 소금'을 설교를 소개하면서 "기독교는 기본적으로 사회적 종교이다. 기독교를 고독한 종교로 바꾸는 것은 참으로 기독교를 파괴시키는 것이다"라고 소개하였다. 쉽게 말해서 '더불어 살아가는 하나님 나라'를 실천하지 않는 기독교는 잘못이라고 선언한 것이다.

경제 3대 원리[40]를 강조한 것으로 유명한 웨슬리가 오늘날 영국이 사회적 경제영역의 강국이 되는데 그 초석을 놓았다고 전문가들이 이구동성으로 이야기하는 근거는 소외된 계층을 위해서 공동체 파운더리, 나그네 친구회를 만들었으며 킹스우드 학교를 통하여 교육을 하였고 불공정한 시장경제와 세금/고용제도 등을 혁신하기 위하여 신용협동조합을 직접 설립하여 운영하는 등의 실천사례가 많기 때문이며 그 영향력은 오늘날 영국사회 곳곳에서 살펴 볼 수가 있다.

독일의 대표적 신학자요, 반 나치주의자였던 바르트는 종전 후, 독일교회와 독일국민들에게 1946년 『기독교인 공동체와 시민공동체』라는 저서를 통해 독일사회가 공의로운 민주시민사회로 나아갈 것을 강력히 촉구하면서 이를 위해 교회와 그리스도인들은 '시민공동체(시민사회)의 최선의 형태'를 이루기 위해 자신들의 종교적, 사회적 역할과 책임을 다해야 한다고 말하였다. 곧 교회는 모든 면에서 세상을 위한 거룩한 중보자가 되어야 한다는 것이다. 교회의 머리가 되시는 예수께서는 세상의 모든 불의와 악의 근원인 죄의 문제를 십자가에서 해결하고, 인류평화의 길을 열어 놓으셨다. 뿐만 아니라 성서에 기록된 수많은 구원의 경험과 약속은 인류사회에 하나님 나라의 공의와 자유, 그리고 평등의 기본가치를 보증하고 있다. 이처럼 성서가 보증하는 개인의 자유와 평등, 하나님 나라의 공의와 구원의 가치를 세상 속에 구현하기 위해 교회가 시민사회의 책임 있는 일원이 되어 중보자의 역할을 하는 것은 너무도 합당한 것이요. 성서의 진리를 믿고 하나님 나라를 소망하는 모든 그리스도인의 신앙고백적 귀결이라 할 수 있다.

비즈니스 선교 (BAM : Business as Mission)[41]

복음의 절대성이 부정되고, 반 기독교적 안티문화가 점점 심화되고 있는 이 시대 속에서 복음을 명료하게 전하면서도 반 기독교인들과 더불어 살아가기 위해서는 우리들의 삶과 문화인 비즈니스 세계 속에서 하나님의 나라의 비전과 가치와 원리를 따라 일과 삶과 그 과정 속에서 복음을 구체적으로 실현해야 한다. 그래서 BAM은 운동으로 나아가야 하는데 총체적 선교 입장에서 다음의 과제들을 잘 해결해 나가는 노력이 필요해 보인다.

첫째, 한국 교회를 비즈니스 선교가 가능한 생태계로 만들어야 한다. 개 교회 지역 안에는 일터와 비즈니스 현장에서 평생 헌신하고 축적된 전문성과 경험과 영성을 가진 준비된 자원들이 많이 있다. 그래서 전문인 선교사와 실버 선교사 같은 파송이 가능하게 되었으나, 이들을 돕거나 이들을 훈련시키는 생태시스템은 턱없이 부족한 상태이다.

둘째, 다음 세대를 준비시키고 BAM 운동의 주역으로 세워야 한다. 청년 실업문제가 가장 시급한 사회문제가 된지는 오래되었다. 삶과 신앙이 분리된 채 그저 주어진 대로 살아가는 기독청년들이 절망하고 있다. 스마트 라이프스타일과 국제개발협력이 보다 익숙한 젊은이들이 비즈니스 미션 현장에 모여들고 있다. 기성교단과 선교단체들은 핵심역량을 다음 세대에 집중할 필요가 있다.

셋째, 통일한국 및 국제개발협력(특히 북한을 둘러싼 주변국 중심) 분야를 특성화 시켜서 준비시켜야 한다. 통일시대는 다가오고 있다. 각 세대별로 그 역할은 다르겠지만, 미래의 주역들에게 더 큰 책임과 역할이 부여될 것이므로 철저히 준비되어야 한다. 통일한국은 우리가 그간에 경험하지 못했던 새로운 세계가 펼쳐질 것이며, 복잡한 가치와 사상 그리고 영적전쟁이 치열해지는 만큼, 만주로 유라시아로 대륙으로 더 많은 선교적 기회들이 주어질 것이다.

결국은 우리가 BAM운동을 할 때, 부분적 선교가 아닌 총체적 선교 (holistic mission, 통전적 선교)를 해야 한다. 복음전도뿐 아니라, 우리 개인의 삶과 사회 모든 분야까지 총체적으로 접근해야 이해의 폭이 넓어지며 그 열매를 수확할 수 있을 것이다.

03 비전, 창의, 소통

일상의 신앙, 일상의 사역

최근 분주한 일정 가운데서도 애정을 갖고 참여하는 모임이 있다. '최웅섭 선교사 비즈니스 스쿨'이다. 이 과정을 통해 신학적 배경의 차이가 있고 척박한 선교현장에서 정립된 선교사님만의 독특한 성향이 존재함에도 불구하고 기존의 틀에 박힌 이론과 실제 현장과 괴리된 뜬구름 잡기식 교육이 아닌, 실제 경험에서 우러나오는 아주 생생한 강의와 비즈니스 훈련이 연속되고 있어 많이 배우게 되고 적용하게 된다. 그 특징을 요약해 보면

첫째, 비즈니스와 사역의 구분을 명확히 해야 한다는 것이다. 선교사님은 '하나님의 멍석론'을 강조하며 이미 허락하신 비즈니스와 사역의 주체가 바로 '나'임을 깨닫게 하셨고 이에 대한 성공과 실패, 그리고 이 결과에 대한 책임의 주체도 바로 '나'임을 분명히 해야 한다고 강조하였다.

둘째, 한국 교회의 상황은 어렵지만, 국내외적으로 얼마든지 기회는 존재한다는 것이다. 한국 교회에서 공론화되기 시작한 '목회자 이중직'[42]에 대해 모든 교단이 찬성해야 한다고 강력하게 주장하였다. 종교개혁 전통으로 보더라도 목회자가 '택시 운전', '택배 배달' 등을 감당하는 것이

결코 잘못된 것이 아닌 이 시대의 사명임을 자각해야하며 향후 선교지에서의 다양한 영리/비영리 법인 활동, 사회적 기업/협동조합 형태의 비즈니스 미션 그리고 세계 곳곳의 한인회를 연결하는 네트워크 강화 등을 제안하였다.

셋째, 일상의 신앙과 사역이 중요하다는 것이다. 신앙과 삶의 불일치 정도가 갈수록 심화된다는 점을 지적하며, 특히 크리스천 기업가들의 고민을 생생하게 전달하며 한국 교회가 이를 제대로 가르치고 훈련시켜야 한다고 역설하였다.

한국기독교와 한국 교회가 신앙과 삶의 불일치, 직장과 교회 생활의 부조화, 사회생활과 신앙생활의 큰 간격 등의 당면한 문제에 적절한 균형이 필요하다. 그것은 바로 '일터 신앙', '선교로서의 비즈니스'를 강조하는 것이다.

리디머교회 팀 켈러 목사는 그의 저서 〈일과 영성〉에서 피 튀기는 경쟁과 실적 지상주의가 판치는 일터에서 "왜 일해야 하는지? 어떻게 일해야 하는지"를 고민하는 이들과 함께 이 문제를 성경적인 관점에서 재조명 했다. 그는 우리의 일이 제 한 몸 잘 먹고 잘 사는 차원을 넘어 다른 이들을 돕는 길이자 몸으로 드리는 예배가 되어야 한다는 것을 권면하고 있다. 방향은 분명해 보인다. 직장에서 사업장에서, 학교에서 그리고 교회에서도 따로 분리되지 않고 균형감각을 갖고 살아가는 것... 그곳에서 하나님을 같이 만나고 그분의 말씀을 전해야 하는 것이다. 그것이 바로 BAMer로서의 일상의 신앙과 일상의 사역이 되는 것이다.

절반의 실패, 또 다른 도전의 꿈

현장에서 경험한 교회카페 및 사회적 기업 운영의 어려움들은 여러 가지가 있다. 그중에서 가장 중요하면서도 난해한 것은 "교회사역과 영리사업의 구분은 과연 무엇인가?", "영적지도자인 목사가 감당해야할 역할은 어디까지인가?", "세금문제는 어떻게 처리해야 하는가?", "노무문제가 발생했을 때, 기독교 사회적 기업가는 어떤 해결책을 제시해야 하는가?" 등 주로 사명선언과 목적, 그리고 역할분담에 대한 내용이었다. 지역과 개 교회 상황이 다 같지는 않겠지만, 예비 사회적 기업 3년 운영의 성공과 실패의 원인을 사역의 현장에서 고민했던 결과를 바탕으로 운영원칙을 소개하고자 한다.

첫째는 공공성이다. 사역에서 발생할 수 있는 적법성, 투명성은 기본으로 지켜나가며 교회만 생각하는 좁은 시각에서 벗어나 책임 있는 지역공동체의 일원으로서 교회의 사회적 책임 (CSR: Church Social Responsibility)을 다해야 할 것이다. 정부 정책 장려사항인 '민주적 의사결정 구조'를 현실화하여 적용해야 하며 노인, 장애인, 다문화 가정, 미혼모, 청년 등 이 시대의 소외계층을 위한 일자리창출 및 사회목적 실현을 위해 최선을 다해야 한다.

둘째는 지속가능성(Sustainability)이다. 한국 교회가 사회적 경제에 관심을 갖고 참여해야 하는 핵심이유는 지속가능성에 있다. 현재 한국 교회에 약 1000개가 넘는 교회카페가 만들어졌지만 그 과정과 절차, 그리고 운영에 있어서 제대로 유지되고 있는 숫자는 미비하다고 한다. 한때 문화센터 및 악기수업 등 문화강좌 사역이 활성화되었지만, 실정법상 인허가의 문제, 세금문제 등에 발목을 잡혀 갈팡질팡하고 있는 상황이며, 작은 도서관 운동은 지속가능성이 있는가? 라는 시험무대위에 아직 놓여 있다. 이제는 실정법상의 여러 문제해결과 지속가능성을 높이기 위해서 지역공동체를 기반으로 한 생태계 조성(사회적 기업, 마을기업, 협동조합, 자활기업 등)과 착한 소비 운동의 확대 즉 착한 기업가와 착한 소비자(지역주민, 성도)를 대상으로 한 교육을 반복적으로 실시하여 지속가능성을 높여 나가야만 한다.

셋째는 문화예술성(Cultural artistic value)이다. 지역사회와의 소통의 공간인 동시에 문화선교의 현장인 지역 교회는 문화예술 컨텐츠를 반드시 필요로 한다. 음악, 공연, 전시, 교육 등의 컨텐츠를 통해 지역사회 구성원들과 원활하게 소통하고 그들에게 다채로운 문화체험의 장을 확대시켜줌으로써 사역의 열매를 맺어 나가야 진정한 소통이 이루어진다.

기독교 사회적 경제기업 9년, 교회카페 7년의 지난 기억들을 곱씹어 보았다. 그 결과는 절반의 실패... 그러나 '실패는 성공의 어머니!' 라는 격언과 나머지 절반의 성공요소를 가지고 새로운 출발을 다짐해보는 것은 의미가 있다. 그렇게 시행착오를 겪은 후, 아카데미라운지가 시작이 되었다.

새로운 도전, 아카데미 라운지43)

지속가능한 선교와 나눔을 위한 새로운 도전, 아카데미라운지!

아카데미라운지는 문화사역 중심부로 들어서고 있는 카페와 교육공간의 중심 독서실이 결합된, 교육 문화 융합모델이다. 베이비 붐 세대 분들의 은퇴이후의 이모작, 삼모작 인생을 위해 창업아이템을 제공하고 경제적 양극화가 교육과 문화의 양극화로 나타나고 있는 사회적 문제점을 직시하여 이를 개선하기 위한 많은 실천적 과제를 연구하고 있는 아카데미라운지는 교회는 아니지만, 분명 기독교 가치와 비전을 갖고 있으며 '지속가능한 선교와 나눔 공동체'를 지향하고 있는 바, 정통 교회와 파라처치(PARA-Church) 그리고 새롭게 일어나고 있는 기독교 사회적 경제영역의 새로운 아이디어이자 BAM운동으로서 제공할 수 있는 가능성을 갖고 소개하고자 한다. 비전과 창의, 그리고 소통

1) 비전

비전(魂) - "우리는 도움이 필요한 어려운 이웃을 위해 존재한다!"

We exist to help those in need.

잠언 31:20. 그는 곤고한 자에게 손을 펴며 궁핍한 자를 위하여 손을 내밀며

Proverbs 31:20. She opens her arms to the poor and extends her hands to the needy.

영화 "아름다운 세상을 위하여"의 주인공, 중학교 1학년 트뤼버는 도움이 필요한 어려운 이웃 3명을 도와주는 'Pay it forward'를 실천한다. 그리고 영화상의 결과는 매우 놀라운 일들을 가능케 한다. 〈P31〉 저자 하형록 목사님의 팀하스 이야기를 보고 들으면서, 지도자의 헌신적인 리더십 그리고 성경적 비즈니스 실천이 중요한 것을 알게 되었다.

2) 핵심가치

① 창의(創) - 어떻게 세상의 변화를 이끌어 낼 수 있는가?

How to change the world?

창세기 1:28. 하나님이 그들에게 복을 주시며 하나님이 그들에게 이르시되 생육하고 번성하여 땅에 충만하라, 땅을 정복하라, 바다의 물고기와 하늘의 새와 땅에 움직이는 모든 생물을 다스리라 하시니라

Genesis 1:28. God blessed them and said to them, "Be fruitful and increase in number; fill the earth and subdue it. Rule over the fish of the sea and the birds of the air and over every living creature that moves on the ground."

② 소통(通) - 가라 & 가르치라

Go & Teach

마태복음 28:19-20. 그러므로 너희는 가서 모든 민족을 제자로 삼아 아버지와 아들과 성령의 이름으로 세례를 베풀고 내가 너희에게 분부한 모든 것을 가르쳐 지키게 하라 볼지어다. 내가 세상 끝날 까지 너희와 항상 함께 있으리라 하시니라

Matthew 28:19-20. Therefore go and make disciples of all nations, baptizing them in the name of the Father and of the Son and of the Holy Spirit, and teaching them to obey everything I have commanded you. And surely I am with you always, to the very end of the age."

3) 아카데미라운지 사명 선언문

"우리의 미션은 이 땅의 모든 젊은이들에게 기독교 세계관을 바탕으로 그 어떠한 차별함 없이 평등한 교육과 문화예술 체험의 기회를 갖게 함과 동시에 그들 스스로 인성과 전문성을 개발하여 본인의 진로를 결정하고 더불어 살아가는 세상을 함께 만들어가는 목표를 달성하도록 지원하는 것에 있다."

4) 아카데미라운지 3대 원칙

① 공공성 : 모든 영역에서 발생할 수 있는 적법성, 투명성은 기본으로 지켜나가며, 책임 있는 지역공동체의 일원으로서 필란드로피 정신에 입각한 사회적책임(CSR)을 다하고자 함

② 지속가능성 : 전국에 4,800개가 넘는 인가 독서실과 14,000개가 넘는 비인가 독서실이 존재하며, 점점 동종업종의 경쟁이 더욱 치열해지고 있는 상황에서 사업의 안정성을 바탕으로 다양한 온/오프라인 교육 컨텐츠, 공간대여 등의 경쟁력을 갖춰 지속가능성을 높임

③ 문화예술성 : 공동체 구성원, 스태프/매니저/멘토/실원 등에게 음악, 미술, 사진, 교육 등 양질의 문화 예술 컨텐츠를 개발하고 제공함

아카데미라운지의 현재와 미래

아카데미라운지의 현재 임직원은 15명이다. 본격 가맹사업을 시작한지 1년 된 스타트업치고는 규모가 작지 않고 성장가도[44]에 있는 단단한 기업이다. 앞으로의 계획은 스터디매니저로 실원들 학습관리를 해줄 수 있는 목회자들을 많이 채용할 계획이다. 그래서 그들이 목회자의 자존감을 회복하고 월 정기 급여를 통해 가족부양에 조금이라도 도움이 될 수 있을 것 이라고 판단하고 있다.

최근에는 두 번째 장학생을 선발하여 장학금을 지급(한동대학교)하였고 이어 아카데미라운지 미니스트리를 통한 청소년 상담, 진로지도, 인성교육 그리고 하이패밀리와 공동으로 청소년 행가래(幸家來) 프로젝트를 기획하여 100명의 명사와 100권의 인문학고전을 통한 '만점짜리 인생 도전기'를 준비하고 있다. 곧 50개 센터가 오픈할 때에 '아카데미라운지 미니스트리'는 시작이 된다. 스터디매니저 목회자들과 함께 학문적 스터디에 대한 도움은 물론이고 인성교육과 영성교육에 이르기까지 다양한 루트와 방법으로 섬기도록 준비하고 있다.

푸른 꿈을 꾸며 처음 시작했던 대학교의 첫 수업(교양필수)의 제목이 "The show must go on."이었다. 내용은 잘 기억이 나지 않지만, "무슨 일이든지 신념을 가지고 끝까지 포기하지 말고 그 일을 이루어야 한다."는 메시지이다. 비전(魂)과 창의(創)와 소통(通) 중에 이 셋 중에 제일은 것은 무엇인가? 라고 질문한다면, 당연히 그 답은 '비전'이다. 다음세대를 크리스천 인재로 양성하려는 아카데미라운지가 꾸는 꿈, 그 비전을 향해 멈추지 않고 계속 걸어 나갈 것이다.

모 지상파 방송국의 예능프로그램이 장안에 화제이다. 별로 어울릴 것 같지 않은 여자 연예인 6명이 벌이는 "꿈 찾기 프로젝트- 언니들의 슬램덩크"[45]의 좌충우돌하는 이야기가 시청자들의 공감을 넘어 흥행몰이에 성공하며, 농구경기의 버저비터와 같은 효과를 내고 있다.

"우리가 교회다!" 첫 번째 공동기획의 마지막 페이지를 장식하는 이 순간... 기성 교회와 사역에 비해 주목받지 못한 목사들과 우리들의 좌충우돌 스토리가 이 방송 프로그램과 오버랩되는 건 필자만의 오버센스일수도 있다. 그러나 분명한 건, 모든 교회는 이 땅의 존재 이유가 있으며 그것을 허락하신 분(방송 프로그램에서는 PD의 역할)은 교회의 머리되시는 주님이시기에... 여기에 참여한 12명의 젊은 목회자들은 그 분이 깔아주신 각자의 사역지, 그 멍석 위에서~ 신명나게 사역을 펼쳐 나갈 것임을 확신한다. 필자인 나를 포함해서 말이다.

"The Ministry must go on!"

Chapter 12

"교회, 시장 한복판에 서다"
[사회적 필요에 반응하는 목회]

〈소원〉 사무국장 – 이다니엘 목사

카카오 ID: chanoogi76

이메일 : chanoogi@naver.com

페이스북 : facebook.com/chanoogistone

01 일터목회로의 부르심과 이끄심

비즈니스 하는 목사에 대한 편견

5년 전만 해도, 나는 목사가 비즈니스를 한다는 것에 대해 부정적인 시각을 갖고 있던 사람이었다. 주변에 비즈니스 영역에 몸담은 목사들을 보며, 왠지 어딘가 모자란 구석이 있어서 wj런 일을 하게 됐나보다 했었다. 신학교는 졸업했지만 정작 목회를 해보니 자신이 없었던지, 거친 세파로 인해 마음에 시험이 들어 소명이 약해졌던지, 아니면 한두 번 돈을 쫓아다니다보니 아예 돈을 사랑하여 그 쪽으로 빠졌든지.

적어도, 모든 신학생들이 공통적으로 전공한다는 목회학 외에 별도로 성경학을 공부하던 때만해도, 내게는 '학자의 길 혹은 성경 교사의 길' 둘 중 하나라는 생각이 있었고, 지역 교회에서 수년간 안정적으로 자리 잡고 설교 사역에 전념하던 당시는 더더욱 그랬다. '앞으로 이 길 이대로 쭉 가자'는 그런 마음. 대부분 목회자 선배들이 그래왔듯이, 교회 건물 안에서 하나님께서 내게 맡겨주신 성도들을 성심껏 목양하는 것, 그것만이 내 부르심이라 생각했었다. 불과 5년 전만해도, 그랬었다.

노량진 컵밥 먹던 시절

그러던 어느 여름, 그동안 평생 뼈를 묻겠다는 각오로 섬기던 목회지에서 사임하게 되었고, 그 이후 7개월을 무직으로 보내게 되었다. 백수로서의 한 달 동안은 '하나님께서 어디로든 보내시겠지', '곧 다음 옮길 교회가 나타나겠지' 했었지만 시간이 지나도 새로운 임지가 나타나지 않았고, 그동안 "나중에 우리 교회로 와. 꼭 함께 하자."며 미래를 약속했던 동료 사역자들조차 나와 거리를 두는 모습을 보며 굉장한 무력감에 빠지게 되었다.

지금이야 여유 있게 "7개월 동안 참 힘들었었지" 말 할 수 있지만, 당시에는 철저히 사회-경제적으로 고립된 가운데 날마다 잠을 제대로 이룰 수 없는 하루하루였다. 나 혼자도 아니고 아내와 여섯 살짜리 아들이 나만 바라보고 있는 상황 속에, 가장으로서 뭐라도 해야 함은 알았지만 나이 30대 후반에 교회에 관련된 것 외에 아무 것도 할 줄 아는 것이 없는, 아무 곳도 붙잡을 곳이 없는 상황이 계속 되었다.

결국 내가 선택한 곳은 노량진 역 앞 패스트푸드 가게였다. 하루 종일 집에 있다 보면 가족의 눈치를 보게 되는 것이 신경 쓰여, 아침에 눈만 뜨면 곧바로 가방 하나 둘러매고 노량진 역 앞 맥도널드에 들어가 1000원짜리 커피 한 잔을 시켜놓고 반나절을 보냈다. 점심시간이 좀 지나고 나면, 노량진 고시생들이 먹는 3000원짜리 컵밥으로 하루 끼니를 때우곤 했다. 그러다 밤이 되면, 가족이 모두 잠든 뒤 조용히 집에 들어와 길고 긴 밤의 적막과 싸워야 했다.

말씀으로 약속 받은 미래

실직 후 3개월쯤 지났을까, 어느 날 새벽 일찍 일어나 골방에 홀로 앉아 말씀을 펴서 읽고 있는데 문득 이사야서 43장 18-19절이 눈에 들어왔다. "너희는 이전 일을 기억하지 말며 옛날 일을 생각하지 말라. 보라. 내가 새 일을 행하리니 이제 나타낼 것이라. 너희가 그것을 알지 못하겠느냐. 반드시 내가 광야에 길을 사막에 강을 내리니..."

유명한 말씀이다. 교회사역하던 당시 제자양육 훈련 때마다 성도님들에게 줄줄 외우게 시켰던 암송구절이요, 이 두 구절 놓고 설교도 꽤 많이 했던 기억이 났다. 하지만, 이 날 아침은 달랐다. 여느 때와는 전혀 다르게 와 닿았다. "이전 일을 기억하지 말며 옛날 일을 생각하지 말라"는 말씀과 "이제 그 분이 새 일을 행할 것"이라는 말씀은, 내가 여태까지 배웠고 경험해 왔던 것들을 통째로 폐기처분하라는, 그리고 앞으로 내가 생각하지 못 했던 전혀 새로운 일이 일어날 것이니 기대함을 가지고 기다리라는 그 분의 절대적인 명령이었다.

특별한 경험이었다. 이 성경 말씀의 단어 하나하나 문장 하나하나가 마치 내 입속으로 들어가 목구멍을 거쳐 내 심장까지 내려가는 듯 한 느낌... 마치 알약을 섭취하듯, 그 알약이 내 몸속으로 들어가 분해되어 온 몸으로 약효를 경험하듯, 그 날 아침의 이 말씀은 그간 고단했던 내 영을 완전히 회복시켰고, 가라앉아 있던 내 영을 일으켜 세웠으며, 내 심령 안에 미래에 대한 소망을 불어넣었다. 이것이 말씀 묵상의 힘이 아닐까.

물론, 그 날 아침에 이 말씀을 묵상하여 내 영이 큰 힘을 얻었다고 당장 내 눈앞의 현실이 바뀌는 획기적인 역사가 일어나지는 않았다. 그 이후로도 수개월을 매일 똑같은 일과를 경험해야 했다. 아침에 눈을 뜨면 노량진으로, 오전에 커피 한잔, 오후에 컵밥 하나, 그러고는 귀가하여 잠들었던 하루하루.

그러나 그 날 아침의 말씀 묵상으로 인해, 이후 수개월간 내 영혼은 깃털처럼 가벼웠다. 뭐랄까? 나 스스로는 만들 수 없는 속에서부터 뿜어져 나오는 동력으로 인해, 속사람이 다시 태어났다고나 할까. 첫 3개월과 달리 '내 아버지 하나님께서 나를 알고 계시고, 내 삶을 붙들고 그 분의 신실한 목적에 따라 이끌고 계신다.'는 확신 속에 살게 되었다. 이후로는 가족에게 '내 미래에 대한 소망의 선언'을 하기 시작했다. 말씀에 근거한 선포.

새로운 사역을 위한 키워드를 얻다

그러던 어느 날, 지인으로부터 전화 한 통을 받았다. "오늘 저녁, 서울 교대역 근처에서 어떤 선교사님의 강의가 있으니 꼭 와보면 좋겠다."는, "너, 요즘 집에서 아무 것도 안 하고 놀고 있는 거 아니까 핑계대지 말고 나오라."는 썩 기분 좋지 않은 강권이었다. 그 친구 말대로 딱히 할 일이 없었던 나는, 나도 모르게 집회 장소로 발걸음을 옮기고 있었다. 그 날 밤, 하나님께서는 바로 그 장소 바로 그 선교사님의 입술을 통해 '내 다음 길을 이끌어 줄 키워드'를 내 손에 쥐어 주시려 준비하고 계셨다.

시간 맞춰 강연 장소에 도착했다. 청중들이 꽤 많을 거라 예상했는데, 의외로 10명 남짓의 숫자가 강연을 기다리고 있었다. 별 기대감 없이 강연 장소 뒤편을 어슬렁대며 '구실만 생기면' 바로 자리를 떠야지 했었다.

그 날의 강사 선교사님이 사용했던 키워드는 '미셔널 처치(Missional Church)'였다. 그동안 건물교회 안에서 교회부서 중심으로 봉사를 하던 성도들이, 이제 건물 중심의 패러다임에서 벗어나 사회적–선교적 사명을 가지고 세상으로 나와, 보다 적극적으로 보다 공격적으로 지역사회의 필요를 섬기는 일에 앞장서고 있는 이야기를 소개하셨다. 내게는 생소한 내용이었다. 그간 교회 건물을 중심으로 설교, 양육, 심방 사역을 전담해왔던 나로서는, 교회 건물을 벗어나 지역 사회로 뛰어드는 발걸음이 다소 과격하게 느껴졌었다.

그러나 한편으로, '미셔널 처치'라는 표현이 사용될 만큼 한국 교회의 마이너스 성장이 가속화되고 있음과 지역 내 사회–경제 상황이 크게 악화되었음을 체감하는 가운데, '그렇다면 나는 목회자로서 앞으로 어떤 모습으로 한국 교회를 섬겨야 할 것인가'에 대해 고민하기 시작하는 계기가 되기도 했다.

전화 한 통, 모든 것의 시작

어느 날, 교회 대학부 시절 가깝게 지내던 한 선배로부터 전화를 받았다. 간간이 페이스북으로 서로 안부를 확인했지만, 거의 15년 넘게 직접적인 만남은 없었던 선배였다. 뜬금없이 연락한 그 선배는, 그 옛날 대학부 시절 나와 함께 부서를 섬겼던 좋은 추억을 떠올리며 요즘 뭐하며 지내고 있냐고 물었다.

당시 선배는 인천에 소재한 예비사회적기업의 대표로 있었는데, 전화통화를 통해 "최근에 사회적기업을 만들었는데, 당장 서류를 만들고 행정을 담당할 일손이 필요하니, 네가 도와주면 좋겠다. 매월 조금씩 재정을 챙겨줄 수 있을 것 같다."고 하였다. 많은 액수는 아니었지만, 나로서는 벌써 7개월째 백수 생활을 하고 있던 터라 거절할 이유가 전혀 없었다. 돈이 들어온다니!

지금 생각하면 정말로 신기한 일이다. 실상, 지금 내가 맡고 있는 모든 영리-비영리 비즈니스 사역들이 '바로 이 전화 한 통화'로부터 시작되었으니 말이다. 선배의 사회적기업을 섬기는 가운데 선배를 통해 감리교본부 사회적경제사업에 연결되게 되었고, 감리교본부를 섬기는 가운데 자연스레 통일NGO〈소원〉이 태동하게 되었으며, 지금은 이 각각의 경력들이 '비즈니스 목회-선교'라는 컨셉 아래 한 덩어리로 연동되게 되었다는 것이 그저 놀라울 따름이다. 나의 길고 길었던 백수 생활을 깬 결정적인 전화 한 통. 모든 것의 시작이었다.

온전한 항복과 새로운 사역

7개월간의 백수 생활, 그 숫자 그 자체만 놓고 본다면 짧아 보일 수도 있겠지만, 실상 그 하루하루는 치열한 나 자신과의 전쟁이었다. 과연 내게 '하나님을 향한 믿음이 있는가?' 라는 단순한 질문으로부터 '내가 신뢰하는 하나님은 30대 후반의 무직인 나를, 아내와 아들까지 먹여

살려야 하는 나를, 이 냉혹한 자본주의 시장경제 한복판으로부터 구출해 내실 수 있는 분인가?'라는 실제적인 질문까지, 날마다 한치 앞도 보이지 않는 미래를 놓고 내 믿음을 하나님의 저울 앞에 달아보는 일을 계속하였다.

그러다가 결국 7개월이 찼을 즈음엔 철저한 포기에 이르게 되었다. 모든 인간적인 계획과 소망이 사라지고, 내 힘으로는 할 수 있는 것이 전혀 없다는 것을, 오직 그 분만이 내 삶을 디자인 하실 수 있는 것을 인정하게 되었다. 이제서야, 비로소...

정말이지, 실직하고 첫 한 달간은 아주 고상하고 점잖은 자세로 '하나님, 나를 향한 주님의 뜻을 이루소서. 알아서 잘 해 주실 줄 압니다. 기다립니다.'라고 기도를 올리다가, 재정상황이 점점 절박해짐에 따라 '하나님, 돈 주세요. 대체 어쩌시려고 그러십니까? 죽겠습니다!'라며 하나님 앞에 으박지르며 땅바닥을 데굴데굴 구르더니, 마지막이 되어서는 온 몸에 힘이 빠진 채 '주님, 맘대로 하십시오. 저는 아무 소망이 없는 사람입니다. 무엇이든 하겠습니다.'라며 온전히 항복하게 된 이 광경.

하나님께서는 내 힘이 완전히 빠지실 때까지 기다리셨다. 알면서도 기다리셨다. 이미 내게 가장 좋은 것이 있었는데, 이미 내 체질에 딱 맞는 것이 있었는데, 그리고 하나님께서는 그걸 다 알고 계셨는데, 정작 내가 아직 이 복을 받을만한 마음의 준비가 되지 않다보니, 하나님은 시간을 통한 처절한 씨름을 통해 한껏 움켜쥐었던 내 손을 펴게 하셨던 것이다. 그리고는 내가 여태껏 듣지 못 했던 새로운 것을 체험하게 하셨다. 비즈니스 목회로의 초대.

02 지역사회의 현실과 마주하다

부의 재분배에 관한 고민

나는 경북 포항에 있는 한동대학교에서 경영학과 국제관계학을 전공했다. 원래는 1995년 3월 서울에 있는 감리교신학대학교 신학과에 입학하였으나, 3년간의 학업 도중에 '목회와 신학연구는 평생 할 것이니, 학부에서라도 일반 학문을 하면 좋겠다.'는 생각이 들어서, 애써 적응해온 감신대 생활을 접고는 포항으로 내려갔다.

한동대는 모든 학생이 자유롭게 자신이 원하는 전공을 두 개씩 선택할 수 있었다. 나는 한참을 고민하던 끝에 돈의 흐름에 대해 배울 수 있는 경영학과 권력에 관한 이론과 사례들을 접할 수 있는 국제관계학을 택했다. 당장은 내가 목표로 했던 신학을 공부하진 못 하지만, 이 두 전공을 통해 내가 평생을 목회함에 있어 세상을 보다 넓게 보며 보다 예리하게 해석해 낼 수 있는 능력을 갖출 수 있겠다는 판단이었다. 실제로, 한동대는 경영학과 국제관계학에 관한 다양한 이론과 현상들을 기독교적인 관점으로 바라보고, 이를 실제 크리스천의 삶에 적용하기위해 고민하도록 돕는 의미있는 장소가 되었다.

특히, 한동대에서 두 개의 학문을 전공하는 동안 공통적으로 '부의 재분배'라는 표현에 집중하게 되었다. 가난한 자와 부유한 자, 가난한 나라와 부유한 나라가 직면한 근본적인 문제가 바로 돈의 흐름에 대한 왜곡이요 이것이 정치, 경제, 사회, 문화 가운데 만연하다는 것을 알게 되면서부터 '나는 이러한 시대적 현실 앞에 어떤 역할을 할 것인가?'에 관해 고민하며 공부를 했던 기억이 있다.

거룩한 부담감, 실제적인 부담감

그리고 이러한 부의 재분배에 관한 고민은 졸업이후에도 계속되어, 목회학 석사 과정과 성서학 석사 과정에서도, 그리고 연이은 지역 교회 부목사 사역 중에도 내 삶의 테마가 되었다. 성경을 많이 읽을수록 또한 성경을 깊이 읽을수록, 세상 안에 만연한 왜곡된 사랑과 뒤틀린 정의가 와 닿았고, 그로 인한 아버지 하나님의 가슴 아파하심이 느껴졌다. 그리고 그로 인한 거룩한 부담감이 생겼다. 결국에는 목사가 되겠지만, 그렇다면 '목사로서 나는 이런 사회 현실을 위해 무엇을 할 것인가?'라는 질문을 던지며 하루하루를 살았다.

다만, 건물교회 안에서는 그리고 전통적인 목회 패러다임 속에서는, 목사로서 할 수 있는 일들이 너무나도 제한적이었다. 일자리문제와 주거문제로 아파하는 부서 청년들 앞에 서서 청년부 목사인 내가 해 줄 수 있는 것은 그저 막연하고도 추상적인 위로와 격려의 말 밖에 없었는데, 내게 있어서는 이것이 너무나도 민망하고 죄스러운 일이었다.

함께 라이프파트너로 살아주지 못 한다는 안타까움. 같이 러닝메이트로서 뛰어주지 못 한다는 안타까움. 이들의 실제적인 삶의 질 향상을 위해 조금이라도 기여하고 싶은데 그러지 못 하는 안타까움. 물론, 모든 목회자들이 그 짐을 다 질 필요는 없겠지만, 적어도 내 안에는 무너져 가는 시대적 사회-경제 상황과 급속도로 악화 되어가는 성도들의 삶의 질을 눈 뜨고만 볼 수 없다는 부담감이 있었다.

지역사회의 현실 vs 전통적 목회론

동시에, 마음 한 편에는 '그래도 난 목사인데'하는 생각이 있었다. 목사이기 때문에, 일반성도들이 몸담고 있는 시장-일터로 나가기엔 부적절하다는 생각. 물론 해외에서 이민목회를 하시는 목사님들의 경우 주일 목회활동 외에도 주중에 여러 가지 다른 일들을 하고 있음도 알고 있었지만, 적어도 한국 땅에서는 목회자들이 외부 활동, 특히 사회-경제 활동을 한다는 것은 꽤나 경계하는 분위기였기에 굉장히 조심스러웠다.

물론, 5년이 지난 지금은 다르다. 지금 내 비즈니스 활동은, 300여 년 전에 있었던 존 웨슬리의 사회-경제 활동을 사역의 근거요 발판으로 삼고 있다. 그가 활동하던 시대는, 영국 산업혁명의 여파로 인해 도시빈민이 범람하고, 물가가 급상승하고 일자리는 부족하며, 노동인권과 서민복지가 바닥을 치던 시기였다. 존 웨슬리는 교회로 몰려든 사회적 약자들을 바라보며 "성도들의 가난과 실업의 원인은 무엇인가?"라는 질문을 하였고, 그 답을 사회구조적 문제 속에서 찾았다. 성도들의 빈곤이 각자의 기도가 부족해서도 아니고 하나님의 복이 아직 이르지 않아서도 아닌, 사회-경제적 문제 때문이라 정의한다.

그러면서 그는 교회기반의 가내수공업 공장, 목화처리공장, 편물공장 등을 일으켜, 성도들에게 일자리를 제공하여 그들의 생계를 해결하는 일에 나섰고, 마이크로 크레딧 사업을 진행함으로써 지역사회 경제를 활성화시키는 일에 앞장선다. 그리고 바로 이러한 목회적 전통 위에, 한국 감리교회들은 지금도 다양한 형태의 사회적 경제 기업(사회적 기업, 마을기업, 협동조합)을 창업하여 운영하고 있으며, 이를 통해 일자리 창출과 사회 서비스, 지역 재생 사업으로 지역 사회에 기여하고 있다.

다만, 처음 비즈니스 쪽에 발을 딛던 5년 전에는 내게 이런 기본적인 지식조차 없었다. 그래서 교회 안에 성도들의 사회-경제적 상황을 보며 안타까워하는 한편, 목사로서의 활동 반경으로 인해 또 한 번 안타까워할 수밖에 없었다. 내가 안정적으로 뛸만한 신학적인, 전통적인 활동 근거를 가지고 있다는 것은 그토록 중요한 것이다.

03 인큐베이팅 하시는 하나님

알바로 시작하다

앞서 나눴듯이, 지역 교회 목회에서 나온 이후 내 첫 직장은 인천에 있는 한 예비 사회적 기업이었다. 그 때만해도 워낙 돈이 급했던 터라 귀한 사회적 가치, 선교적 가치를 만들겠다는 숭고한 결심도 없었고 내가 이 일에 장기적으로 헌신하겠다는 굳은 다짐도 없었다. 그저 생계 문제가 급해서 뛰어든 것이었고, 목사로서 이렇게 회사 생활을 해야 하는 나의 모습이 마냥 어색할 따름이었다.

회사에 처음 들어갈 때 나는 '알바' 신분이었다. 내가 맡았던 일은, 행정서류를 만들어 지자체에 제출하고 그 서류들을 다시 모아 정리-보관하는 일이었다. 이 자체는 내게 있어서 어렵지 않았다. 군대에 몸담고 있던 2년 2개월 간 내내 선임들로부터 매 맞아가며 했던 일이 바로 행정이었기 때문에. 내게 전화를 주셨던 대표님도 그 사실을 기억하고 "너, 문서 만드는 거 잘 했잖아"하며 격려하셨,

결과적으로는 군 복무 시절 그토록 진저리를 치며 "내가 왜 여기까지 와서 이런 일을 해야 하지?" 투덜대며 했던 것들이, 군 제대 후 10년이 지나서 빛을 발하게 되었다. 하나님 안에서는 버릴 것이 단 하나도 없다는 것을 다시 한번 느끼게 되었다. 내 과거, 하나하나 고이 들어 쓰시는 하나님.

사회적 기업에서 4년 넘게 일했는데, 내가 그렇게 긴 기간 동안 그곳에 머물게 될 줄 몰랐다. 처음에는 알바였지만, 어느 순간 인사-노무 팀장이 되었고, 짧지만 '대표'의 자리도 잠깐 머물게 되었다. "지금의 이 일이, 이 대표경력이 당신의 앞날에 꼭 필요할 겁니다."라고 격려하며 이 부족한 자를 세워주신 회사 대표님의 호의였다.

인내하며 세워주는 손길

회사 대표님을 생각하면 지금도 마음 깊은 감사가 우러나온다. 세 가지 면에서 내 인생에 귀한 가치를 선물해 주셨다. 첫 번째는, 나를 끝까지

기다려주고 참아주었다는 것이다. 대표님은, 그저 지역 교회에서 단순한 목회 활동만 하던 나, 시장-일터에서의 업무수행이 마냥 서툴고 어색했던 나를 꽤 긴 시간 동안 나 스스로 서서히 업무와 가치를 배우며 성장하도록 계속해서 기다려주고 다독여 주었다. 그런 '시간의 공'을 들인 그 분의 인내와 양육이 있었기에, 한 사람의 일꾼이 세워질 수 있었다.

두 번째는, 대표님을 좇아 사회적 약자들을 돕는 가운데 내 인생의 비전을 얻게 되었다. 청년 빈곤층, 한 부모, 장애인, 탈북민 등 사회적 약자들을 위해 일자리를 만들어 이들의 생계를 지탱해 주고, 회사가 만든 매출을 여러 모양의 사회서비스로 환원시켜 사회-문화적 혜택을 받도록 돕는 가운데, 대표님은 나에게 '이 일이 내가 해야 할 일이구나, 이 일이 시대적인 필요요 교회의 사명이구나.'하는 것을 깨닫게 되는 기회를 주었고, 앞으로의 내 삶을 이쪽으로 헌신 할 수 있도록 도왔다.

마지막으로 세 번째는, 이 회사의 사업을 수행하는 가운데 '내 체질'을 알게 되었다는 것이다. 사실, 나도 나 자신을 잘 몰랐다. 내가 무엇을 좋아하는지. 내가 무엇을 할 때 가장 신나하는지, 또 무엇을 잘 할 수 있는지. 그저 하나님 앞에 헌신한 인생이기에 신학교에 갔고, 앞선 목회 선배님들이 모두들 그렇게 해오셨기에 교회 건물 중심으로 목회 활동을 해왔던 것인데, 사회적 기업에서 일하던 4년 동안 비즈니스를 통해 사회적 약자를 돕는 것이 내게 크나큰 기쁨이요 행복이며 영광이라는 것을 알게 되었다. 그러면서 '아~ 하나님께서 나보다 나를 더 잘 아시는구나, 이 길로 이끄시기 위해, 이 가치를 알게 하시기 위해 그 힘든 과정을 겪게 하셨구나.' 생각하게 되었다. 내 체질대로 내 체질에 맞게 사역한다는 것, 참으로 복된 일이다.

경영학을 전공한, 사회적 경제 현장에 있는 목사

사회적 기업에서 실무자로 활동하던 2013년 초, 감리교본부 산하 사회평신도국과 연결되었다. 당시 사회평신도국에서는, 한참 한국 사회 내 한창 화두가 되고 있던 교회 기반의 '사회적 기업 창업', '협동조합 창업' 쪽에 관심을 두고 있었고 이를 위해 사회적 경제 행정과 상담-컨설팅, 창업지원, 교육활동이 가능한 사람을 찾고 있었다.

　사회적 경제 현장실무 능력과 더불어 경영학 지식도 있어야 했고, 감리교회 내 일선 교회들을 상대해야 했기에 교회들의 목회 사이클에 대한 이해도 있어야 했던 굉장히 독특한 포지션이었는데, 감사하게도 지인의 소개로 내가 그 미션을 수행하게 되었다. 지금 사회적 기업에서 감당하고 있는 업무, 한동대에서 고민하며 익혔던 전공 지식, 지역교회에서의 목회활동 경력 등이 감안된 결정이었다. 이 모든 학력-경력이 단 한 번에 집약되어 쓰임 받는 때가 올 것이라고는, 정말이지 상상조차 못 했다.

　물론, 당시 나 또한 사회적 경제 영역에서 '초짜'였고 일하면서 배워가는 입장이긴 했다. 그러나 당시 이미 사회적 기업 실무를 수행하고 있었고, 밤낮으로 관련 도서들을 읽는 가운데 비교적 짧은 기간 안에 부족하나마 포지션을 감당하는 데에 필요한 이런저런 지식을 갖추게 되었다. 특히, 타인의 위탁을 받아 마을기업-협동조합 서너 곳을 직접 내 손으로 세우고, 이들의 운영과정을 모니터링 했던 경험들이 큰 도움이 되었다.

　지금 현재도, 비상근무 형태로 감리교본부 사회적 경제 사업을 지원하고 있다. 워낙 바깥 세상에 내 본업이 따로 있기에 전적인 헌신은 어려운 상황이지만, 늘 감사한 마음으로 빚진 마음으로 교단본부를 섬기고 있다. 교회들 안에 쌓인 재정이 지역사회 내 사회적 약자들에게 흘러가 그들의 삶을 돕도록, 그리고 성도님들의 목적 있는 소비활동을 일으켜 사회적인 임팩트를 만들어 무너진 남한 사회와 경제가 회복되는

데에 도움이 되도록. 내 전공인 목회학과 경영학을 한껏 살려 바로 그 일을 이룬다면, 내 삶을 허락하신 하나님께서 내 인생을 기뻐하시지 않을까 생각해 본다.

창업 지원 사업을 시작하다

2013년 여름 어느 날, 세무서에 가서 개인사업자 등록을 했다. 내가 경험한 사회적 기업 실무, 협동조합 창업 및 운영에 대한 여러 가지 지식과 경험이 다른 누군가에게 도움이 되지 않을까 하는 마음에 사업자 등록을 했다. 달랑 나 혼자인 '1인 기업'이고 이 사업자 등록증 하나로, 매년 평균 130건 이상의 상담-컨설팅 건을 처리하고 있다. 단순한 교회 기반의 창업-기업운영 지원 활동을 넘어 '감리교회 착한소비365 운동' 과 연동하여 착한기업들의 판로개척과 자원연계 지원으로까지 확장시킬 수 있었다. 또한, 초창기에는 주로 감리교회-성도들로부터 연락이 왔으나, 작년부터는 초교파적인 지원 요청을 받게 되었고 현재는 좀 더 범위를 넓혀서 국내 비영리단체 설립, 해외선교지의 사회적 경제 기업 창업에 관한 상담도 진행하고 있다.

그 중에서 흥미로웠던 것 한 가지는, 어느 순간부터 본 상담-컨설팅 사업이 '탈북민 청소년학교'들과 연계되기 시작했다는 것이다. 주변의 탈북청소년학교 선생님들로부터 "우리 졸업생 OO가 창업하려 하는데, 목사님께서 옆에서 지도해 주시면 좋겠습니다."라는 지원 요청을 받기 시작했고, 그렇게 탈북청년들의 창업 러닝메이트 역할을 맡게 되었다. 2013년도 마지막 4개월 동안 세 팀의 탈북청년 창업 회사를 맡게 되었는데, 적어도 그 때만해도 '바로 이 활동'으로 인해 후일에 비영리민간단체 하나가 세워지리라고는 상상도 못 했다.

04 내 계획에 없던 사역과 마주하다

단 하나도 잊지 않으시는 하나님

처음으로 탈북민을 만나던 날을 기억한다. 그를 기다리면서 정말로 떨렸다. 대중매체에서는 탈북민들을 "먼저 온 미래"라면서 그들의 존재를 한껏 추켜세우고 있다만, 적어도 내게는 마냥 낯설고 또 낯설었던 사람들이었다. 북한에서 내려왔다는데 왠지 생김새도 많이 다를 것 같고, 만나자마자 무슨 말을 걸어야 할지도 모르겠고, 혹시라도 당황스런 상황이 생기면 어떻게 대처해야 할지도 모르겠고.

이러한 낯설음으로 인해 이미 여러 번 '주님, 이 일은 제가 잘 할 수 있는 일이 아닙니다. 이미 너무 많이 왔습니다. 저보다 먼저 이 일을 시작해온 단체들이 많이 있습니다.'라며 애써 발뺌하려 했다. 그러나 내 마음 또 한 구석에는 여전히 이 지원 사역 역시 '그 분의 부르심'이고 '그 분의 이끄심'이라는 나 스스로 만들어낼 수 없는, '함부로 바꿀 수 없는 확신'이 있었기에, 임의로 거부 할 수 없는 상황이었다.

무엇보다도, 하나님께서는 기도 가운데 하나의 기억을 끄집어내어 보여주셨다. 지난 1999년 여름, 캐나다 이민교회 소속으로 중국 연길을 방문했던 당시를 떠오르게 하셨다. 당시, 북한 내에 수 백 만 명이 아사하고 그 가운데 북한주민들의 탈북 행렬('고난의 행군'이라고 한다)이 끊이지 않았는데, 우리 아웃리치 팀은 이러한 중국-북한 국경 인근에서 갈 바를 알지 못 하며 떠도는, 산 속 깊은 곳에 숨어살던 탈북민들을 방문하여 그들을 물질적으로 지원하는 일을 하였다. 중국 공안의 눈을 피하기 위해 몇 차례 택시를 갈아탄 끝에 탈북민들의 은신처들을 찾아내어, 우리가 캐나다로부터 가져온 재정과 생필품들을 전달했었다.

하나님께서는 그 여행의 한 장면을 끄집어내어 내게 상기시켜 주셨다. 어느 산 속 깊은 곳에서, 한 탈북민 형제가 내게 말했다. "형제님, 저는 너무나도 세례가 받고 싶습니다. 그러나 여기는 제게 세례를 줄 목사가 아무도 없습니다. 누군가 와서 제게 세례를 주시면 좋겠습니다."라고 했을 때, 나도 모르게 "형제님, 제가 나중에 신학을 공부하여, 형제님과 같은 탈북민들을 섬기는 목사가 되겠습니다. 우리, 나중에 한국 땅에서 다시 만납시다."라고 다짐했던 그 장면...

하나님은 잊지 않고 계셨다. 그 때 내가 했던 그 말을. 나는 시간이 한참 지나 까맣게 잊고 있을지언정, 하나님은 그 장면을 기억해 두셨다가 굳이 끄집어 내셔서 기도 가운데 내게 보여주셨다. 그리고 이 기억을 기반으로, 나는 다시 한 번 하나님 앞에 헌신하게 되었다. '하나님, 제가 이들에게 무엇을 줄 수 있을지 모르겠지만, 주님께서 강권하시니 해 보겠습니다. 맡겨주십시오.'라고. 바로 이 다짐을 기반으로, 현재까지 창업을 희망하는 탈북청년들을 300회 이상 만나 상담-컨설팅 활동을 이어가고 있다. 하나님의 강권하심, 그 능력에 설득되어.

남이 하지 않는 일, 사회적으로 꼭 필요한 일

약 3년 전만 해도, 탈북청년 창업 영역에는 그리 많은 이들이 활동하고 있지 않았다. 탈북민 사역에는 구출 사역도 있고, 교육 사역도 있고, 쉘터 사역도 있고, 각종 정착지원사역도 있다만, 이 모든 사업 가운데서 창업지원 영역은 가장 주목받지 않고 있던 영역이었다.

이는, 일반인들의 눈으로 볼 때 "남한 사람들도 창업이 이리 어려운데, 탈북민들은 그냥 취업하면 됐지 무슨 창업을 하나"라는 인식 때문이기도 했고, 지원기관 입장에서는 탈북민들이 창업하고 난 뒤 지원활동에 대한 성과측정도 어렵고 상담-컨설팅에 대한 수수료 확보가 불가능하다는 점에서 더더욱 그랬다. 실제로, 탈북민 지원기관 여러 곳을 돌아본 결과, "우리도 이미 많은 시도를 해봤지만, 지금은 안 하고 있다"는 의견이 절대 다수였다.

재미난 것은, 지원 사업자들로부터 "다 해봤는데, 안 된다"라는 의견을 들으면 들을수록 내 속으로부터 '그래. 이 일이야 말로 내 일이다. 남들이 안 하는 것이야 말로 내가 해야지'하는, 일종의 전의이자 투쟁심이 올라왔다는 것이다. 누가 봐도 돈이 안 되는 일, 인기 없는 일, 손에 때 묻히는 일, 그러면서도 사회-경제적으로 꼭 필요한 일! 목사들이 굳이 비즈니스 활동을 한다면, 이런 일이어야 하지 않을까?

한 번 만남에 딱 한 영혼씩만

탈북청년 지원 사업을 시작하면서 고민이 생겼다. 창업지원을 어떤 방식으로 풀어가야 할지에 관한 부분이었다. 일선 공공기관이나 대기업에서 탈북민 교육을 할 때는 단기간 동안 집체교육 방식으로 진행하는 모습을 많이 봐왔는데, 탈북청년들 몇 명을 만나본 결과 이런 방식으로는 청년들의 내면을 만지고, 가치관을 바로잡아 주는 일이 불가능하다는 것을 알게 되었다. 사람만 잘 모으면 프로그램을 몇 개씩 돌릴 수 있고, 눈에 보이는 머리 숫자로 성과측정은 가능하겠지만, 한 사람 또 한 사람과 깊이 있는 만남을 갖는 것이 불가능해 보였다.

그래서 우리 기관만의 상담 원칙을 만들었다. 한 기업과의 상담이 시작되면 '그 회사대표와 무조건 일대일로 만난다. 일주일에 한 번 이상은 정기적으로 만난다. 한 번 만나면 꼭 식탁교제를 나눈다.'라는 독특한 성과가 나타났다. 실제로, 그렇게 한 주에 한 번 이상 일대일로 만나 식사를 나누는 가운데 처음엔 비즈니스 상담 관계로 시작하지만, 몇 주 후부터는 일상의 삶과 가치관을 나누는 일들이 진행되었으며, 이를 통해 단순한 '비즈니스 파트너를 넘어 삶의 동반자' 관계가 형성되었다.

탈북청년 창업 지원 사업을 시작한지 벌써 3년이 지났다. 지금 주위를 둘러보면, 3년 전과는 사업 환경이 많이 바뀌었다. 국내 대기업들, 해외 다국적기업들이 탈북청년들에 대해 많은 관심을 가지고 있다. 제법 많은 숫자의 기업들이 탈북청년 창업에 관한 교육 프로그램을 운영하고 있고, 재정-공간 지원 사업을 펼치고 있다. 이렇게 딱 3년 만에, 완전히 바뀐 분위기를 보며 감회가 새롭다. 탈북청년들에 대해 지원 프로그램이 많아진 것은 분명히 좋은 일이다만, '이 많은 물량 지원이, 좋은 게 좋은 것은 아닐 텐데'하는 생각이 드는 가운데, 우리는 소박하나마 늘 우리가 하던 원칙을 고수하며 가자는 생각이 드는 요즘.

탈북청년들의 경제적 자립에 관한 단상

탈북청년 창업 지원 활동을 하다보면 자연스레 이런 질문이 든다. 이들에게 있어서 '무엇이 진정한 남한 정착이요 경제적 자립인가?'하는 질문이다. 이를 기관 입장으로 바꿔서, '내가 수행한 창업 지원 활동의 가치와 성과를 어떤 방식으로 측정할 것인가'라고 질문 할 수 있다. 탈북청년들의 경제적 자립에 대한 성과지표가 나오는 것이 중요하고, 그래야만 여러 지원활동들도 "열매가 있다,없다", "열매가 많다,적다" 라고 평가 할 수 있기 때문에. 남한 내 적잖은 취약계층 지원 사업들도 이런 성과 측정에 관한 고민이 크다.

실은, 아직은 잘 모르겠다. 현재 케어하고 있는 탈북청년 창업가들이 어떤 업적을 어느 정도 내야 진정 이들이 자립했다고 말할 수 있을지도 잘 모르겠고, 또한 기관의 성과 역시 단지 보이는 숫자만을 놓고 판단하기에는 그 배후에 보이지 않는 가치가 큰 편이라(많은 경우, 보이는 숫자 자체가 없는 경우도 워낙 많아서) 뭐라고 쉽게 말하기 어렵다. 다만,

내가 지원했던 첫 두 개의 사례를 통해 흥미로운 면면을 보게 되었는데, 이것이 나로선 많은 생각을 하게 만들었다.

두 가지 탈북청년 창업 사례

첫 번째 사례는 '회사의 외적 성장으로 정착여부를 평가할 수 있는 경우'다. 현재 충남 아산에 위치하고 있는 (주)알푸드는, 3년 전 대학교 졸업반이었던 탈북청년 4명이 세운 유정란 회사로, "청년들 스스로 일반적인 화이트컬러 직종보다는, 친환경 먹거리 사업이 우리에게 훨씬 비전이 있다"고 판단하여, 졸업과 동시에 창업하여 양계시장에 진출하게 된 케이스였다. 네 명 모두 남한 대학에서 경영학, 무역학, 회계학을 전공하였고, 반듯한 성품과 원활한 의사결정구조, 역동적이 팀웍을 기반으로, 창업 2년 만에 이제는 제법 안정적인 월 매출을 기록하고 있다.

그 사이에 내가 이들을 지원했던 내용은, 이들이 지자체 및 주변 기업들과 원활한 관계를 맺을 수 있도록 서류 구성 및 인터뷰 방법 등을 전수한 것과 첫 2년간 잘 버틸 수 있도록 이들의 상품을 꾸준히 남한 내 감리교회−성도들에 노출되어 제품 판매 및 화원 확보로 연결될 수 있도록 도운 것뿐이다. 알푸드 팀은 지금도 멋진 팀워크를 유지하는 가운데, 남한 내 금융기관, 파트너 회사들, 고객들과 우호적인 관계를 맺으며 치열하게 사업을 전개하고 있다. 눈에 보이는 성과 측면에서 우수한 사례다.

두 번째 사례는 '보이지 않는 가치로 평가하는 경우'다. 현재 강원도에서 귀농사업을 하는 탈북청년 OO군의 경우, 당장 본인이 하고 있는 사업이 눈에 띄는 매출을 기록하고 있는 것은 아니지만, 지난 2년 넘게 남한 사회에서 여러 종류의 사업을 진행하는 가운데 남한 사회와 시장을 보다 깊이 이해하고 잘 적응하게 된 사례다. 처음 이 청년이 탈북민 대안학교를 막 졸업하고 처음 내게 왔을 때, 당시 가지고 있던 그 모든 투박함과 고집들이 꽤 있었는데, 이제는 어느덧 이런 것들이 사라지고, 사업가로서의 말투와 매너, 마음가짐이 잘 갖춰졌다. '하나님께서 이제 이 위에 무엇이든 쌓으시겠구나.'하는 확신이 들 정도로 훌륭하게 성장하였다.

특히, 이 청년이 처음 나를 찾아왔을 때엔 기독교신앙과 남한 교회를 저주하고 경멸했던 '안티기독교인'이었다. 그러나 나와 장기간 동안 일대일로 교제를 나누는 가운데 점차 일상 이야기, 세계관, 인생 이야기 등을 나누며 서서히 내면이 부드러워지다가, 어느 한 시점에 본 예수님을 영접하고 삶 전체가 변화된 케이스다. 요즘 이 친구는 나를 만날 때마다 "목사님~ 저는 요즘 너무나도 행복합니다. 제가 하고 싶은 비즈니스를 할 수 있어서 행복하고, 통일을 꿈꾸며 살아갈 수 있어서 행복하고, 마지막으로 날마다 기도하는 가운데 은혜를 누릴 줄 아는 사람이 되어 행복합니다."라고 고백하고 있다. 비록 눈에 띄는 매출이 크진 않지만, 자본주의 시장경제 아래서 여러 가지 우여곡절을 겪는 가운데 내면이 잘 다져진, 게다가 영적인 체험까지 겪은 아주 귀한 사례다.

인생을 세우는 사역, 내면을 만지는 사역

이상의 두 사례를 겪으며 많은 생각을 하게 되었다. 남한 사람들의 급하디 급한 성격으로 볼 땐, 또 대기업 방식의 "인풋을 이만큼 넣었으니 아웃풋이 이만큼 나와야 한다."는 논리로 볼 땐, 탈북청년 창업에 대해 '빠르고 화려한 열매'를 기대하기 마련이다.

하지만, 실상 이들을 지원함에 있어서는 남한 사람들끼리 통하던 방식을 버려야 한다. 충분히 시간을 들여 기다려주고 기도하면서 꾸준히 옆에 있어 줘야 할 부분이 있기에, 탈북청년 지원 사업은 하나의 '비즈니스이기도 하지만 또한 선교사역'이라는 생각이 있다. 탈북청년들을 위한 각종 지원 사업 프로그램을 펼치는 가운데에도 결국엔 한 영혼을 제대로 세우기 위한 선교 사역이라는 마음의 중심이 있어야 한다.

그래서 그런지, 지금 하고 있는 이 비영리사업이 그저 "비즈니스를 위한 비즈니스"만으로 끝나지 않음에 참으로 감사하다. 처음엔 비즈니스를 테마로 접촉점을 갖지만, 탈북청년들과의 일대일 만남이 시간이 지남에 따라 인간적인 나눔이 깊어지다가, 결국엔 미신자의 경우엔 전도로, 신자의 경우엔 성도간의 깊은 나눔으로 이어지는 것, 목사로서 감당하고 있는 지금의 이 비영리사업이 너무나도 보람 있다.

05 하나님의 소원, 하나 됨

둘을 하나로 만드신 예수님을 따라

2013년 늦은 가을, 그동안 해오던 탈북청년 지원 사업에 실제적인 진보가 있었다. 본 사업에 관해 '동아리를 넘어 비영리기관으로 발전시키자'는 비전이 생겼고, 뜻을 함께 이루고자 하는 간사 두 명이 생겼으며, 탈북청년 창업을 재정적으로 지원하고자 하는 정기후원자 그룹들이 생겼다. 마지막으로, 기관의 이름도 생겼다.

이름은 〈소원〉이다. 국문으로 보면 "우리의 소원은 통일"할 때 그 〈소원〉이기도 하고, 영어로 볼 때는 "So ONE"으로 "So we are the ONE in Christ"의 약어이기도 하다. 에베소서 2장에 있는 "화평이신 예수님, 자기 육체로 중간에 막힌 담을 허시고 둘을 하나로 만드신 예수님"에 대한 모티브를 담고 있다.

이러한 '둘이 하나 됨'의 가치는, 단순히 남과 북이 국가적으로 지리적으로 하나됨만을 뜻하는 것이 아니라, 이 안에 속한 남한사람과 북한사람들이 서로 사회적으로 적응하여 온전히 연합하고, 그 안에 경제적으로 더 가진 자가 덜 가진 자를 섬기는 그런 모습을 담고 있다.

통일, 더불어 살기

요즘 들어 '통일 대박론'과 더불어 통일로 인한 경제적 효익 측면이 자주 강조되고 있는 모습을 보곤 한다. 정부에서 말하는 통일효과에 공감도 가지만, 개인적으로 우려스러운 부분도 있다. 통일이란 남한사람과 북한사람의 만남이요 더불어 살아가는 일상일진대, 이러한 지역적/문화적 격차를 극복하는 정서적 통합의 과정은 뒤로 하고 그저 우리가 얻을 경제적 이익만 강조하는 것은 나중에 통일이후 우리가 겪게 될 사회-경제적 갈등에 한 몫 하지 않을까 하는 생각이 있다.

그래서 〈소원〉에서 최근 집중하고 있는 사업들은 '남한청년과 북한청년이 만나는 자리'를 지원하는 일이다. 한 대학교 안에서 남북대학생들이 함께 어울리는 연합의 자리를 지원하고, 한 회사 가운데 남북청년들이 함께 일하는 협업의 자리를 지원하고 있다.

특히 정기적인 통일 네트워킹 파티를 통해 '남한 사람들이 통일이전에 미리 준비해야 할 것들'을 강조하고 있다. 첫째, 그간 〈소원〉이 육성하고 지원하고 있는 탈북청년 창업 회사-기관, 대학교 동아리들의 사례를 발표함을 통해 "남한사회 내에 윗동네 분들이 이렇게 훌륭하게 정착하고 있다"는 것을 알리고 있다. 둘째, 북한내지에서 들려오는 갖가지 시장경제 활동에 관한 정보들을 공유하며, '북한 내 아래로부터의 변화'를 알리고 있다. 세 번째, 통일이후를 준비함에 있어서 "그렇다면 우리는 통일이후에 어떤 삶의 양식을 가지고 살아야 할 것인가"라는 화두 가운데, 통일이후에 남한 사람과 북한 사람이 함께 아름다운 공동체를 이룰 수 있도록 다양한 화두를 던지며 공론화시키는 일을 하고 있다.

통일은 하나님의 소원일진대, 통일로 인해 보다 많은 이들이 이 축제를 온전히 누릴 수 있도록, 지금부터 잘 준비해서 통일로 인해 슬퍼하고 눈물짓는 자들이 없도록 기반을 놓는 것이 바로 〈소원〉이 하고 있는 일이다.

나를 부르신 하나님에 대해 묵상하다

가끔은 이런 생각을 한다. '하나님이 얼마나 급하셨으면 나 같은 사람을 사용하실까!' 불과 5년 전만해도 그저 평범한 지역 교회 목사였을 뿐인데, 매주 여느 목사들과 마찬가지로 설교하고 심방하고 양육하던 목사였을 뿐인데, 어느 날 돌연 나를 완전한 빈손으로 만드시더니 전혀 새로운 자리로 이끄셨다.

사회적 기업-협동조합 관련 활동도 파격적인데, 별도의 비영리민간단체도 세우셔서 탈북민 지원과 통일이후 준비에 관해 '광야에 외치는 자'로 삼으셨다. 과거의 학력-경력을 통해 목사로서 할 수 있는 최적화된 비즈니스를 수행하게 하셨다. 이 시대의 사회-경제상을 바라보시며 또 통일한국을 바라보시며 얼마나 급하셨으면.

한편으로 이런 생각도 한다. 하나님께서 자본주의 시장경제 한복판에서도 생생하게 일하고 계시는 분임을 알게 되어 참으로 감사하다는 생각. 부끄러운 얘기지만, 지역 교회에서 부목사로 사역할 때도 성도들 앞에서 말씀을 전할 때 그 분들이 몸담고 있는 일터-시장 안에서 하나님의 임재와 영광을 경험할 수 있다는 것에 관해 강조해 본적이 없었다. 일터와 시장은 그저 견뎌야 할 투쟁의 대상이요, 결국 이전 설교들의 결론은 물리적인 교회 공간에 모여서 함께 예배드리는 것이 중요하다는 것이었다. 그게 내 패러다임의 한계였다.

그러나 이제는 성도님들의 일터 현장을 대하는 태도가 완전히 달라졌다. 가정이든, 학교든, 직장이든 어떤 일이든 그 맡은 일을 통해 하나님의 임재를 경험하는 것, 그 맡은 일을 이루어가는 과정을 통해 하나님의 영광을 경험하는 것에 관해 강조하곤 한다. 나 자신이 비즈니스 현장을 통해 하나님의 부르심과 이끄심을 매일 생생하게 누리고 있으니까.

마지막으로, 날마다 나의 내면을 돌아보며 '동력의 근원'되신 하나님께 감사하곤 한다. 비즈니스 선교 사역을 감당하는 가운데 '하나님께서 친히 내 마음 가운데 매일 새롭게 부어주시는 열정'을 느끼곤 한다. 탈북민들에 대한 섬김의 열정, 북한 땅에 대한 중보 기도의 열정, 통일이후를 준비함에 대한 열정... 이 모든 것은 내 스스로는 도무지 만들어 낼 수 없는 것이라, 그냥 내면으로부터 계속해서 올라오는 것이라, 매 순간 '아~ 이거, 하나님이 굉장히 원하시는 일이구나, 그냥 무조건 항복하고 순순히 따라가야겠다.'고 다짐하게 된다.

사회적 경제를 거쳐 사회공헌 영역으로

최근 새로운 회사로 이직했다. 〈소원〉사업은 그대로 진행하고 있고, '감리교본부 지원 사업'도 그대로 진행하는 와중에, 그동안 몸담고 있던 사회적 기업을 떠나 새로이 사회공헌(CSR) 컨설팅 회사로 이직했다.

CSR은 'Corporate Social Responsibility'의 약자로, 우리 회사가 하는 일은 회사들이 가진 유무형의 사회공헌 자산(재정뿐만 아니라 취약계층 고용 및 사회서비스 의무도 포함)을, 사회 내 다양한 취약계층(장애인, 탈북민, 한부모, 어르신 등)의 사회-경제적 필요와 연결시키는 일이다. 그래서 한쪽에서는 취약계층을 도울 대기업/공기업/다국적기업들을 발굴하고, 다른 한쪽에서는 사회공헌 섬김 받을 취약계층 및 사회적 기업-NGO들을 발굴하여, 이 둘을 매칭 시켜 주고 이 과정에 필요한 프로그램을 디자인하고 직접 수행하는 일을 하고 있다.

늘 그랬지만, 주5일 간의 업무를 수행하는 가운데, 날마다 하나님께 감사드린다. 대학생 때 내 관심사가 '부의 재분배'였는데, 목사로서 지금 이 자리에서 '많이 가진 자의 자원이 적게 가진 자에게로 흘러가는 길'을 만드는 일을 하게 되어서. 영리회사 차원에서도 또 비영리기관 차원에서도 매번 사회적으로 의미 있는 일들, 선교적으로 가치 있는 일들을 기획하고 진행할 수 있게 되어서.

06 바로 이곳이 교회다

내게 허락하신 목회터전

꽤 오랜 기간을 전통적인 목회, 제도권 목회 패러다임 안에 있었다. 그래서 한국 사회 내에서 비즈니스를 기반으로 한 목회활동에 큰 이질감과 반발감이 있었다. 그러나 하나님께서는 나를 새로운 시대에 새로운 사역으로 이끄시는 데에 '창조적 파괴'를 주저하지 않으셨다. 기존의 지역 교회 사역론을 완전히 버리고 새로이 시장-일터 기반의 사역론을 스스로 쌓아가게 하셨다.

2016년으로 들어오면서 지역 교회 내 직위를 '부목사'에서 '협동목사'로 바꾸게 되었다. 지난 4년간 시장-일터에서는 사회적 기업, 감리교본부, NGO 사업을 진행하는 가운데에도, 매일 새벽에는 새벽설교를 해왔고 수요예배와 금요예배 인도 그리고 주일의 부서사역을 감당해왔다. 그러나 이제는 월요일부터 토요일 사이의 일터사역이 너무 커져서, 전임 교회사역은 어렵겠다는 판단 하에 담임목사님과의 논의 가운데 그렇게 결정하게 되었다.

기분이 묘했다. 비즈니스에 대해 다분히 '세속적'이라 정의하던 내가, 이제는 지역 교회 사역 비중을 압도적으로 줄이면서까지 이 일에 깊이 뛰어들다니. 그러나 주중 6일간 시장−일터에서 일어나는 일들 가운데 그 어느 하나도 '하나님의 숨결이 베이지 않은 곳이 없고 하나님의 파도가 밀지 않는 일이 없다'는 것을 알기에, 이 또한 내 목회터전이요 내게 맡겨주신 선교지경이다'라는 결론 아래 과감한 결정을 하게 되었다.

일터현장에서 누리는 교회

내가 몸담은 일터 곳곳에서 교회의 향취를 느낀다. 마태복음 16장에서 예수님께서 제자 베드로에게 말씀하셨던 "내가 이 반석 위에 내 교회를 세우리니"라는 그 선언을 일터 곳곳에서 묵상하게 된다. 베드로의 신앙고백이 내 직장 동료들 가운데 존재하고, 그 구성원 각각이 하나님이 우리 비즈니스 단위를 하나의 교회로 세워주심과 이끌어 주심을 느끼는 가운데, 일터 안에 신앙 공동체성이 존재하는 그런 모습들을 보게 된다.

사회적 기업 활동을 통해 교회의 모습을 보았다. 매장에서 직원들과 함께 어울리는 가운데, 서로 지저분하고 귀찮은 일을 도맡아 하는 모습과 서로서로를 예수님의 사랑으로 격려하고 세워주는 모습, 그래서 우리 서로 "이 매장 이 모습 그대로, 우리는 프로페셔널한 일꾼들이요 아름다운 그리스도 공동체다"라고 고백하던 기억이 있다.

NGO 활동을 통해 교회의 모습을 보았다. 내가 도무지 관심 없어하던 탈북민들을 몰아주시는 하나님의 손길을 보는 가운데, 부족하지만 나를 통해 그들이 사회−경제적으로 자립하고 영적으로 변화되는 모습을 보는 가운데, 또한 하나님께서 그 강권하심으로 "그 분의 소원인 통일한국"을 매일 내 심장 가운데 새겨 넣으심을 보는 가운데, 나그네를 섬기게 하시는 하나님이요 통일을 준비하게 하시는 하나님을 경험한다.

최근 섬기고 있는 사회공헌 회사의 경우, 하루하루 치열한 일정으로 인해 정기적으로 직원예배를 드릴 수는 없지만, 틈틈이 우리 서로 기독교적 기업 운영관에 관해 나누고, 예배 형식이 없음에도 우리 서로 안에 하나님을 향한 기도제목과 하나님이 주신 응답, 그로 인한 찬양과 영광돌림, 말씀묵상과 나눔, 성도간의 격려가 있기에, 하나님께서 우리를 이끌고 가신다는 흔적을 매일 경험하며 살아가고 있다.

날마다 시장-일터 현장에서 하나님이 친히 만들어 내 손에 꼬옥 쥐어주신 사업들을 다루며, 그 분이 보내주신 비즈니스 파도들을 누리며 즐기는 것... 그 가운데 위로는 하나님을 경외하고, 안으로는 직원들과 화목하며, 밖으로는 사회적 약자들을 섬기는 이 모든 일상. 비즈니스가 내 목회 현장이다.

교회론과 선교론을 마주하는 현장

날마다 일터에서 교회란 무엇인가, 목회란 무엇인가, 성도됨이란 무엇인가, 공동체란 무엇인가 또 교회란 무엇인가라는 질문을 마주하고 있다. 물론 기존의 교회 전통과 그동안의 신학적 정리에 더하여 '무언가 새로운 정의'가 필요하다고 생각하진 않는다. 다만, 성경이 우리에게 제시하고 있는 복음의 본질과 신앙고백의 근본이 변하지 않는 가운데서도, 우리가 살고 있는 삶의 자리(Sitz im Leben)에 따라 그 적용이 얼마든지 확장될 수 있다고 본다.

우리가 살고 있는 지금 이 시대는 전례 없이 다원화 되고 빠르게 변하고 있다. 그 안에서 다양한 상황(context)이 발생하고 있고, 교회 역시 동시대적인 필요에 따라 창의적인 사명(mission) 수행을 요구 받고 있다는 생각을 해본다. 우리 주변에서 일어나고 있는 정치, 경제, 사회 곳곳에서는 가난과 굶주림, 차별과 소외, 폭력과 부정의, 노인과 청소년, 성 윤리, 분단과 통일 등의 다양한 문제를 앞에 두고 교회로 하여금 그들의 역할에 대해 질문하며 요청하고 있다. 특히 빈부의 격차가

극심해지고 일자리-주거 문제가 만연해진 최근의 대한민국은 더더욱
그렇다. 과연 이러한 시대적 아픔과 난관 속에서 한국교회의 "교회로서의
역할"은 무엇인가에 관해 생각해야 한다.

하나님은 교회를 선교적 교회로 부르셨다. 요한복음 20장 21절에
나오는 "아버지께서 나를 보내신 것 같이 나도 너희를 보내노라"는
말씀은 교회의 근원적 사명으로 인식되어 야 한다. 실제로, 예수의
제자들은 세상 곳곳으로 들어가 세상 모든 사람들과 관계하고 그들을
섬기는 가운데 복음을 전하고 제자를 삼는 모습을 보이고 있다.

이렇듯 교회는 하나님이 원하시는 선교적 도구로서, 하나님께서 지금
이 세상에서 하고 계신 일을 인식하고 선포하는 일을 해야 한다. 그리고
그러한 맥락에서 우리가 살고 있는 이 시대는 성도들이 지역교회라는
물리적 공간을 넘어 이웃과 살을 맞댈 수 있는 삶의 현장으로 다가서야
하는 시대가 아닐까 생각해 본다. 물론 성도들은 여전히 지역교회 속에
몸담으며 그 일원으로 살아가는 공동체적 축복을 누려야 한다. 지역교회
나름의 고유한, 정교한 공동체적 기능이 있다.

다만, 전례 없이 무너져 있고 아픔을 겪는 지역사회를 앞에 두고,
우리는 "이웃과 함께하는 교회"로서의 존재감을 보이는 것이 중요하다.
성도들 각자가 하나의 교회로서, 물리적 교회의 담을 뛰어넘어 세상으로
흩어져 들어가는 선교. 진정 이 시대에 필요한 교회론이요 선교론이
아닐까.

시대의 아픔과 필요에 응답하는 교회

요즘은 예수님의 성육신에 관해 자주 생각한다. 이 낮고 낮은 땅으로
내려와 상하고 아파하는 이들과 함께 거하신 예수님의 사역. 지금 이
시대의 교회도 그러해야 하지 않을까 묵상하곤 한다. 우리 교회와

성도들이 예수님의 마음을 품고 지역사회와 주민들의 신음소리를 듣고, 이를 극복하고자 하는 다양한 시도에 동참하는 일 자체도 귀하고, 이러한 과정에서 발생하는 사회적 열매들 역시 교회들이 외쳐왔던 전도-선교 차원의 열매와 다르지 않다는 것을 느끼는 요즘이다.

그런 면에서 볼 때, 사회적기업도 협동조합도 그리고 NGO 사업도 세상의 눈으로 볼 땐 사회-경제 문제를 풀기 위한 하나의 영리회사 법인이요 하나의 비영리기관이겠지만, 그 속에서 일어나고 있는 선교적 과정을 보노라면 "이 또한 하나의 교회요 선교기관이 될 수 있지 않을까" 하는 생각을 하게 된다. 이 안에서 거두는 민간 차원의 결실 역시 하나님께서 귀히 받고 계신다는 확신이 있고. 중요한 것은 일터-시장 한복판에 예수님의 이름으로 서 있는 "선교적 교회로서 나"다.

아무쪼록 한국교회 안에 시대적 아픔과 필요를 담아내는 실천 중심의 교회론과 선교론이 더욱 논의되길 바란다. 주중 5일간 성도들이 선교적 교회로서의 자기정체성을 가지고 세상 속으로 뛰어 들어가 그들이 직면하는 일터-시장 안에서 예수님의 성육신적 일상을 살아내는 일들이 가득하길 바란다. 성도 개개인이 그리고 회사-기관 그 자체가 하나의 독립된 교회로서 선교적 역할을 수행하는 모습, 더욱 많이 보기를 소망한다.

07 어디까지 가봤니?

목사 신분으로, 매일 일터와 맞대며

날마다 목사인 나에게 묻는다. '어디까지 갈 수 있을까? 목사인데.' 시장 환경의 척박함을 느낄수록, 일터의 일상이 숨 가쁘고 치열할수록 '내가 목사인데, 이런 일까지 해도 괜찮을까?'하는 질문을 스스로 던진다.

특히, 동기 목사들이 소속교회의 담임목사로 혹은 부교역자로서 그들에게 맡겨진 성도들과 진한 친밀함을 나누는 모습을 보거나, 그들만이 느끼는 목양의 만족감을 나눌 때마다 그 모습이 부러운 것도 사실이다.

그러나 한편으로 나 자신에게 대답한다. 내게 지금 이 일들을 맡겨주신 분이 바로 주님이심을. 맡겨주신 분이 주님이시라면, 그냥 묵묵히 다른 질문하지 않고 다른 의심 품지 않고, 그저 그 일을 '묵묵히 감당하는 것이 종의 도리'임을. 또 대답한다. 사회-경제적 필요가 범람하는 이 시대 이 지역사회 가운데, 이 시대의 '고아와 과부, 나그네, 그리고 강도 만난 자들을 돌보는 일이라면 더더욱 목사가 해야 할 일'이라는 것을.

날마다 종말론 신앙 품고 살기

잘 알고 있다. 지금 하고 있는 각각의 사업들은 사회복지, 사회적 경제, 사회공헌에 관한 것으로, 자칫 잘못하면 하나하나의 일들이 건강하지 못한 인본주의와 유토피아니즘으로 치달을 수 있다는 것을. '어려운 이들을 돕는다.', 더 나은 세상을 만들자'는 구호가 자칫 두터운 자기 의와 잘못된 낙관론을 낳을 수 있는 것. 사회선교 현장은 유난히 그럴 가능성이 크다.

그래서 요즘 들어 유난히 마가복음 12장 29~31절을 자주 묵상하곤 한다. "예수께서 대답하시되 첫째는 이것이니 이스라엘아 들으라 주 곧 우리 하나님은 유일한 주시라 (29절) 네 마음을 다하고 목숨을 다하고 뜻을 다하고 힘을 다하여 주 너의 하나님을 사랑하라 하신 것이요 (30절) 둘째는 이것이니 네 이웃을 네 자신과 같이 사랑하라 하신 것이라 이보다 더 큰 계명이 없느니라. (31절)"

말씀을 통해, 참된 예배의 가치를 발견함과 동시에 날마다 품어야 할 마음가짐을 점검하게 된다. 특히나, 이 시대 사회사업을 하는 일꾼들이 잊지 말아야 할 '종말론적 긴장감' 역시. 언젠가 내 페이스북에 썼던 짧은 글 하나를 나누며 본 글을 마치고 싶다.

[그저 하루하루다]
인생, 딴 거 없다.
그저... 그저 하루하루 살 뿐.
주님 다시 오시는 그 날까지,
"하루하루" 하나님을 사랑하며 예배하며 사는 거...
"하루하루" 이웃을 사랑하며 섬기며 사는 거...

교회 바깥에 마음이 상한 이들이 너무 많다.
고아, 과부, 나그네 된 사람들...
강도 만난 사람들....
마음이 많이 상해서, 그 뒤틀어짐이 너무 심해서,
이제는 하나님께 기댈 힘도 없는 그런 분들...

내게 있어서 예배란 묵묵히 이 분들을 섬기는 것
사회복지, 사회적 경제, 사회공헌 사업도
내게 있어서는 그저 "예배함"의 다른 표현일 뿐.
사회-경제적으로 보호 받지 못하고 소외된 이들을,
비즈니스로 섬기며 기도하고, 기도하며 섬기는 거...

이게 비즈니스 선교 아닐까나.
내 안에, 늘 꾸준함과 성실함이 있길...
지금 당장 예수님이 다시 오시더라도
지금 당장 오셔서 내 오늘 하루를 저울에 달아보더라도
내 두 손에, 내 품 한가득 그 분께 드릴 열매 가득하게.

오늘 하루도 그저...
하나님 사랑에, 내게 맡기신 이웃 사랑이다.
인생이란, 그저 하루하루 사랑하며 사는 거...
인생, 딴 거 없다.
그저... 그저 하루하루 살 뿐.

에필로그

장성배 목사 (감리교신학대학교 선교학 교수)

"우리가 교회다"라고 선언하는 작은 교회들의 성육신적 교회 운동은 이제 겨우 낯선 여행을 시작하고 있다. 길이 없던 숲속에 첫 번째 사람이 되어 새 길을 여는 마음이다. 물론 우리 앞에는 여러 가지 어려움들이 기다리고 있을 것이다. 많은 오해도 있을 것이다. 우리가 왜 이 길을 가는지에 대해 긴 설명이 필요할 때도 있을 것이다. 당연히 열매가 없이 실패로 끝날 수도 있다. 그래서 전통적인 교회들은 이 길을 가려고 하지 않는다. 이 모임이 어떤 경험을 하고 어느 곳에 다다를지는 오직 하나님만이 아신다. 그러나 우리는 성령께서 우리를 선하게 이끌어 주실 것이라는 믿음이 있다. 또한 "믿음은 바라는 것들의 실상이요 보이지 않는 것들의 증거"라고 믿고 하나님께서 주신 비전을 향해 한 걸음을 내딛는다(히 11:1). 그 비전은 다음과 같다.

(1) 주님을 인정하지 않던 수많은 사람들이 교회를 통해 주님의 사랑을 알게 되고, 문제들을 해결 받으며, 참으로 행복해지는 세상을 보게 되기를 원한다. 주님은 이것을 이루기 위해서 이 땅에 오셨다. 하나님으로서는 넘을 수 없는 경계를 넘어서 세상사람 중 하나가 되셨다. 사랑으로 경계를 넘을 때 아름다운 열매가 맺혀질 줄 믿는다.

(2) 아름다운 공동체 교회개척 운동이 배가되고 확산되어 이 땅에 교회 갱신 운동이 일어나기를 바란다. 다원화되고 개인화된 사회 속에서 상처입고 신음하는 사람들이 작은 사랑의 공동체 교회들을 통해 새 삶을 찾게 되는 새로운 교회의 운동이 확산되기를 꿈꾼다.

(3) 작고 아름다운 교회들이 세상의 희망이라고 인정하는 사람들이 많아지기를 기대한다. 특별히 교회를 경멸하고 외면하던 사람들이 교회는

세상의 희망이라고 말하며 돌아오게 되기를 소원한다. 교회는 진정 세상의 희망이 되어야 한다. 그러나 그 말은 우리가 아니라 세상 사람들의 입에서 터져 나와야 한다.

(4) 세상에 하나님의 주권이 고백되고 주님의 뜻이 이뤄지기를 기도한다. 창조주요 사랑이신 삼위일체 하나님께서 이 땅의 주인이시라는 고백이 온 세상에 퍼져가게 되기를 원한다. 이 땅의 정치, 경제, 사회, 문화 모든 영역에서 하나님의 뜻이 온전히 성취되는 날을 꿈꾼다. 그래서 우리는 기도한다. "나라가 임하시오며 뜻이 하늘에서 이루어진 것 같이 땅에서도 이루어지이다."(마 6:10)

새벽이슬이 시내가 되고, 강이 되어, 바다에 이르듯이

새벽이 되면
나뭇잎마다 영롱한 이슬이 맺힌다.

그러나 아침이 되고 햇살이 뜨거워지면
이슬은 공기 중으로 사라진다.

감사하게도 이슬방울들이 땅에 떨어져 고이게 되면
이제는 쉽게 증발되지 않는다.

그들이 더 많이 모이게 되면
드디어 시내가 되어 흐르게 된다.

점차 시내들이 모이면
큰 강이 되고 배들을 띄울 수 있게까지 된다.
그리고 마침내 이슬방울들은 바다에 까지 이르게 된다!

함께 합시다!

작은 교회들 각자가 혼자서 생존하기는 너무나 힘들다. 그러나 작은 교회들이 서로 모이게 되면 서로 힘이 되고 쉽게 사라지지 않는다. 이 모임들이 점점 더 큰 흐름으로 모이게 되면 운동력이 생기고 교회와 세상을 향해 변화를 주기 시작한다. 그리고 이 작은 교회들은 이 땅에 하나님의 나라를 이루는 꿈의 바다에까지 이르게 된다. 우리의 비전에 함께하기 원하는 분들의 동참을 바란다.

[미주]

Chapter. 1

1) 특별히 미래학자 최윤식은 이 부분의 많은 책들을 저술하고 있다.

2) Angela Shier-Jones, Pioneer Ministry and Fresh Expressions of Church (London: SPCK, 2009)

3)https://www.freshexpressions.org.uk/guide/essential/fivereasons; Graham Cray, Ian Mobsby ed., Fresh Expressions of Church and the Kingdom of God (London: Canterbury Press, 2012)

4) Working Party, Fresh Expressions in the Mission of the Church: Report of an Anglican-Methodist Working Party (London: Church House, 2012), Chapter 1.

5) https://www.freshexpressions.org.uk/about/whatis

6) 같은 사이트 페이지

7) 같은 사이트 페이지

8) David Goodhew, Andrew Roberts, Michael Volland, Fresh!: An Introduction to Fresh Expressions of Church and Pioneer Ministry (SCM Press, 2012), Chapter 1.

9) Ibid., Chapter 3.

10) https://www.freshexpressions.org.uk/guide/about/whatis

11) Travis Collins, From Steeple to the Street: Innovating Mission and Ministry through Fresh Expressions of the Church (TE: Seedbed Publishing, 2016)

12) https://www.freshexpressions.org.uk/guide/about/whatis/approach

13) https://www.freshexpressions.org.uk/guide/about/proper/up

14) Graham Cray, Ian Mobsby, Aaron Kennedy ed., New Monasticism as Fresh Expression of Church (London: Canterbury Press, 2010)

15) https://www.freshexpressions.org.uk/guide/about/proper/in

16) https://www.freshexpressions.org.uk/guide/about/proper/out

17) https://www.freshexpressions.org.uk/guide/about/proper/of

18) https://www.freshexpressions.org.uk/guide/develop;https://www.freshexpressions.org.uk/guide/develop/journey

19) freshexpressions.org.uk/stories/cookatchapel

20) Travis Collins, Fresh Expressions of Church (TE: Seedbed Publishing, 2015) Chapter1.

Chapter. 2

21) 2010년 6월 4일 시심 창립 4주년 행사로 [흔적] 하루 찻집을 하면서 "시심은 □다"라는 포스트잇 메모를 남기는 공모에서 이경호 형제의 글 "시심은 일상이다"가 뽑히게 되었다.

Chapter. 7

22) 게리 콜린스, 『게리 콜린스의 코칭 바이블』, 양형주　이규창 옮김(서울 : 한국기독교학생회출판부, 2016), 30.

23) 게리 콜린스, 『게리 콜린스의 코칭 바이블』, 34.

24) 장성배, 『사명을 다하는 교회로 바로 세워라』(서울 : 도서출판 kmc, 2009), 103.

25) 게리 콜린스, 『게리 콜린스의 코칭 바이블』, 양형주　이규창 옮김(서울 : 한국기독교학생회출판부, 2016), 33-34.

26) 게리 콜린스, 『게리 콜린스의 코칭 바이블』, 37.

27) 게리 콜린스, 『게리 콜린스의 코칭 바이블』, 28-34.

28) 게리 콜린스, 『게리 콜린스의 코칭 바이블』, 37.

29) 게리 콜린스, 『게리 콜린스의 코칭 바이블』, 387-434.

30) 게리 콜린스, 『게리 콜린스의 코칭 바이블』, 364.

31) 게리 콜린스, 『게리 콜린스의 코칭 바이블』, 131.

32) 게리 콜린스, 『게리 콜린스의 코칭 바이블』, 148-149.

33) 폴 정, 『폴정의 코칭설명서』(서울 : 아시아코칭센터, 2009).

34) 필립 코틀러, 『필립 코틀러 인브랜딩』(서울 : 청림출판, 2013), 18.

35) 게리 콜린스, 『게리 콜린스의 코칭 바이블』, 361-365.

Chapter. 11

36) 문화쉼터는 1995년부터 시작해서 20년이 넘도록 이어져온 한국 교회 대표적 문화사역 현장이다. CCM캠프, 착한노래 만들기, 신촌문화만들기, 오픈시네마, 시스테마 예술제, 문화식탁, CCM 루키 선발대회 등 다양한 컨텐츠를 이론뿐 아니라 사역현장과 연결시켜 왔다. 필자는 초대 쉼터지기장으로 3년간 사역하였다.

37) M.Y. BLUE(Manna Youth Belief, Leadership, Unity, Excitement)

38) 감리교 착한소비 365운동은 4개의 교회영역과 6개의 생활영역으로 구분하고 있다. 1. 기독교 청지기 신앙관 회복 2. 기독교 경제윤리관 확립 3. 십일조 등 정직한 헌금생활 4. 교회예산 10% 국내외 착한상품(사회적 경제/공정무역/친환경 상품) 구매하기 5.

착한소비 관련 성경공부와 착한소비 기도운동에 동참하기 6. 착한소비 가계부 및
체크리스트 활용하기 7. 사회적 경제 영역을 위한 착한기부활동 참여하기 8. 생활비
10% 착한상품(사회적 경제/공정무역/친환경 상품) 구매하기 9. 비영리단체 등에 공간,
물질, 시간 등 나눔 활동하기 10. 음악/영상/공연 등 문화예술 유료 컨텐츠 이용하기
※ 자세한 내용은 쇼핑몰 www.더착한소비.com을 참고

39) Network for edcuation, Social enterpreneurship and Appropriate technology
(NESA)는 현 한양대 공과대학 학장이신 김용수 교수님이 발기인 대표이시며 각 분야의
전문가들 15명으로 구성되어 올 하반기 정식 출범을 앞두고 있다.

40) 첫째, 열심히 벌어라 둘째, 할 수 있는 대로 많이 저축하라 셋째, 할 수 있는 대로
많이 나눠 주어라 웨슬리는 이 경제 3대원리를 통해 분배의 나눔과 평등의 사회구조를
만드는 원칙을 강조하였다.

41) 선교로서의 비즈니스(Business As Mission)는 비즈니스 선교에서 현재 가장 많이
쓰여 지는 용어이다. as 대신에 for, with, through 등을 주장하는 이론도 있지만, 대세는
as이다.

42) 필자가 속한 기독교대한감리회는

43) 〈아카데미라운지〉는 필자의 연세대 일 년 선배 양성준 전 대표의 제안으로 공동
창업한 사회 공헌형 교육문화사업이다. 2014년 7월 1호 교대 점을 창업 그리고 2015년
5월 가맹사업을 시작한 이후, 1년 만에 30개의 직영점과 가맹점을 운영하고 있으며 연내
추가로 20개의 가맹점 계약을 목표로 10명의 공동주주 형태로 운영되고 있는
비즈니스미션의 새로운 아이템이다. (http://academylounge.co.kr)

44) 아카데미라운지는 2014년 7월 제1호 교대센터 오픈이후, 2015년 5월 가맹사업이
시작되었다. 현재 직영점과 가맹점 포함 30개 센터를 운영 중이고 올해 목표는 50개
센터 오픈에 매출 40억원이다.

45) 프로그램상 결성된 프로젝트 걸그룹 '언니쓰' 데뷔곡이 각종 온라인 음원사이트
실시간 차트 1위를 휩쓸었고, '뮤직뱅크'에서 선보인 무대 영상 클립은 공개 한 시간
만에 100만 건에 달하는 조회수를 기록했다. 상승기류를 제대로 탄 것. 7월 2일
시청률조사회사 닐슨코리아에 따르면 지난 1일 방송된 '언니들의 슬램덩크'는 전국 기준
7.6%를 기록, 동시간대 1위를 나타냈다(OSEN 기사문 참조).